本书系四川省一流本科课程《小学课程与教学论》建设成果

小学课程与教学论

刘 伟|著

九州出版社
JIUZHOUPRESS

图书在版编目（CIP）数据

小学课程与教学论／刘伟著．－－北京：九州出版社，2023.5

ISBN 978-7-5225-1808-4

Ⅰ．①小… Ⅱ．①刘… Ⅲ．①小学—课程—教学研究 Ⅳ．①G622.3

中国国家版本馆 CIP 数据核字（2023）第 079953 号

小学课程与教学论

作　者	刘　伟　著
责任编辑	蒋运华
出版发行	九州出版社
地　　址	北京市西城区阜外大街甲 35 号（100037）
发行电话	（010）68992190/3/5/6
网　　址	www.jiuzhoupress.com
印　　刷	唐山才智印刷有限公司
开　　本	710 毫米×1000 毫米　16 开
印　　张	14.5
字　　数	260 千字
版　　次	2023 年 5 月第 1 版
印　　次	2023 年 5 月第 1 次印刷
书　　号	ISBN 978-7-5225-1808-4
定　　价	68.00 元

前　言

　　目前关于课程与教学论的著作较多，专门论述小学课程与教学论的著作却较少。小学是基础教育的起始阶段，小学教育的质量对后续教育发挥着重要的奠基作用。小学的课程与教学和其他学段的课程与教学既存在共性，也存在个性和差异性。关注并探索这种共性、个性和差异性，对小学课程与教学的研究与实践具有重要价值。课程与教学对教育活动的重要意义不言而喻，然而课程与教学也是教育活动中最为复杂的因素。课程是什么？教学是什么？课程与教学是什么关系？课程与教学有怎样的基本结构？这些问题都备受人们的关注，对这些问题的认识在很大程度上影响着人们在教育教学活动中的行为，但对这些问题的探究和尝试性回答在教育学界迄今为止并未完全达成共识，显然，对上述问题及其衍生出来的问题的探讨乃至争论将在很长的时间内继续下去。笔者多年以来一直在从事"小学课程与教学论"这门课程的教育教学①和研究工作，结合教学和研究中的一些认识和体会，试图以小学课程与教学为研究对象，尝试性地去解读一些小学课程与教学的基本问题。笔者虽希望揭示和反映小学课程与教学中的基本要素及结构，但囿于眼界和能力，只能着力于一些基础的内容和自身的兴趣点，因此本书与其说是小学课程与教学论，不如说是论小学课程与教学，它虽然结构上总体沿袭课程与教学的基本结构，但内容上并不遵循课程与教学论的固有体系，以漫谈和杂谈为主，不当之处，敬请读者谅解。

　　本书虽是"小学课程与教学论"在课程教学的研究和实践上的尝试，但在内容的呈现上也与以往关于小学课程与教学的相关著作有较大的区别，譬如关于小学教学主客体、小学教学利益、小学教学时空、小学教学惩戒等内容，以往关于小学课程与教学的著作都鲜有这些内容的提出和讨论，并非笔者标新立

---

　　① 严格意义上讲，教育和教学是既相互联系，又相互区别的两个概念。一般认为，教学是教育的最主要形式。本书主要关注的是学校课程与教学，教学主要又是指课堂教学。因此，为避免赘述，有时会有教育教学活动模糊化的情况，请读者依据具体内容的上下文理解，特此说明。

异、哗众取宠，而是基于新时代小学课程与教学研究与实践的需要。总体而言，本书在结构和内容上具有以下一些特点：

1. 时代性

在当前，我国基础教育已经进入优质均衡发展的阶段，国家和社会对基础教育的发展质量要求越来越高。然而目前我国基础教育同样面临诸多的困难和问题，以小学为例，师资数量短缺、教师职业成就感较低、小学生学习压力较大等问题仍然比较突出。本书针对当前小学教育中存在的突出问题，探讨了小学教学利益、小学教学惩戒、小学教学时空等问题，尝试对如何构建新型的小学师生关系、如何实现小学师生主体性发展等问题进行解答。

2. 应用性

本书的适用对象主要是高校小学教育师范生和一线小学教师，因此在内容上并不特别强调理论的广度和深度而重在应用。本书在阐述基本理论的基础上力图将理论与实践结合，贴近小学教育教学实践和小学教育教学主体的实际生活，语言通俗易懂，通过分析一些典型案例，发挥有效启发，指引师范生和小学教师学习和工作。

3. 发展性

所谓发展性，既指本书在内容和形式上对课程与教学理论上进行的继承、创新和发展，更特指贯穿于本书的小学生和小学教师的发展理念，即本书认为小学课程与教学的发展目标体现在人的方面包含三层意蕴：其一，是小学师生的共同发展；其二，是主体性发展；其三，是实现教学利益的发展。符合这几个要求的，才是真正的发展。

总体而言，对于小学课程与教学的内容而言，本书不求面面俱到，重点论述当前小学面临的迫切需要解决的突出问题。另外，本书虽然是论述小学课程与教学，但在具体章节和内容表述上仍以教学为主，实际上课程与教学的关系本就十分复杂，讨论课程离不开教学，反之亦然，因此本书并未对课程与教学等量划分，当然也未对其等同视之。

目　录
CONTENTS

第一章

小学课程与教学

第一节 课程与教学的内涵

一、课程的内涵

在教育学界，人们对课程定义的争议远比对教育定义的争议要大得多。直至今天，人们对"什么才是科学的课程"的定义仍然争论不休。课程是从事教育研究实践的人绕不开的话题，是教育领域最为重要的概念之一，它是"教育事业的核心，是教育运行的手段，没有课程，教育就没有了用以传达信息、表达意义和说明价值的媒介"①。因此，不断深化对课程本质的认识是每个教育工作者开展教育工作的基础和前提。

本书综合国内外关于课程定义的研究，主要有以下一些典型的课程定义。课程即教学科目；课程即有计划的教学活动；课程即预期的学习结果；课程即学习经验；课程即社会文化的再生产；课程即社会改造；等等②。这些关于课程的定义基于不同的立场、不同的视角，在特定的历史时期和时代背景下，对什么是课程进行了探索和尝试性的解答。这些定义虽然均未完全获得教育学界的一致认同，但都或多或少存在一定的合理性，同时也存在这样或那样的一些问题和缺陷。这些对课程定义的多元解读将推动我们不断深化对课程的认识，相

---

① TAYLOR P H, RICHARDS C M. An Introduction to Curriculum Studies [M]. Swindon：NFER Publishing Company, 1979：11.

② 施良方. 课程理论——课程的基础、原理与问题 [M]. 北京：教育科学出版社，1996：3—7.

信在将来关于课程定义的争论也将长时间持续下去。

面对众多的课程定义，我们将何去何从？虽然"每一种'课程'定义都有其特定的社会背景、认识论基础和方法论依据，都从不同的角度或多或少地揭示了课程的某些本质，但又存在明显的缺陷，因而难免受到来自其他方面的批评"①。但在具体的教育认识和实践活动中，我们往往需要选择和坚持一定的立场。当前，课程建构和生成的特点日趋明显，我们倾向于，将课程视为一种经验似乎更能反映课程的本质。鉴于此，本书认为课程是基于一定的社会要求，精心选择和设计，以教师为主导、学生为主体，由教师和学生共同建构并最终生成以促进学生全面发展为目的的全部经验。

根据课程这个的定义，经验的课程至少应该具有以下一些特性：

1. 课程经验是有价值取向的

教育是具有阶级性的社会活动，课程自然也具有阶级性。特定社会的学校课程建构的经验是带有价值取向的。显然，我国的学校课程要建构的经验是为中国特色社会主义建设服务的，课程经验的构建指向的是培养社会主义事业的建设者和接班人。当然，课程经验不是价值中立，但并非意味着所有的课程内容都存在阶级性。事实上许多课程内容都具有普适性，对不同时代、不同国家、不同阶层都普遍适用。课程的价值取向主要不是从纯粹的知识或技能来看的，而是体现了课程的育人性，即作为经验的课程，其建构的目的是培养为社会服务的人才。所谓的课程思政，正是体现了课程的鲜明价值属性。人们正视这一点，才能避免那种认为除思政课程外，其他课程都应该无涉价值的片面观点。我国目前在学校教育中明确要求的课程思政建设正是基于课程的价值取向性。

2. 课程经验的建构是经过精心选择和设计的

人的经验是在活动中生成的，但活动中生成的经验并不一定就是由课程建构的。事实上，人的绝大部分经验都不是学校课程建构的，只有经过精心选择和设计的经验才能建构成促进学生发展的课程，这也体现了学校教育的专业性。在学生身上最终建构的经验虽然具有差异性，但课程需要建构的经验是经过精心选择和设计的，这种经验具有明显的导向性。人们需要明确的是，精心选择和设计课程经验的参与者众多，不仅仅是学校的教师。事实上，各类直接或间接参与学校教育的教育主体都可能成为学校课程经验的建构者，如教师、学生、家长、教育专家、教育行政管理者等等。我国建构学校课程，尤其是国家课程

---

① 胡乐乐，肖川．再论课程的定义与内涵：从词源考古到现代释义［J］．教育学报，2009 (1)．

时，非常注重广泛征求社会各界的意见和建议，虽然各类主体参与程度存在差异，但确实体现了精心设计、共同参与的基本原则。

3. 课程经验主要是由师生共同建构的

从预设的角度看，课程经验的参与者是包括师生在内各类直接或间接参与学校教育的教育主体。但从课程实施特别是经验生成的角度看，课程经验主要是由师生共同建构的。预设的经验往往是外在的，是课程设计者期待师生在课程实施时生成的经验，但课程实施时的经验是师生实施课程时生成的，是内在的经验。笔者必须强调的是，经验不仅是个体的，也是群体的，这一点在课程经验上体现得更为明显。学校教育精心选择和设计的课程，最终建构成促进学生全面发展的全部经验，需要教师和学生在教育活动中的共同努力。在建构课程经验的过程中，教师和学生发挥作用的方式是不一样的：教师是教育教学的专业人员，他们在课程经验的建构中发挥主导作用，他们引领课程经验建构的方向，调控课程建构的过程；而学生是课程经验建构的主体，他们主体作用发挥的性质和程度决定着课程经验建构的质量，只有教师和学生通力合作，相互配合，才能建构符合课程选择和设计的课程经验。

4. 课程经验以促进学生全面发展为根本目的

课程经验作为学校课程建构的经验，与生活中一般经验的最大区别就是以促进学生全面发展为根本目的。一般生活经验虽然也能促进人的发展，但学校课程经验却是专门以促进人的发展，特别是学生的发展为根本目的的。生活中的经验在促进人的发展方面，其目的的指向性、专业性和发展效果等都无法与学校课程相提并论。学校课程，无论是课程的选择、设计还是实施、评价，都指向且服务于人发展的目的。不仅如此，学校课程经验对人的发展不是片面的发展，而是全面的发展。学校课程经验具有系统性和整体性，各级各类学校课程相互衔接、相辅相成，共同促进学生个体和学生整体的全面发展。需要说明的是，课程经验实现的发展虽然主要指向学生的全面发展，但教师的发展也是课程经验的重要组成部分，可以这样说，课程经验如果不能实现教师的发展，其也很难实现学生的全面发展。这就正如厨师，如果自己不能在日常的烹饪活动中不断实现厨艺的提升和进步，从长期来看，这样的厨师做出的菜肴不可能满足顾客们日益增长的美食需求。

二、小学课程的特点

学校教育的课程具有庞大且复杂的体系。小学课程是我国基础教育课程体系中的一部分，是基础教育课程体系的第一层级。不同学段课程的设置要符合相应学段人才培养的要求，小学课程的设置要遵循小学生身心发展的规律。就我国现阶段小学课程而言，其主要具有下列特点：

1. 基础性

小学是基础教育的奠基阶段，基础性是小学课程的基本特点。小学阶段的所有课程都是基础性课程，这不仅是课程构建的内部逻辑体系所决定的，也是小学生身心发展的规律和特点所决定的。这个特点决定了小学开设的课程，从内容构成来看是初级的，是相对简单的；从认识形式来看，是比较直观和形象的，是贴近小学生实际生活的；从课程目标来看，是为小学生进入下一阶段的学习打下基础和做好准备的。

基于小学课程的基础性，语言类课程在小学课程体系中的地位不断被重视和强化。小学阶段是学生语言能力发展的关键期，这个时期语言类课程的实施往往能达到事半功倍的效果，而一旦错过这个关键期，学生对语言的学习和掌握将变得相对困难。不仅如此，语言类课程，尤其是国家通用语言课程更是其他课程学习的基础和前提。鉴于此，近年来，我国对小学阶段语文课程的建设日益重视。

2. 教育性

所有的课程都必须具有教育性，小学课程的教育性与其基础性密切相关。小学是小学生人生观、世界观和价值观形成的初级阶段，小学课程的教育性将直接影响小学生三观形成的性质和程度。因此，小学课程的教育性必须受到人们高度重视并体现到所有小学课程建设中。

在小学课程中，思想品德课程的教育性应该发挥基础性作用，国家要通过思想品德课程的建设，从小培养小学生的爱国热情、公民意识和品德素养。就当前而言，要在思想品德教育中贯彻落实社会主义核心价值观建设的要求，这是小学思想品德课程建设的核心和灵魂。小学课程的教育性不仅体现在思想品德课程中，而且它贯穿于所有小学课程的始终，即所有小学课程在传授知识、培养学生技能和能力的同时，都应该结合课程开展思想教育、政治教育、心理健康教育和品德教育，即小学的所有课程都必须开展课程思政建设，从小培养小学生爱国、敬业、诚信、友善等公民基本品德素养。

3. 活动性

活动是人存在的基本方式，小学课程必须依托小学的各类教育教学活动来建构和实施。爱玩好动是小学生的基本身心特点，小学课程的建设，应该以活动为基础，通过构建丰富多彩的课程活动，充分调动小学生学习的自觉性、能动性和创造性，让小学生在多元化、个性化和交互性的课程活动中去探究、去发现，让他们在做中学、在做中成长和发展。小学课程的这种活动性如果能得到充分的利用，其效果是"学生的学习过程不是被动地、简单地接受现成的知识，而是通过动脑、动情，主动地去获取知识和方法，通过师生、同学间的交流，积极主动地探索和思考，从而培养学生的学习兴趣、探索精神、独立思考能力和动手操作能力"①。

小学课程的活动性要求小学课程建设与小学生的生活密切结合，要求小学课程摒弃过度学科化的倾向，多开设实践性、活动性课程。目前由于担心学生安全问题，许多小学在学生出校开展课程活动上比较消极，这种情况应该引起我们的重视。小学理应多开展户外和校外的活动课程，让小学生更贴近生活、贴近社会，在活动中去经历和建构课程经验，在活动中去收获和成长。小学生的安全肯定应该重视并保障，但不能因噎废食，学校和教师应该考虑的是如何在做好安全保障的情况下推进小学生活动性课程的安排和实施。教育主管部门、学生家庭等相关机构和人员对此应该积极地支持配合，共同努力，促进小学生在各类课程活动中得到成长。

4. 全面性

全面性是指小学课程的目标要服务于促进小学生的全面发展。我国的教育目标是培养德智体美劳全面发展的社会主义事业的建设者和接班人，所有学段的课程都必须为这个教育目标服务。小学是奠基阶段，小学课程的建设对我国教育目标的实现发挥着重要的基础支撑作用，从当前的基础教育发展的导向来看，小学阶段学生综合素养的培养和形成越发被重视，体育、美育等纳入了考核指标体系中，这些课程的重要性日益突显。小学综合性课程是支撑小学课程全面性目标的一个重要的课程建构方式。综合化课程可以避免过去单纯学科化课程的知识、技能等碎片化的问题，学科间相互渗透，一门课程同时包含多门学科的相关内容，学科间、课程间相互配合，实现课程的一体化和整合化。在课程实施时，教师要注重学生动手能力的训练和综合性思维的训练，这些训练要符合小学生思维的特点，有利于学习效率的提高和学生的全面发展。

小学课程的全面性特点并不排斥小学课程的分科教学，它更不与小学课程的个性化矛盾。小学课程的个性化是指小学课程的构建和实施要结合学生的特点，针对性地促进小学生在全面发展的同时实现个性化发展。小学课程的全面性与小学课程的个性化是辩证统一的关系，要求小学课程在全面性、整合化和一体化的过程中，必须充分考虑学生的认知水平、兴趣和其他方面的各种情况，

---

① 赵国金. 当代美国小学课程的改革及特点研究［J］. 中小学教师培训，2011（10）.

在课程选择、教学和学习方式的采用等方面实现课程全面性与个性化的有效统一。

三、教学的内涵

与课程一样，教学也是教育学中一个非常重要并且富有争议的概念。2007年，有学者曾不完全统计，关于"什么是教学"的概念就有24种，仅国内知名学者为教学下定义的就有王策三、顾明远、李秉德、施良方、田慧生等人，国外关于教学的定义也是众说纷纭。有研究者认为，归纳概括起来，关于"什么是教学"的观点大致可以分为三类：第一类观点认为教学是"教师向学生传授知识经验"；第二类观点认为教学是"教师指导学生学习"；第三类观点则认为教学是"教师的教和学生的学的结合"[1]。

学者们对教学概念认识的分歧反映了教学活动的复杂性。学者们从不同的层面、不同的角度对教学活动进行了解析，提出了自己对教学的理解和认识。因为教学活动的复杂性，人们目前对教学的本质和内涵并未达成共识。在综合各家学说的基础上，鉴于"从教学的形态起源来看，教学起源于人类的交往活动"，"从教学的形态存在看，教学是一种特殊的交往形式"，"对话构成了师生间的'你—我'关系"[2]，我们倾向于这样一种观点，教学是"师生之间以对话、交流、合作为基础进行文化知识传承和创新的特殊交往活动"[3]。即教学是一种特殊的交往活动，对此我们可以从以下一些方面加强对这个概念的认识：

1. 教学是多主体参与的活动

人是教学活动中的主体，教学活动有多类主体，师生是教学活动的直接主体和关键主体。人是教学活动的必备要素，且是最重要的要素。人是教学活动的主体，从这个层面看，教学活动的主体是教师和学生，这一点是毋庸置疑的。师生是教学活动的主体，是指他们是教学活动的直接主体，时至今日，人们对师生作为教学活动的主体争议较少，但人们却容易忽略教学活动的间接主体，如教材的编制者、教学的管理者（这里指任课教师之外的教学管理者，如各类教育行政人员）、教学的关心者（譬如家长），以及其他与教学活动的相关者，他们虽然没有直接参与教学活动，但他们却通过各种途径和方式间接地参与了教学活动，他们实际上也是教学的主体。认识这一点，对我们全面认识教学活

① 孙宏安. 教学的概念刍议 [J]. 大连教育学院学报，2007（4）.
② 李森. 现代教学论纲要 [M]. 北京：人民教育出版社，2007：89—90.
③ 李森. 现代教学论纲要 [M]. 北京：人民教育出版社，2007：6.

动具有重要意义。

另外，教学活动中的众多主体在教学活动中的地位和发挥作用的方式是不一样的。以教学活动的直接主体师生为例，师生是教学活动中的直接主体，也是关键主体，教学活动必须通过师生才能开展，但师生在教学活动中的主体地位是不一样的，教师是教学活动中的"主导"，是"平等中的首席"，因为教师是教育教学的"专业人士"，他们在教学活动中发挥着设计、引导、调控等重要作用；而学生则是教学活动的"主体"，教学活动的过程和结果都受学生主体性发挥的性质和程度的影响和制约，教学从根本上是基于学生而存在的，是服务于学生发展的。也就是说，教师和学生虽然都是教学活动的主体，但教师和学生的主体地位和作用是存在差异的，我们如果不认识到这种差异性并因势利导，教学活动就会出现偏差。同样，其他教学活动的主体也需要依据其在教学活动中的角色不同而相应地发挥其作用。

2. 教学是文化创新的活动

教学不仅是最为重要的一种文化传承的活动，还是人类社会活动中最为重要的一种文化创新活动。教学的文化创新不仅必须，而且必要，教学的文化创新不是为创新而创新，而是教学活动的固有属性，是教学活动的一种潜移默化、水到渠成的自然态势。教学创新要因人、因时、因事等情况来进行具体分析，要实事求是。以往一些片面的教学观往往关注教学活动中教师对学生的知识传授和技能培养等方面，认为教学就是将人类文化的"精华"传递、传承给学生，把教学简单化为文化的"手递手"活动，这极大地窄化了教学的内涵，对教学活动造成了很大的损害。事实上教学不仅是文化传承活动，还是文化创新活动，文化创新是教学活动的高级层面，能极大地提升教学的水平和质量，对学生的发展发挥着极其重要的作用。

有人认为创新是教学的一种高级形态，因此小学教学活动，尤其是小学生的学习活动是很难创新的，这种观点是片面的。教学中的文化创新涵盖所有学段的一切教学活动，也就是说，即使是小学甚至学前教育阶段，教学活动也必须肩负起文化创新的重任，这是教学活动的应有之义。小学的教学创新对于教师和学生来说，都是应然且可行的。从小学教学的基础性特点来看，小学生的创新必须在小学教学活动中得到积极的引导和有效的激发，从而在小学阶段为学生创新素养的培养奠定坚实的基础。但需要注意的是，教学活动中的文化创新要结合师生、课程、教学环境和条件等具体情况，不能简单化和片面化，更不能一概而论，否则不仅不能创新，甚至连教学文化的传承功能也难以实现。以小学生为例，小学生在教学活动中的创新要考虑小学生的年龄、知识储备、主体性发展程度及生活经验和阅历等多方面因素，不根据具体情况、不实事求是地开展教学活动的创新是行不通的。

3. 教学是促进师生主体性发展的活动

教学活动的终极追求是促进师生主体性的发展。师生主体性的发展不仅是发展的结果，也是发展的过程，即师生在教学过程中要主体性的发展。教学无疑是促进学生发展的活动，但人们往往容易忽视一点，即教学也是促进教师发展的活动。首先，教师发展是教学活动的应有之义，这是基于教师在教学活动中的地位及教师对学生的作用而定的。教师是教学活动的直接主体之一，更是教学主体中的"首席"，教师是从事教学活动的专业人员，教师教学水平的高低直接影响教学活动的过程和结果，直接影响学生发展的程度和水平。教师的发展不仅应该先于教学活动，即为教学活动的有效开展做好发展的储备，更应该在教学活动中不断地提升自我，只有这样才能真正成为学生发展的基础和前提，才能更有效地发挥"首席"的作用。其次，师生的发展应该是主体性发展，即满足师生主体性需要的发展，而不是"被发展"，因为"教学活动中人主体性发展的期待和追求，既是对教学活动价值的反映和体现，也是对人之主体性发展的弘扬和诠释"①。主体性发展反映了师生发展的主体需要和追求，主体性发展意味着教学中的积极心理感受，有研究者指出，教学要突出"教师和学生的感受和体悟，强调积极情绪的作用，以及这种活动对教师和学生的意义"②。这也进一步佐证了师生在教学活动中的发展应该是主体性发展而不是消极被动的发展。而目前在教学活动实践中，师生被发展的情况较为严重，已经到了必须高度重视并立即解决的地步。

四、小学教学的特点

以上我们对"什么是教学"以及教学活动的基本特性作了阐释，这是教学活动的共性方面，教学活动还具有许多个性和差异性的方面，譬如学段不同，教学就会呈现不同的个性和特点，以小学为例，小学教学具有自身的特点：

1. 形象性

众所周知，小学生的思维方式以形象思维为主（小学低年级尤为明显），他们对外界事物往往充满强烈的兴趣和好奇，自控力较差，在认识事物的过程中注意力容易分散。另外，从记忆方式看，小学生以机械记忆为主，意义识记为

---

① 刘伟. 教学利益论 [M]. 福州：福建教育出版社，2015：67.
② 迟艳杰. 教学的概念考察与重塑 [J]. 教育研究，2017（10）.

辅（小学中高年级后逐渐向意义识记转变）。因此，为了激发和维持教学过程中小学生的注意力，小学教学活动从内容选择再到表达和呈现的方式都应该直观形象，这样有利于教学活动的开展。这并非要求教师在教学时不能选择理论性的内容和抽象的表达方式，只是要求教学要充分考虑小学生思维的特点，抓住矛盾的主要方面，即以直观形象为主，以理性抽象为辅。随着小学生身心的发展，尤其是到了小学中高年级，他们的抽象思维随着知识的积累和认知方式的训练，已经达到一定程度后，小学教学就应该逐渐由形象直观慢慢向理性抽象过渡，这既符合小学生认知发展的规律，也是对小学生认知方式的培养和训练，为他们进入下一阶段的学习夯实基础。

2. 综合性

小学生对外界事物的认识不如成人那般精细化，由于知识储备有限，他们的知识结构往往呈现一种笼统化的格局，即不能很好地进行分析、判断和综合。正是基于此，小学的课程设置不如中学及更高学段那般细化分科，而是以综合性、实践性课程为主。具体到教学上，小学教学也要求具有综合性，即教师在对小学生进行知识教学和技能培养的过程中要广泛涉猎，充分利用小学生好奇心重的特点，旁征博引，要激发和训练小学生的想象力和思维力，让他们形成联系事物进行综合思考的习惯，教授知识时不用过度强调专业性，对知识点进行细化和精深，要尽量培养小学生在认识事物时能融会贯通的良好认知习惯。小学教学的综合性对小学教师提出了较高的要求，教师要达到教学的综合性，自己首先要成为全科式的教师，即教师不仅在自己的从教课程上要非常专业，而且对小学的其他课程，至少是大部分课程要相当熟悉，能把其他课程融入自己的教育教学中，要能在其他课程上为学生提供指导和帮助。

3. 生活性

陶行知先生的生活教育理论反映了生活与教育关系的本真，"'生活教育'来自生活，植根于生活，为生活所必需，又随着生活的发展而发展"①。小学生的认知和思维方式以形象直观为主，为促进小学生的认识和理解，小学教学尤其应该密切联系小学生的生活，这种联系不仅要求小学教学的内容选择上应该生活化，即应该选择那些经典的、反映历史发展和社会要求的、具有现实指导意义和知识储备价值的教学内容，而且应该用符合小学生认知习惯的、生活化的方式来呈现。如对小学生的安全防火教育，既要小学生认知当今生活中防火

---

① 刘大伟，杜京容. 民族共识、民间仪式和集体记忆——陶行知纪念活动及其形象建构 [J]. 教育学术月刊，2018（8）.

的重要性，又要让其知道生活中各类可能的火灾隐患，更要让他们知道面临火灾时该如何正确应对。这要求小学教学活动开展时，教学内容既与小学生生活密切联系，又尽量采用小学生生活中的真实案例来呈现和阐释，正如陶行知先生所要求的那样，生活即教育，社会即学校，教学做合一。教师最终让学生的学习与学生的生活有效融合，让教学鲜活而富有生命力。

4. 反复性

总体而言，小学生的认知能力还不完善和成熟，如注意力容易分散、思维方式以形象思维为主、记忆以机械识记为主等，这种认知特点往往导致了小学教学的反复性，教学任务很难一次完成，往往需要多次反复教学才能实现预期的教学目标。当然，这里指的反复教学不是指照搬式的机械重复，而是指教师要通过反复的讲解、复习和巩固等，实现小学生对同一知识点的有效认识和理解。这种情况在小学低年级尤其常见，低年级段的小学生自主学习能力较差，同一教学任务基本都需要多次反复教学才能完成。到了小学中高年级，这种反复教学的情况会得到较大改善，尤其是到了小学高段，小学生知识水平达到一定的程度，特别是其主体性发展水平的提高和良好学习习惯的养成，反复教学的情况会大幅减少。小学教学的反复性要求小学教师在教学的时候有足够的耐心，同时教师要结合小学生认知的规律对教学的方法进行改革，尽量避免教学中的无效反复，提高教学效率。

5. 情感性

人是具有丰富情感的，不同人的情感状态和情感表达方式是有差异的。小学生由于年龄的关系，不仅具有丰富的情感，而且总体上情感呈现敏感、脆弱、易变和依附性强等特点。教学是师生、生生间的交互性活动，教学主体间的情感对教学有重大的影响。小学生情感的特点决定了在小学教学中教师要高度关注小学生的情感，我们只有正确处理小学教学中的情感关系，才能有效促进教学，否则这种教学中的情感可能成为小学教学活动的阻碍。教师是小学教学活动中情感关系处理的主导者，大多小学生信任甚至崇拜教师，在情感上对教师有依附性，渴望得到教师的关注、尊重、理解和爱，这要求小学教师在教学过程中要关注每一个学生，要多与学生沟通，同时也要积极创造条件，让学生间建立起良好的情感关系，进而营造良好的教学情感氛围。

第二节　课程与教学的关系

在教育学界，人们不仅对"什么是课程""什么是教学"在认识上存在差异甚至是争议，对课程与教学两者的关系更是众说纷纭，莫衷一是。在当前，无论是对课程，还是对教学，在理论研究和实践推动上都存在明显的分野，总体而言，多数学者认为两者具有相对的独立性。课程与教学是教育研究中无法回避的两个重要问题，课程与教学的关系虽然异常复杂且目前尚无定论，但这也正说明了我们要不断探索课程与教学两者关系的必要性。

就目前而言，人们对课程与教学关系的认识主要分为以下几类：

一、彼此独立

持这种观点的人认为课程与教学各有特质，两者彼此独立，互不包含，很少交集，甚至各执一端，相互平行。如有学者坚信，"在当代的课程理论家中，课程与教学是两个独立的领域，这种观点已经得到广泛的认可"[1]。另外，多伊尔（Doyle, w.）也指出，"在制度水平上，教学（pedagogy）与课程很容易是两个分离的领域，两者之间的关系也被认为是线性的"[2]。

二、包含与被包含

有人认为，课程是教学的上位概念，教学包含于课程之中。如美国著名的课程理论学者泰勒（Taylor）就认为教学只是课程的组成部分。顺着这种思路，有学者将这种观点具体化，认为"课程实施实际上也就是教学"[3]。与课程包含教学的观点截然相反，有人认为，教学是课程的上一级概念，课程包含于教学之中。这种观点可以从一些典型的课程定义里面发现，如有人将课程定义为"指学校教育科目及各科教材，也就是教学内容"。还有研究者直接指出："'课

---

[1] D. TANNER, L. N. TANNER. Curriculum Development：Theory into Practice ［M］. 1980：30.

[2] 李子建，尹弘脱. 反思课程与教学的关系：从理论到实践 ［J］. 全球教育展望, 2005（1）.

[3] 黄甫全. 大课程论初探——兼论课程（论）与教学（论）的关系 ［J］. 课程·教材·教法, 2000（5）.

程论'只是教学理论的一个组成部分,它与教学的'过程论''方法论'等相
并列。"①

三、相互交叉

有部分学者认为课程与教学并非彼此独立,也非包含与被包含的关系,而
是相互交叉的关系,是你中有我、我中有你的关系。如有学者指出,"课程理论
与教学理论之间必然存在着各种联系和交叉重叠部分,课程理论必然会考虑到
课程实施问题,而教学理论则肯定会涉及与教学方法相关的教学内容问题"②。
还有学者进一步指出"课程与教学肯定存在着相互依存的交叉关系,而且这种
交叉不仅仅是平面的、单向的"③。

四、循环模式

还有学者认为上述三种关系都不能完全说明课程与教学间的关系,他们认
为课程与教学应该是互为反馈的延续关系。课程与教学虽然相互独立,但都是
教育系统循环活动中的组成部分,彼此产生影响,在互动中相互调适和改良,
周而复始,循环往复。对此有学者提出了三个隐喻:隐喻一,课程是一幢建筑
的设计图纸,教学则是具体的施工;隐喻二,课程是一场球赛的方案,教学则
是球赛的过程;隐喻三,课程可以被认为是一首乐谱,教学则是作品的演奏④。

课程与教学的关系的确非常复杂,这种复杂的背后蕴含着众多的原因,譬
如关于课程、教学本身的定义人们都远未达成共识,对二者关系的认识自然分
歧更多。又如解读关系时人们立场、视角和方法的差异,典型的就是学界中
"大课程论"和"大教学论"的课程观和教学观。诸如此类,都决定了关于课
程与教学关系的争论将长久地存在下去。

我们以为,从实践的角度看,课程与教学相互交叉的观点似乎更值得提倡。
从理论研究的角度看,人们对课程与教学各有特质的观点还是大体认可的,即
课程不等同于教学,反过来同样如此。但认为课程与教学完全独立、彼此无涉
的观点明确是站不住脚的,事实上两者的要素和结构中都互有涉及,甚至有许

---

① 李秉德. 教学论 [M]. 北京:人民教育出版社,1991.
② 施良方. 试论北美教学理论的形成和发展 [J]. 教育研究,1993 (1).
③ 施良方,崔允漷. 教学理论:课堂教学的原理、策略与研究 [M]. 上海:华东师范大
学出版社,1999:24.
④ 汪霞. 小学课程与教学论 [M]. 上海:华东师范大学出版社,2011:8.

多内容大体相同，只是存在表述的差异而已。至于"大教学论"，或者"大课程论"的观点，只不过是不同课程或教学流派理论野心的体现，基本不太具有说服力。循环模式看起来挺有道理，但三个隐喻在实践中都面临一些不好解决的问题。对于基础教育实践而言，课程与教学密切联系，但又彼此独立，这种交叉的、联系的辩证统一观点可能不仅更容易被教师们接受，还更有利于推动课程建设与教学改革的实践。

第三节　课程教学的生活化

一、课程、教学与生活

从事教育教学工作，人们说得最多的是课程与教学，做得最多的也无外乎课程与教学，在课程与教学工作中人们该如何处理其与生活的关系？人民教育家陶行知先生提出了"生活教育理论"，强调学校教育与社会生活的密切关系，这是理论研究上对教育与生活关系的揭示。一言以蔽之，课程与教学源自生活，融于生活，回归生活。然而要真正在教育实践中体现和反映课程、教学与生活关系的紧密性并不容易，甚至这根本就是一件很难的事情。以小学劳动教育为例，现今学校劳动课程的设置及教学都遭遇了与生活脱节的尴尬。一方面是学校费尽心力开设各类劳动课程，传授学生劳动知识，培养学生热爱劳动的积极情感，促进学生形成劳动技能和具备劳动能力。另一方面则是大量学生在生活中的劳动意识、习惯、知识、技能和能力等方面呈现出的苍白和乏力的现象。学校劳动课程与教学似乎与小学生的劳动生活走在一对平等线上，相互张望但却难以相互融合。为什么会出现这种情况？根本原因可能是功利化的应试教育在作祟，也有其他林林总总颇为复杂的社会原因，直接原因是学校的劳动课程教学重理论轻实践，重说教轻情感，重形式轻习惯，脱离学生的实际生活。毫无疑问，这背离了教育生活化的本真，异化了课程、教学与生活的内在关系。

课程、教学与生活具有不可分割的紧密关系，课程与教学的活动目的、内容、方式方法、评价等都与人们的生活息息相关，课程与教学不仅源自人们的生活，本身也构成了人们的生活，尤其是学生的生活方式和生活内容，同时课程与教学结果也必须指向人们的生活，为提高人们的生活品质而服务。简言之，生活化本就是课程与教学的基本特点。

小学的课程与教学尤其需要与小学生的生活密切联系。课程与教学围绕学生而展开，基于学生且指向学生。鉴于小学生身心发展的特点，特别是思维上以形象思维为主的具体情况，小学的课程与教学都必须密切联系小学生的生活，用小学生最容易接受的方式教学，实现小学生教育与生活的有效融合。

二、品味课程与教学

课程、教学与生活密不可分，正如人们对美好生活总是充满向往，生活化的课程与教学也应该是令人期待的。然而事实似乎并非如此，真实的课程与教学往往枯燥乏味，甚至有时令人难以忍受，为什么会这样？难道是因为课程与教学抛弃了生活吗？答案显然不是这样。我们认为，造成这种情况的主要原因是相当一部分教育的利益相关者缺乏对教育本真的正确认识，比较急功近利，譬如用升学和就业等简单评判教育，导致在学校的课程建设和教学实施中，重结果轻过程，用短平快、程式化、运动化的模式去开展教育活动，如工厂生产产品一般去生产"优生"，其余学生则好似"瑕疵品"，被无视甚至抛弃。在这种情况下，人们从事教育难以心平气和，往往心浮气躁，课程与教学难免会丢掉生活原本具有的五彩斑斓的底色。

教育源于生活，教育本就是生活，教育理应融于生活。人类生活五味杂陈，课程与教学也必然有滋有味，课程与教学的每一个主体都应该在课程与教学活动中品尝生活及教育的滋味。

品味课程与教学就是品味生活。品味生活，人们总是容易联想到吃。人们对食物的需求似乎浸入骨髓，吃饱仅仅是满足生存的基本需求，随着社会的发展，尤其是人们的生活条件不断改善，吃好成为人们一种永不满足的、对美好生活的自然追求。在日常生活中，人们最喜欢挂在嘴上的事物往往就是食物，而食物也是生活中最容易让人们体会到满足感和愉悦感的事物。品味美食应该是绝大多数人品味生活的一项重要内容。当然，生活的美好，生活的多姿多彩并非只有美食。品味生活除了美好，也会有挫折。

教育本身也是如美食般需要品味的。人的生活中并不能只有吃，除吃之外，日常生活中人们谈论和从事最多的一个话题是教育。如果说享受美食是人们在生活中的一种追求，那么接受或从事教育则是实现这种生活追求的一个重要手段。我们经常可以看见有年长者教育年轻人，"要想今后少吃苦，今天就要好好学习"。吃苦固然并非一定与吃食相关，但人们却习惯性地将吃与学习（教育）放在一起，因为教育是与人生存相关性最高的一项活动，许多人把接受教育视为谋生的最重要的前提和手段。

品味生活与品味教育是一个道理。生活中固然可以品味美好，但生活也需要吃苦。似乎教育就是生活中的一大苦事，教育教学活动并不像享受美食那般讨喜，在人们心目中，学习虽然非常重要，但它却是一件辛苦的差事，在形容学习对生存的重要性时，我们常用"书中自有黄金屋，书中自有颜如玉"来做比，然而为了实现这种美好追求，人们习惯性地用"头悬梁，锥刺股"的精神来激励学习者，如此看来，学习哪里只是吃苦，简直堪比受刑！

人人都要学习，在当今的"学习型社会"尤其如此。教育是如此之重要，学习又是如此之痛苦，这难道是教育活动的内在规律吗？这种观点似乎很有市场，在中国、亚洲乃至世界许多地方，人们普遍认为要想学习好就得有吃苦的准备，而且普遍赞赏在教育中勇于吃苦的人。

然而我们又有疑问了：为什么人们经常会发现，身边那些学习成绩最好的学生往往同时又是最会玩的学生？为什么孔子曰："知之者不如好之者，好之者不如乐之者？"如果学习（教育）真的是件苦差事，学习中的人怎么能乐得起来？事实上，全世界所有的国家不都提倡苦学，近二十年来，芬兰的基础教育取得的成绩一直被世界各国所欣赏，然而芬兰的基础教育对吃苦教育来说却似乎有点奇怪，感觉老师和学生在教育活动中似乎都是怎么轻松怎么来，但芬兰的教育却奇怪地成功了，成功到令世界许多国家震惊且不解，难道芬兰人是怪胎？抑或他们都是学习的天才？

从生物趋利避害的本性来看，我们相信人们并不愿意在学习（教育）中吃苦，世界上已经有人证明了轻松学习也可能出好成绩，既然"乐知者"才是学习者的最高境界，我们难道不应该如享受美食一般享受学习（教育）吗？这就产生了一个问题：轻松愉快、宛如美食的教育教学真的可行吗？要想得出肯定的结论似乎并不容易，但快乐教学相信是绝大多数人的希冀和渴望。我们认为，学习（教育）的人的确应该有勇于吃苦的精神，但学习（教育）活动本身并不应该是件苦差事，相反，高效而有品质的教育应该是一件美事，换言之，好的教育应该像美食一般有滋有味！

课程与教学是学校教育最基本的要素和活动形态，教育要生活化，课程与教学就需要变得有滋味。笔者在多年教学和研究的基础上，结合自己对课程与教学的所思所想，试图对"如何品味课程与教学"提出自己的一些观点。本书并未尝试体系性地构建课程与教学的学科逻辑架构和知识体例，只是选取了一些自认为比较有"味"的点，论述自己关于课程与教学生活化的思考和想法。希望读到此书的人们能够对课程与教学产生兴趣甚至是渴望，不要把课程建设和教学活动当成是一件苦差事。

对教育，我们应该保有对美食一样的热情，教育（学习）或许需要吃苦，但它绝对不是一件苦差事。品味课程与教学，要求师生及所有与教育相关的人员，就如新品尝一道美食，带着好奇与希冀去参与教学活动，去品味其中的酸、甜、苦、辣、咸等百般滋味，去品味追寻成长带给我们的趣味和惊喜。

第二章

小学教师与学生

第一节　小学教师与学生的内涵

一、小学教师

"教育大计，教师为本"，教师无疑是教育活动中最重要的人的要素之一。那么，教师究竟是怎样的人？为什么教师在教育活动中的地位和作用如此重要？教师是"学校中传递人类科学文化知识和技能，进行思想品德教育，把受育者培养成一定社会需要的人才的专业人员"[①]。学者们虽然对教师的定义在表述上具有一定的差异，但教师的内涵总体上并没有太大争议。大体而言，我们可以从以下几个方面理解教师的内涵：

1. 教师是专门从事教育工作的专业人员

这是世界上绝大多数国家的共识。早在 1966 年，在由联合国教科文组织与国际劳工组织共同签署的《关于教师地位的建议书》里就首次正式确认了教师的专业人员身份。我国 1993 年颁布的《中华人民共和国教师法》也明确指出："教师是履行教育教学的专业人员。"教师是专业人员，意味着要从事教师职业的人必须经过专业的训练和从业资格的考核。以我国为例，我国颁布了各学段的教师专业标准，也制定了严格的教师资格证考试的制度。教师是专业人员对教师职业具有十分重要的意义，其一方面意味着要入职教师必须具备专业的理想、信念、知识和技能，即必须具备专业的教师能力和素养；另一方面也意味着教师享有专业人员所应有的地位和权利，即教师是受人尊敬的，是对社会发展发挥重要作用的专业人士。这两个方面既是教师作为专业人员的前提，同时

[①]　顾明远. 教育大辞典（简编本）[M]. 上海：上海教育出版社 . 1999：179.

也是教师成为专业人员的保障，两者不可缺一。

2. 教师的职责是培养社会所需要的人才

教师是培养人才的专业人员，即教师的工作对象是人，教师的工作任务是教育学生，促进学生的成长和发展。教师的人才培养工作具有社会性，是为一定社会的统治阶层培养其所需要的人才，这是由教育活动的阶级性所决定的。以我国为例，我国是社会主义国家，我国教师要培养的人才必须符合我国发展的需要，即教师培养的是"社会主义事业的建设者和接班人"。教师的工作职责不仅有明确的性质限定，其工作内容也是明确的。我国现阶段的教育目的是"培养德智体美劳全面发展的社会主义建设者和接班人"，因此教师的工作任务是要促进学生全面发展。全面发展不是平均发展，而是结合学生情况，促进学生在各个时期的各方面的才能都得到有效、高效的发展；全面发展同样不是不加区分的发展，全面发展有重点、有先后，是科学规划下的立体发展；全面发展坚持以德为先，"立德树人"，教师要依据社会主义核心价值观，教育学生立德成才，培养德才兼备的社会主义事业建设者和接班人。正因为教师的职责是培养社会所需要的人才，教师的工作直接影响国家和社会的发展状况，因此教师职业具有高度重要性。

3. 教师有特定的工作环境和工作场所

在中国人际交往中，为表示对某人的尊敬，人们往往以"某某老师"称呼他。在人际交往中称某人为老师，表示对对方的尊敬，并不意味着对方真的具有教师的资质或能力。我们这里论述的教师是作为专业人员的教师，是学校教育中的专业教育教学人员。专业教师的工作是培养人，专业教师有特定的工作环境和工作场所，即学校。从严格意义上说，教师是在学校工作，以培养人为任务的专业人员。学校是专门培养人的场所，学校的建设都围绕培养人来展开。简单说，学校建设以有利于人才培养为标准，正是基于此，教师的含义甚至直接把学校定义为教师的工作环境和场所。现今学校建设有非常明确的要求和标准，其目的就是为了更好地开展人才培养工作。当然，说教师的工作场所是学校，这是基于常规工作时间和空间，即教师的工作主要是在学校开展的。但这并不意味着教师的工作就不会拓展到校外，事实上，教师的许多工作会延伸到校外。这也体现了教师工作的复杂性和艰巨性，也反映了教师的牺牲和奉献。但从教师的职业特性来看，教师的工作是有时空边界的。关于教师工作环境，我们会在后面小学课程与教学时空的相关内容里进一步论述。

厘清了教师的内涵，我们认识小学教师的概念就水到渠成了。小学教师特指小学中以培养和教育小学生为工作职责的教师。小学教师具有教师内涵的一切属性。小学教师的工作具有教师工作的共性，但鉴于小学教师的培养对象是身心发展不成熟、处于快速发展期的小学生，小学教师的工作又与其他学段教师的工作具有差异性。这种差异性体现在小学教育教学活动中的各个环节和内容上。以工作内容为例，小学教师除了传授小学生知识、培养小学生各方面的能力之外，还需要在生活上更多地关心和照顾小学生，特别是小学低年级学生，因为他们生活能力较差，尤其需要得到小学教师的关爱。再以教学方法为例，小学教师在选择和使用教学方法时，因为小学生是以直观形象思维为主的，这就要求小学教师多选择和使用直接形象的教学方法，这一点在小学中低年级表现得尤为明显。

二、小学生

学生特指"在各级各类学校或其他教育机构学习的人。按受教育阶段分，有小学生、中学生、大学生、研究生等"①。以此推之，小学生是指小学阶段的学生。根据《中华人民共和国义务教育法》第十一条规定，年满6周岁的儿童便应该接受义务教育，即进入小学学习。在我们国家，小学生多是6~12岁的学龄儿童。学生是在学校以学习为主要任务的个体和群体，不同学段的学生在学习目的、任务、内容和方式等方面既具有共性，也具有差异性，认识这些共性和差异性，对针对性开展教育教学、提高人才培养质量具有重要意义。相较于其他学段的学生，小学生在身心发展上具有以下一些明显特点：

1. 小学生处于身心发展不成熟的阶段

从身心发展来看，学生要到高中阶段才基本成熟。对于小学生而言，身心发展还属于较低阶段，无论是生理还是心理都极不成熟。从身体上看，小学生身体发育很不成熟，在校学习时需要教师给予关注、保护和训练，比如坐姿的训练、视力的保护和用笔的训练等等。从认知来看，小学生虽然好奇心和求知欲旺盛，但注意力保持时间短，记忆是以机械识记为主，这些在教学上的不利因素都需要教师采取科学合理的方式予以克服。正是因为小学生身心发展不成熟，小学阶段尤其需要小学生打好知识基础，使小学生的身心发展从一开始就朝积极的方向发展。以小学生的思想品德教育为例，在人生观、世界观和价值观上，小学生都处于萌发状态，这个阶段教师如果能够科学引导，将对立德树人目标的达成奠定坚实的基础。

---

① 顾明远. 教育大辞典（简编本）[M]. 上海：上海教育出版社，1999：536.

2. 小学生处于身心发展快速成长的阶段

小学阶段是学生身体快速发育的时期，无论是身高、体重还是身体的其他机能都处于快速发展之中。因此小学阶段我们必须特别关注小学生的机体发育和身体健康，强化小学生体质训练，促进其健康成长和发展。我国非常关心小学生的身体发育问题，近年来在加强学生营养、强化体育锻炼、促进学生体质发展方面投入了大量资金，出台了许多行之有效的政策措施。小学阶段不仅是小学生身体快速发展阶段，也是心理快速发展阶段，以其认知发展为例，小学生的观察力、注意力、记忆力、思维力和想象力都处于快速发展阶段，如果能对这些认知发展特征给予正确的把握并合理利用，将有效促进小学生认知能力的科学发展，反之则会阻碍其发展。有研究发现，6~7岁的小学生处于语言能力快速发展期，抓住这个关键期，可以极大地提升语言训练的效率，达到事半功倍的效果①。认清小学生身心快速发展的特点，抓住其身心发展的关键期进行课程建设和教学改革，是小学教育必须高度重视的。

3. 小学生处于信任或依恋教师的阶段

俗话说家长是孩子的第一任老师，家长是孩子的榜样。在未入学接受教育阶段，孩子学习兴趣的满足和学习动机的激发往往由家长来完成，这个阶段的家长往往是孩子心目中"无所不知"的能人，是孩子的榜样。但入学后，特别是进入小学后，在学校营造的学习环境下，学校所提供的、家庭不能比拟的系统教学能使小学生的好奇心和学习欲望能得到极大的满足。小学教师向小学生展示的全新世界极大地拓展了小学生的认知空间，再加之此时小学生的情感体验不断丰富，学习自主意识和意志力虽有一定程度的发展但仍需要成人的鼓励和支持，在这种情况下，小学生很容易将对父母那种无所不知的知识崇拜转移到小学教师身上，小学教师极容易成为小学生心目中的知识权威人和人生导师。小学生的这个特点，对建设良好的小学师生关系提供了便利的条件，同样也对建设良好小学师生关系提出了较高的要求。教师如果能够因势利导，建设起良好的小学师生关系，将有利于学校的教育教学工作的顺利开展。

4. 小学生处于自我保护意识和能力较弱的阶段

小学阶段，小学生由于身心发展不成熟，尤其是中低年级的小学生自我保护能力的意识和能力相对较弱，当面临困难和威胁时，小学生容易遭受来自外界的伤害。诸如道路交通安全隐患、校园欺凌、地震、火灾、溺水等方面的问题都可能使小学生受到伤害。这种潜在的伤害可能发生在学校，也可能发生在

① 殷红博. 语言发展关键期及其基础训练的意义 [J]. 现代特殊教育, 1999 (6).

上下学的途中，甚至发生在家里。遭受伤害后，由于认知局限、表达能力欠缺和身体机能不够成熟等客观原因，小学生往往不能有效的自救，从而导致伤害进一步加大，甚至由外及内，导致小学生自卑、抑郁，甚至出现自残、自杀等倾向和行为。因此，我国必须高度重视和加强对小学生的安全教育，提高其安全意识和自我保护能力。对小学生的安全教育和安全保护是一个系统工程，需要教师、学生、家长、学校和社会等各方面的共同努力和通力协作。

学生是学校最重要的人，是学校教育教学活动的对象，更是学校教育教学活动目的之所在。学校教育的一切工作都必须围绕学生这个中心。小学生是学校基础教育起始阶段的教育对象，小学生身心发展的特点和小学教育教学的目的对学生中心的要求更高。小学生在小学阶段的成长情况对后续学段的成长发展具有重大的影响，因此我们必须高度重视对小学生的教育，要整合学校、家庭和社会等各方面的力量，共同努力、协调一致、创造条件、搭建平台，引导和促进小学生健康成长、全面发展。

第二节　小学师生关系

一、师生关系

人际关系是影响社会活动开展的重要因素。学校的教育教学活动必须由人来开展，教学活动是师生基于文化传承和创新，以实现人才培养和发展为目的的交往活动，学校教育教学活动中人的交往导致了各种人际关系的产生。学校犹如一个小型社会，学校的人际关系类型多样、内容复杂。在学校众多的人际关系中，师生关系是最基本、最常见、最活跃同时也是最重要的人际关系，学校师生关系的和谐，不仅对师生交往和教育教学任务的完成有重要的影响，对学校其他人际关系的形成及相关工作的完成也有重要的影响，正如有研究者指出"今后教育的改革，急需着力推行的首要工作，便是师生关系的改革；不然的话，就算是有最好的校舍与最好的设备，还是效果不大的——因为教育效果的提高，精神的因素，人的因素，是决定性的因素"[1]。因此，我们必须高度重视、正确认识并正确处理好学校的师生关系。

---

① 严元章．中国教育思想源流［M］．北京：生活·读书·新知三联书店，1993：16.

（一）作为人际关系的师生关系具有特殊性

师生关系虽然只是人际关系的一种类型，但相较于普通的人际关系，师生关系的形成、作用方式和内容等都具有一定的特殊性，这种特殊性主要表现为三个方面：

1. 师生关系基于教育教学活动而产生

活动是人存在的基本方式，教育教学活动是学校教育中的教师和学生最基本的活动形式和存在方式。师生关系的产生，正是基于教育教学活动，教育活动是人类特有的社会活动。一般认为，人类社会产生伊始，教育活动也随即产生，既然有了教育活动，那自然就有教师和学生，教师和学生的关系也就随即产生。不过这时的教师和学生是广泛意义上的，因为此时的教育活动并没有成为专门性活动，教师的教和学生的学都是融合于生活之中的，师生之间的关系基本上与普通的人际关系无异。随着社会生产力的发展，学校教育产生，专门承担教育教学任务的教师和专门从事学习活动的学生出现后，师生关系就真正建立起来了。显然，师生关系的产生依托于学校教育的产生，依托于专门的教育教学活动，没有教育教学活动，就无所谓师生关系了。所谓的"一日为师，终身为师"，表达了对教师职业和身份的尊重，从严格意义上来看，当教育教学活动终止后，师生关系也就终止了，师生关系也就转化为了普通的人际关系。

2. 师生关系存续于特定的教育环境和教育任务中

师生关系的产生基于学校的产生和学校的教育教学活动的产生，同样，师生关系的存在和延续也依托于特定的教育环境和教育任务。特定的教育环境，主要是指学校。学校是育人的专门场所，教师和学生的教学活动主要发生在学校，主要发生在学校的课堂环境中，这就是师生关系存续的主要教育环境。当然，特定的教育环境并不特指学校和学校的课堂，只要是学校教育教学需要，教师和学生教育教学活动开展所依托的其他环境和场所都属于师生关系存续的特定环境，如教师将学生领到田间地头开展劳动教育，组织学生到烈士陵园开展爱国主义教育等，这样师生关系存续的特定环境就拓展到了校外。区别于一般的人际关系，师生关系的存续除了依托特定的教育环境外，还与特定的教育任务相关。我们认为，教师和学生间为完成特定的教育任务而开展特定的教育教学活动，在此过程中存续的关系才属于师生关系，如果没有特定的教育任务，即使发生在学校，师生之间也不一定有师生关系。举个例子，如果学生在教室里上自习，某教师走进教室询问某生一些与教育无关的事情，此时该师与该生的关系只是普通的人际关系，而非师生关系。

3. 师生关系的主要内容是教育教学关系

师生关系的产生和存续都依托于教育教学活动，这足以说明教育教学关系是师生关系的主要内容和核心内容。从某种意义上可以说，教师职业的产生是为学生的学习服务的，目的是促进学生的成长和发展。学生之所以称为学生，学习是其根本任务。教师和学生在学校从事的主要活动就是教育教学活动，其他活动都是为教育教学活动服务的。既然学校的主要活动是教育教学活动，基于教育教学活动而产生和存续的师生关系自然也是教育教学关系。教育教学关系是师生关系的主要内容和核心内容，但教育教学关系并非师生关系的全部内容，师生关系还有其他的内容，如师生间的情感关系、伦理关系等。但这些师生关系都基于教育教学关系而产生，是师生间教育教学关系的拓展和衍生，同时这些人际关系也服从和服务于师生间的教育教学关系。以师生间的情感关系为例，正是有了师生间的教育教学关系，在教育教学活动的相互接触中，师生间会产生相应的情感，如教师对学生的关爱、学生对教师的尊重等。良好的师生情感关系有利于推动师生间的教育教学关系，反之则会阻碍师生的教育教学关系。也就是说，正是有了教学关系，才会有师生间的情感关系，其他的师生间的关系同样如此，如果不是基于教育教学关系而拓展和衍生的关系，那就不是师生关系，而是普通的人际关系。

（二）师师关系和生生关系

师生关系是教育教学活动中最重要的一种人际关系，之所以说它最重要，是这种人际关系是教育教学活动性质的根本体现和反映，即教育和学习，是教育者和受教育者的关系，同时从占比来看，师生关系构成了学校人际关系的主体部分。我们通常说的师生关系指的就是学校教师和学生基于教育教学活动而产生的人际关系，但倘若我们把师生关系视为学校人际关系的一个大类，即从人际关系主体是教师或者学生的角度看，除了通常所说的师生关系外，还有两种人际关系同样对教育教学发挥着重要的作用，即教师间（师师关系）和学生间（生生关系）的人际关系。

1. 师师关系

教师间的人际关系也是学校里最常见的人际关系之一，从社会分工的角度看这种关系属于工作关系，但这种工作关系不同于普通职业间的工作关系。教育是培养人的活动，不同于其他那些不以人为对象的工作，学校间教师对学生的培养不可能由某个教师单独完成①，教师间必须相互配合、通力合作。师生关

① 一些特殊地区，如偏僻的山区和牧区等可能仍然存在少量一个教师单独完成所有教育教学任务的学校，其教学组织形式不利于采用复式教学，但这主要是受制于教育教学条件，并不符合教育教学规律，随着条件的改善，这种类型的学校终将被淘汰。

系基于教育教学活动而产生，建立和谐师生关系的目的是完成教学任务，促进学生发展，从这个角度看，师师关系实际上是师生关系的延伸。师师关系的内容虽然不仅限于工作关系，但其他属性的关系同样属于工作关系的衍生内容。如教师间因为工作成为同事，在工作中相互交往、彼此了解，建立了深厚的友谊，此时由工作关系就衍生出了朋友关系、亲密的情感关系。教师间的人际关系是在教育教学活动中必须处理好的人际关系，处理好这种人际关系的价值主要体现在以下几个方面：

（1）教师间良好的人际关系可以推动学校文化的建设

学校的发展需要营造良好的育人氛围，校园文化建设是学校建设的重要内容。人文精神是学校校园文化建设的核心内容之一。学校是培养人的专门场所，是文化传承和创新的重要机构。作为培养人的专业人员，教师的人格魅力能发挥教育的榜样示范作用。教师的人格魅力不仅在于个体，更重要的是要发挥教师群体的示范效应。教师群体间如果能构建起良好的人际关系，可以在校园内营造出良好的育人氛围，本身对学生就能产生良好的教育引导作用。

（2）教师间良好的人际关系可以推进团队育人工作

学校教育是系统工作，需要与教育相关的众多主体通力协作才能有效完成。教师间在工作上的良好合作是高效教育活动的基础和前提。教师间如果相互学习、互通信息、彼此借鉴，可以对学生的教育教学工作达到事半功倍的效果，这一点无论是对课堂教学还是班级管理都同样适用，有经验的教师非常重视教学团队建设便是因为如此。相反，如果教师间人际关系一般甚至恶化，在工作上不能通力合作甚至相互诋毁内讧，这不仅无助于教育教学，而且会极大地损害教育教学，对人才培养产生极坏的负面作用。

（3）教师间良好的人际关系可以有效促进教师专业发展

教育大计，教师为本，教师发展尤其是教师专业发展的状况是影响学校人才培养质量的重要因素，教师没有好的专业发展就不可能有好的学生发展。这正是教育发展和学校建设必须把教师专业发展视为关键内容的重要原因。教师专业发展的途径很多，如外出培训、自学等，必须强调的是，教师间的相互学习是教师专业发展最为重要的途径之一。因为这种教师专业发展方式贯穿于教师教育教学活动的始终，是教师工作的日常，涉及教师发展的全部内容，而且这种发展方式也最为便利和经济。这种发展方式有一个基本前提，即教师间已形成良好的人际关系，人际关系淡漠甚至紧张的教师之间很难做到无私分享和相互学习借鉴。

（4）教师间良好的人际关系可以促进学生发展

教师间人际关系是基于工作建立起来的。教师的工作是人才培养，从这个角度看，教师间良好的人际关系，其最大的受益者必然是学生，这正是我们构建教师间良好人际关系最重要的目的和价值。这里必须再次明确，教师间良好人际关系的判断和衡量，其首要的、核心指标和依据是教师间的工作关系，其他衍生出来的人际关系的内容只是这种人际关系的补充和辅助。事实上，有些教师间有着良好的私人情感关系，但其工作上良好的互动和促进却并不明显，显然这种教师间的良好关系对人才培养的促进作用并不明显。严格意义上讲，这只是普通的人际关系，而非我们所说的良好的师师关系。良好的教师间的关系必须是能有效促进人才培养即学生发展的，这既是师师关系产生和存续的基础，也是其存在的价值和意义。

2. 生生关系

这是学校里人际关系最常见的一种。一般情况下，学校的学生人数会远远超过教师人数，学生间交往和互动的频率也远远超过了其他学校内人群间的人际交往频率。学生间人际关系的产生和存续是基于共同的学习活动，即因为在共同的环境和场所里学习而存在和延续。对于学校教育来说，学习不仅是个体行为，同样是群体行为。学习的群体性要求建立学习共同体，基本要求就是学生间互促共进。因此，从师生关系建立的基础和指向的目的来看，生生关系实际上同样是师生关系的延伸，同样，建设学生间良好的人际关系对学校的人才培养工作也有着重要的价值和作用，主要体现在以下几个方面：

（1）良好的学生间关系可以促进班集体建设

班集体建设是学校教育管理工作的重要目标之一。目标明确，有凝聚力和战斗力的班集体能发挥高效的育人效应。班集体建设是每一个教师，尤其是班主任教师的重要工作内容。学生间关系的产生和存续是基于共同的学习活动。和谐相处、学习互助是良好学生关系最重要的内容。要建设优秀的班集体，班级目标、理念、制度等固然是重要内容，良好的师生关系、生生关系更是基础和关键。如果师生关系、生生关系紧张，班集体建设便失去了最重要的人的基础，优秀班集体建设只会成为空想。相反，如果师生关系、生生关系和谐，班集体建设中的困难便能克服，优秀班集体建设便有了最大的人的助力。因此，建设良好的学生间人际关系是优秀班集体建设的重要内容和手段，不仅如此，在建设优秀班集体的基础上，良好的学生间关系还可以推进学校文化建设，营造学校育人的良好学习氛围。

（2）良好的学生间关系有利于教师教育教学活动的开展

良好的学生间关系不仅有助于班集体建设，进而发挥班集体的育人功能，还直接有利于教师教育教学活动的开展。友好相处、互助学习是良好生生关系的核心标准。教学相长，教师教育教学活动开展的效果，除了受教师自身素养的影响和制约外，还与学生的支持和配合密切相关。学生对教师教育教学活动的支持和配合不仅是个体行为，更是群体行为，相较于个体行为，群体行为对教师教育教学活动的支撑作用更为明显，效果也更好。要实现学生群体的支持配合，就要构建学生学习共同体，而学生学习共同体的建设必须依托于学生间良好的学习关系及衍生的其他人际关系。目前，教师在教育教学活动中把学习团队建设作为教育工作的重要内容，把生生关系的建设作为学习团队的基础，意识到生生关系对教育教学活动开展的重要性。

（3）良好的学生间关系可以促进学生发展

学生关系的产生和存续是基于共同的学习活动，促进学生发展是良好的学生间关系的核心衡量标准和应有之义。前文已经阐述，良好的学生间关系有助于推动班集体建设，有利于教师教育教学活动的开展，这些都可以有效促进学生的成长发展，这种发展来源于班集体的育人功能和教师对学生的培养。促进学生发展的外在推动力除了来源于班集体及其拓展的校园文化、育人环境和教师外，还有一个重要的途径就是自己的学习伙伴，即同学。同学的帮助乃至同学间良好的竞争氛围都可以极大地提高学生的学习热情和动力，改善学生的学习方式和方法，提升学生的学习质量和效果，这些都有赖于良好学生间关系的建设。不仅如此，良好的生生关系还可以扩展到学校教育的方方面面，譬如兴趣活动、素质拓展、研学旅行等，这对全面提高学生的核心素养、促进学生全面发展都能发挥极其重要的作用。

学生间关系对学校教育意义重大，但实践中相对于师生关系建设和教师间关系的建设，许多学校和教师对学生间良好人际关系的建设还重视不够，有些教育工作者甚至把学习看作是学生在教师的指导帮助下的个人行为，经常强调"学习关键看自己"，这一观点从强调学生学习主体性的角度来认识固然不错，但却往往反映了教师在潜意识里对学生关系和学习共同体建设的忽视。正是基于上述问题的存在，实践中许多学校的学生间人际关系状况往往不令人满意，未能有效发挥学习中同伴互促共进的作用。现实的问题需要我们高度重视生生关系建设的重要性，采取科学措施有效推动学生间人际关系的建设，在构建教学共同体的基础上构建高效的学习共同体。

（三）小学师生关系的特殊性

以上我们讨论了师生关系，并将师生关系扩展到了师师关系和生生关系，充分说明了在人才培养的过程中，基于人才培养而形成的人际关系及其建设的重要性。这些关系的建设适用于人才培养的不同阶段。对于小学教育来说，鉴于小学生身心发展的特殊性，这些人际关系同时又具有自身的一些特点：

1. 小学师生关系的亲密性

师生关系对学生的发展具有重要的影响，但不同学段的师生关系对学生的影响力并不一样。以大学生为例，由于他们已经成人，能比较自主地处理包括师生关系在内的各种人际关系，对教师的依赖性较小。而小学师生关系则不一样，"小学生的师生关系对儿童的学习、情绪、自我概念、自我适应、创造性等方面具有重要的作用，并且对小学生其他人际关系，包括亲子关系、同伴关系等都有重要的影响"①。小学生由于年龄较小，身心发展不成熟，他们在人际交往中，在心理上渴望与成人，尤其是与父母和老师建立亲密的人际关系，这种亲密的人际关系有利于促进小学生的发展。以父母为例，有研究发现"父母对孩子持积极的态度、情感和关注，可以提高孩子的自信心和自我概念，有利于孩子更好的发展"②。小学师生关系更是如此，"师生关系的亲密性越高，越有利于学生与教师交往中获得精神支持和心理满足，从而促进其正确地认识自我；师生之间的反应性越高，冲突性越低，就越有利于学生获得积极的社会交往经验，提高其社会认知能力，正确地认识与同伴、父母的关系，以及正确的评价自己的一般状况"③。当然，小学师生关系的亲密性是一种应然状态，实践中小学师生关系的亲密性受多种因素的影响，如教师与学生的个性特点、小学生的性别、年龄和学业成绩等，有研究指出，"随着年龄、年级的增长，学生感受到的师生关系的亲密感更低"④。从教育教学的实践来看，小学生学业成绩是影响小学师生关系的重要因素之一。教师的职业道德要求教师对学生民主公平，一视同仁，与所有学生都建立起良好的师生关系，但学业成绩好的学生往往比其他学生更容易获得教师的关注，与教师的交往程度也更高，两者之间也更容易建立起亲密的师生关系，这是一个不可否认的客观事实。这种情况应该引起人们的重视，

① 杨红. 小学 1~6 年级师生关系特点实践研究［J］. 中小学心理健康教育，2018（22）.

② HATTIE J A. Seof-concept［M］. Lawrence Erlbaum Associ-ates，1992：181—189.

③ 林崇德，王耘，姚计海. 师生关系与小学生自我概念的关系研究［J］. 心理发展与教育，2001（4）.

④ 王耘，王晓华，张红川. 3~6 年级小学生师生关系：结构、类型及其发展［J］. 心理发展与教育，2001，17（3）.

小学教师在教育教学中应该关注所有学生，根据学生在个性特点、学业情况等方面的不同情况采取不同的措施，努力构建起与全班学生积极的师生关系。

2. 小学教师间关系的协同性

协同性主要是指小学教师在工作上密切沟通和协作的特点。整个基础教育阶段，教师之间以班级为主体，以班主任为核心，结合教育教学工作进行密切沟通和协作是教师间交往的常态。但这种协同性在小学与中学间具有一定的差异。小学教师间关系的协同性比中学教师间关系的协同性表现得更为全面、细致甚至是琐碎，如小学科任教师与班主任交流和沟通的内容涉及小学生的学习、生活等各个方面，如课堂纪律、作业情况、卫生状况、行为习惯等。由于目前对小学升学性要求的降低，在小学低年级阶段，教师间协同内容既有学生的学业成绩，也有学生的纪律和生活习惯等，到了中高年级，学业更容易被教师们重视。小学教师间协同往往以小学班主任为核心，主要表现为班主任主动向科任教师收集班级学生的各种信息，以便更好地进行班级管理和班集体的建设。当前小学教师间关系的协同主要以班级为纽带，内容主要是班级管理和建设，目标主要是学生的发展。本来教师个体和群体的专业发展应该是小学教师间关系协同的重要内容，但目前小学教师在这方面的观念、意识、能力和实践等都相对较差，这一点在教师专业发展程度较差的小学表现得尤为明显。这种情况应该引起教育行政部门、教研机构、学校和教师等部门和人员的高度重视，在小学教学、科研等方面教师应开展更多的协同工作，不仅可以促进小学教师间良好关系的建立，还可以促进小学教师个体和群体的专业发展。

3. 小学学生间关系的不成熟性

小学生是未成年人，身心处于快速发展阶段但不成熟，这种特点也体现和反映到了小学生的同伴交往之中。这种不成熟性首先表现为小学生对生生关系缺乏正确的认知。小学生在与同学交往时往往容易以自我为中心，很少能做好换位思考、设身处地为同学考虑，总认为自己是正确的，这一点在独生子女身上表现得尤其明显。其次是小学生在生生交往中容易情绪化。"小学生情感丰富，情绪变化快，与同伴交往容易消极和不客观，在彼此间的交往中容易出现情感障碍，也缺乏稳定性。"[①] 小学生在交往中往往不能正确地表达和控制自己的情感，有时会将自己的负面情绪向同学发泄，给同学带去困扰。再次，小学生在交往过程中人际交往能力欠缺。许多小学生不善于表达，缺乏较好的、与同

---

① 吴霞. 小学生校园人际关系的研究——以深圳市梅园小学为例 [D]. 华中师范大学硕士论文，2011：11.

学间进行交往的技能技巧，社交能力相对较弱，诸如交往时词不达意、不善于倾听、容易钻牛角尖等，这些都容易造成小学生互相交往时出现的问题和困难，甚至导致同学间关系的紧张。此外，小学生的人际关系也容易出现变化，生生间关系的稳定性相对不强，这也是小学生同学间人际关系不成熟的一种表现。

综上所述，学校教育中的师生关系、师师关系和生生关系的产生和存续都基于教育教学活动。小学教师、小学生等个体和群体间人际关系具有自身的特性。要科学认识学校各类人员的人际交往的规律和特点，结合小学教育的特性，正确处理各种人际关系，从而更好地服务小学的人才培养工作，高效地促进师生发展。小学生是未成年人，身心发展不成熟，小学生的人际交往需要教师合理引导。另外，学校的人际关系基于教育教学活动，核心是教学关系，其他的人际关系的内容都是教学关系的补充和辅助，对此学校的教育工作者应该有清醒的认识并加以正确利用，如在师生关系的教学关系中，小学教师对学生要充满耐心，要循循善诱，而学生则应该虚心求教，同时要勇于与教师进行沟通；又如在师生关系的情感关系中，教师对学生要关心、爱护，学生则同样应该尊重、热爱教师；再如在师生关系的伦理关系中，教师既要平等相待学生，又要像长辈一样地呵护学生，而小学生既要把教师视同长辈，同时也应该把教师当成自己的知己朋友。总之，小学生对师生关系、同学间关系的认识还不准确、不深刻，甚至不懂得如何正确处理好这些关系，需要教师加以正确地引导、帮助和协调等。

二、师生关系的边界

前文对师生关系的解读或许会令人心生疑虑：师生关系基于教育教学活动而产生固然让人容易理解，存续于特定的教育环境和教育任务似乎与实际生活中的师生关系不符。这种矛盾在教育实践中的确广泛存在，虽然可能存在争议，但我们仍然坚定地认为，师生关系是存在边界的，认清师生关系的边界，按照师生边界去处理师生关系有利于构建和谐的师生关系，有利于师生的共同发展。当前现实生活中存在师生关系中的一些困惑乃至于困境①，正是因为我们没有厘清师生关系的边界，将师生关系无限扩大化的缘故。

---

① 如现实生活中有一种"乱伦"的师生关系。如某位教师的学生可能会在日后成为这位教师的"老师"，甚至可能成为自己老师的老师，这种情况该如何处理师生关系？究竟谁是"师"，谁是"生"？一旦这种情况出现，总是令当事者尴尬不已。

（一）传统师生关系的定位

我国素有尊师重教的传统，如在我国封建社会信奉的"天地君亲师"中，把教师与上天、土地、帝王和父母置于一起，许多家庭把"天地君亲师"制成牌位安放于中堂作祭祀使用，没有哪一种职业享有如此崇高的地位，充分彰显了我国古代尊师重教的价值取向。在我国民间长期流行"一日为师，终身为父"和"师父"等说法和称谓，在中国封建社会中，"三纲五常"是人的安身立命之本，父为子纲是"三纲"之一，"师父"将师与父并列，把教师与父母等同视之，甚至将"师"放到了"父"的前面，可见传统上中国教师地位之崇高。作为佐证，在中国封建社会中，地位最为尊贵的众多封建君王也"好为人师"，钦点殿试前几名，收为"天子门生"，可见老师的地位在中国古代被人们广泛尊崇。总而言之，在中国历史传统中，教师的确享有较高的社会地位和待遇，这一点已是学界共识，不必赘述。

（二）传统师生关系定位的影响

人才培养对社会发展具有无可替代的重要作用，只要国家和民族存续，国家和民族间的竞争就是人的竞争，就是人才的竞争。从人才培养的重要性来看，教师职业的确具有巨大价值。从这个角度看，古代人们将教师与天地君亲一起强调，体现了封建社会统治者乃至普通民众对教师职业的重视和对教师地位的推崇，这对人才培养和推进社会发展是件好事，但这同时也将师生关系特殊化了。这种特殊化的主要表现是将师生关系阶级化、等级化甚至神化，将学生置于教师之下，甚至把学生当成了教师的附属品。在中国封建社会中，师生关系中的教师绝对是权威甚至是主宰，说一不二，不由得学生质疑和挑战。正如《说文解字》对"教"的释义，"教，上所施，下所效也"。教师和学生，前者"上"，后者"下"；前者"施"，后者"效"，地位上的高低、行为上的控制和顺从，清晰无余。同样，所谓"亲其师，信其道"① 也非强调师生关系的和谐，而是强调学生对教师的亲近和服从。韩愈的《师说》是古代关于教师的经典表述之一，他认为"师者，所以传道受业解惑也"。同样强调教师的权威，在韩愈的心里，"师"和"道"是两者合一的，《师说》劝人向师、从师，学道无疑是积极向上的，但本质上仍然在强调教师的权威。

（三）现代师生关系的转变

我国进入现代社会后，民主的精神和理念已经深入人心并影响到各行各业。教育是人才培养的活动，同时也是传播文明的主要通道，民主理念已经成为现

① 《礼记·学记》。

代教育的精神内核之一，传播并塑造民主精神是我国现代教育的重要任务。从这个角度看，在我国传统教育中，与民主相悖的内容都应该进行变革，以适合现代社会的民主趋势和潮流，这也是教育适应社会发展并促进社会发展的必然选择。这种变革贯穿我国现代教育的全程并渗透到教育的各个方面，通过多年的努力，我国教育民主取得了极大的成效，如公民的受教育权、教育公平、高质量教育资源等方面，都取得了长足的进步。今天，我国基础教育已经进入向优质均衡挺进的阶段，中国的教育民主进程取得了可喜的成绩。然而，教育有些方面的民主化进程还存在不足。我们认为，中国师生关系的定位还未走出传统师生定位的窠臼，师生关系并未从实质上实现从等级化到民主化的变革。事实上，在中国师生关系民主化变革的过程中，思想上的认识和观念上的革新还不全面、不深入、不彻底，实践中的师生关系定位不准甚至混乱，这对教育教学活动的顺利开展造成了不好的影响，其具体表现是：

1. 对师生民主平等关系的认识尚未达成共识

师生关系走向民主已经成为大多数人们思想上的共识，但人们对师生民主平等关系的认识程度还存在差异。当前，随着我国民主建设的不断推进，民主观念逐渐深入人心，民主精神也在教育实践中得到了具体的体现。以师生关系为例，以前那种教师高高在上的角色和形象逐渐淡化，师生平等的观念到现在已经广泛被教师、学生和社会所接受，并体现在教育实践中。教师的形象已经由"知识的权威"和"教学的掌控者"逐渐向经验的"合作建构者"和"教学的引导者"转变。"师生角色都有了新的发展，教师成了平等的合作者，学生越来越成为学习的主人和文化的建构者。"[①] 师生交往时，"师生双方都是作为真实的完整的人存在的"[②]，学生要尊敬教师，教师要关心爱护学生，而且不能因为学生是未成年人，就忽视学生的独立人格，教师同样必须尊重学生，这改变了传统教学中单方面强调学生对教师的尊重而忽视教师对学生的尊重。教师和学生都是教学活动中的主体，在人格上是平等的，但也要认识到教师和学生知识、能力在教育教学活动中承担任务的差异性，强调教师是平等的"首席"，"教师主体主导学生主体，学生主体接受并超越教师主体的主导"[③]。虽然这些符合现代教育理念的民主平等的师生关系，但在具体的教育教学实践中，无论是教师、学生还是其他教育活动的直接和间接主体，对师生民主平等关系的认

[①] 李森．现代教学论纲要［M］．北京：人民教育出版社，2007：91.
[②] 李森．现代教学论纲要［M］．北京：人民教育出版社，2007：90.
[③] 李森．现代教学论纲要［M］．北京：人民教育出版社，2007：144.

识程度还存在差异，有时这种差异程度甚至是巨大的。正是这种认识程度上的差异性，对实践中的师生关系造成了一定程度的不利影响。

2. 传统师尊生卑的师生关系观仍然存在

传统师生关系的思想观念在教育教学实践中还有影响力，短时期内难以完全清除。虽然师生关系的民主平等理念已经深入人心，但在教育实践中，传统的师生观仍有市场，有些人仍然把学生视同教师的附属品，居高临下，随意拿捏，完全没有师生平等的意识和观念。尤其是在一些教师素养相对落后的学校，部分教师仍然面对学生，却"目中无人"，把自己视为教育的主宰，是文化的"布道者"，打着"为你们好"的旗号，对学生行挖苦、讽刺之能事，甚至对学生进行体罚，还自诩为"有责任、有担当"的"好教师"。另外，许多教师虽有师生民主的理念，但在外部环境的压制下，不得已做着与师生平等相违背的教育教学工作，尤其是在当今应试化教育还有较大市场的背景下，教师、学生和家长都处于追求优质教育资源的升学焦虑之中，学生的学业负担屡减不下，教师的教学压力只增不减，在这样的环境和土壤里，客观上，教师在平等和以生为本的口号中行使着控制学生的行为。一方面是教师无奈的控制，另一方面是学生不堪重负的挣扎，客观上使学生不断萌生着逃离学校、逃离教师的想法，这些都在事实上影响着师生关系，侵蚀着师生关系的民主特质。

3. 当前教师职业对学生的吸引力持续下降

教师实际地位和待遇的尴尬，使教师职业吸引力下降，学生对教师的亲近和信任下降。我国党和政府一直在为提高教师地位和待遇而努力，但长期以来，教师地位和待遇的偏低是不容置疑的事实。诸如《中华人民共和国教育法》和《中华人民共和国教师法》都要求提高和保障教师地位和待遇，但在各地的贯彻和落实情况却参差不齐，用法律来明确和要求提高某种职业的地位和待遇，从某种程度上正好证明了该职业的弱势。教师不仅地位和待遇较低，工作也非常繁重辛苦，以至于许多教师虽然从事教育教学工作，培养了许多人才，但"自己的子女却培养不好"，这种"灯下黑"的困境造成教师子女很少有选择教师这个职业的，许多教师也不支持自己的子女当教师。当前，中小学及幼儿园教师性别比例失衡的情况越发严重，教育部统计数据显示，2016 年我国小学女性专任教师占专任教师总数的 65.31%。中小学教师性别比例失衡，女教师明显多于男教师，这肯定会对教育造成一定的不利影响，比如影响学生性格发展。究其原因，除女教师性格比较适合从事基础教育外，教师地位和待遇缺乏对男性的吸引力也是重要因素。在中国，男性担负着"养家糊口"的重任，薪酬待遇是他们择业时的一个重要标准，男性教师少，客观上反映了教师地位待遇低的事实。曾几何时，当教师还是小学生的理想，有研究者做过调查，"小学生最喜欢的人的排列次序为：老师（34%）—妈妈（29.5%）—爸爸（28.5%）—兄弟姐妹（4.8%）—同学及其他（3.2%）"①，而现在，小学生们的职业理想已经变成了明星、老板、公务员等"社会精英"②。教师如果作为一种职业对学生变得不再有吸引力，甚至许多学生从小就不想当教师，学生少了对教师职业的尊敬和认可，师生关系肯定会受到一定的影响。

4. 教育管理中的困境及压力逐渐让教师"远离"学生

现在所有的教师都会有一个共同的感受：学生太不好管了。的确，现在的学生不好管，学生似乎对教师没那么信服，更很难说得上崇拜了。现在的社会早已经不再是过去那种信息闭塞的社会，在信息时代中，人们想要的信息几乎可以在网络上找到。在这样的社会中，教师职业的重要性似乎已经在降低，经常有人在思考甚至提出这样的问题：当我们进入人工智能时代，社会还需要教师吗？教师在人才培养中的作用还如同以往那般大吗？在这样的大环境下，学生，特别是主体性发展到一定程度、有一定知识储备、有一定信息检索能力的学生，似乎对教师的需求性已经降低了③。另外，家校之间的合作也出现了新的问题。近年来，"校闹"与"医闹"一样，都已经演变成为一种社会顽疾。一旦学生在学校（有时在校外甚至在家里）出了任何问题，不管责任在谁，也不管责任是否明确，家长第一时间想到的不是通过正当途径解决，而是马上会组织一帮人到学校"维权"，以实现利益的"最大化"。问题背后的原因有许多，如独生子女导致家长对孩子的过度宠爱，又如相关部门甚至政府部门在处理类似问题上的简单化等等④。诸如此类，教师的生存环境日趋恶劣，他们面对学生时，逐渐少了以往的自信和从容，多了担心和顾虑。教师在管理学生时畏首畏尾，想管不敢管，想管不能管，逐渐远离学生，师生关系走向疏离。目前，国

---

① 陶冶. 小学生理想兴趣爱好的调查［J］. 新疆教育学院学报（教育科学专辑），1987（2）.

② 杭春燕，陈璐. 做"社会精英"成为小学生理想［N］. 中国妇女报，2015-04-13.

③ 笔者并不认可进入信息社会后教师的重要性降低，甚至教师职业可以消亡的观点。人们获取信息的方式和手段会不断丰富，但人的成长和发展需要有温度的环境，在人与人交往中构建的经验，在教育教学活动中教师是冰凉的机器或者是所谓的在线教学所不能取代的。

④ 面对"校闹"，许多地方以维稳为理由，把许多本应由司法途径解决的问题，强行压给学校和教育行政部门，要求从快、从简处理，大事化小，小事化了，满足部分家长的不合理要求，发挥了很坏的辐射作用。

家的相关文件里明确提出了要给予教师"教育惩戒权"①，我国正是看到这一问题已经到了非解决不可的程度，应从国家的层面予以重视和回应。

5. 教师在处理师生关系的过程中面临巨大的道德压力

作为一个不可忽视的事实，社会对教师职业的不当宣传给教师处理师生关系绑上了道德枷锁。在社会上有这样一种不好的风气，即过度拔高教师职业的道德属性。教师职业固然重要，但教师不是救世主，教师不能走上神坛。在当今社会，教师和学生是教育活动中平等的主体，师生之间没有阶级、等级上的区别和差异。联系师生的是共同的教育教学活动，是师生间共同开展的文化传承和创新活动。我们认为，教师只是社会中众多职业中的一种，和千千万万职业一样，是普通而平凡的。这种职业对社会发展非常重要，但没有必要刻意地将之特殊化，甚至将教师职业拔高进而神化，这样做不但无助于教师和学生的发展，也无助教育事业的发展。有意无意地，我们的社会却在大量传播教师是"园丁""蜡烛""人类灵魂的工程师"诸如此类的宣传口号，将教师职业神化，客观上将教师在潜意识里定位成无私、奉献、不求回报的人。这实际上是为教师职业戴上了道德的枷锁，似乎告诉人们：教师理应甘于清贫。这对教师职业是非常有损害的。试问哪一个正当的社会职业不能推动社会进步和发展？哪一个行业的从业者不需要无私奉献？教师是普通人，教师既然需要承担自己的职业社会责任，同样也理应获得与自身劳动付出相当的社会声誉和薪酬待遇。教师不应该燃烧自己点亮学生，教师应该在教育教学活动中与学生一样收获成长和发展，收获自己本该拥有的人生幸福，这才是真正民主师生关系的经典定义，是时候让教师职业回归普通了。

有些人试图用传统的师生关系来维护教师的尊崇地位，事实上这种观点非但不好，反而容易给教师加上了道德的枷锁。是时候让教师走下神坛，让教师职业正常化，构建正常的现代师生关系了。我们认为，教师是普通职业，教师与学生是普通的基于教育教学活动的人际关系，他们之间只是活动内容与其他人与人之间活动内容不一样，如果说特殊，只是活动内容的特殊性，而不是师生关系本身有什么特殊性。

（四）现代师生关系的界定

由上所述，我们认为师生关系是有边界的。特别是随着现代社会的民主化进程，教育活动对人的主体性和个性化越发尊重，传统的师生关系必须改变，

---

① 2019年6月23日，《中共中央国务院关于深化教育教学改革全面提高义务教育质量的意见》由中共中央、国务院印发实施。

这种变革不仅符合社会发展的需要，也契合了人的主体性发展的本质和规律，是师生关系走向正常化、回归师生关系本质的必然选择。这种回归是教师职业特殊性向普通化的回归，是教师职业神性向人性的回归，具体到师生关系上，是师生关系走向真正的民主，教师和学生在交往中实现教学"对话"的回归，即师生真正成为平等的对话者，师生关系只是因为教育教学活动而产生和存续的普通的人与人之间的关系。用最通俗的表达，正如有研究者在调查中发现的那样，"大家认为最理想的师生关系是师生之间能成为朋友，课堂上是师生，平时是朋友，互相尊重，互相理解。学生应当尊敬老师，老师应成为学生的'良师益友'"①。具体来说，要确定现代师生关系，我们就要明确师生关系的边界，需要认清师生关系的几个属性。

1. 师生关系的主体价值属性

教育是培养人才的活动，我国教育目标是培养德、智、体、美、劳全面发展的社会主义事业建设者和接班人。培养人才的活动必须尊重人性，尊重人性要求教育在人才培养的活动中既要符合社会发展的要求，又要尊重学生的个性，实现全面发展与个性化发展的有效融合，说到底，就是要实现师生的主体性发展。为师生关系划定边界，其实质是现代教育主体性发展要求的价值选择。教师由神到人，由特殊到普通，由被动到主动，这应该成为现代教师职业的价值选择；学生由附庸到独立，由被动接受到平等对话，是学生人格独立的价值选择。明确师生关系的边界，即必须认识到师生关系的产生、存续依存于特定的教育场域、教育教学任务及相应的教育教学活动。在特定的教育场域、教育教学任务及相应的教育教学活动之外，教师不再是"老师"，学生不再是"学生"，他们都是普通人，他们可以是朋友，平时常常联系，他们也可以是普通的熟人，保持距离但彼此平等尊重。传统学校之外的师生关系却有些沉重，校外师生见面时比较常见的情形通常是这样：教师往往被"教师形象"所束缚，见学生理应嘘寒问暖，尤其必须关心学生学习，否则往往心生内疚，觉得自己不配为人师；而学生更甚，面对教师犹如犯人过堂，见面必然唯唯诺诺，表面上尊敬得无以复加，然心中敬而远之，退避三舍，更有甚者，恨之犹如仇寇。倘若我们能充分认识师生关系的主体价值属性，在教育教学之外，教师不必在自己的生活空间里以"老师"身份自居、自缚甚至自责，学生也不必在自己的生

---

① 罗燕. 学校管理：古代优秀管理思想之今用［D］. 广西师范大学硕士论文，2007：43.

活空间里以"学生"身份自醒、自怜甚至自怨①。教师和学生不是特殊身份，师生关系并非不可分割的"第二血缘关系"，我们曾经是师生，但我们不必甚至不应该成为一生的师生，但我们可以成为一生的朋友，这种现代的师生观是符合现代教育规律的，是现代师生主体性发展的追求。只有为师生关系划定边界，才能实现师生关系的正常化，在教育教学活动中真正见"人"，真正彰显人的主体性。

2. 师生关系的内容属性

正如韩愈所说，"师者，所以传道受业解惑也"。教师之所以成为教师，是因为教师从事的是人才培养的活动。同样的，学生之所以成为学生，是因为学生在接受教师的教育。简单说，师生间教育教学活动的内容是精心选择的学校课程，是在文化传承和创新中的经验生成。联系师生间关系的内容，即课程（人们通常称之为教学内容）有其特殊性，首先，维系师生间关系的内容是经过精心选择和组织的。教师要实现对学生的培养和发展，必须精心选择和组织课程内容。当然，精心选择和组织不是教师个体甚至教师群体就能够实现的，预设的课程是集体心血的结晶，既有学科专家、课程专家，也有教师、家长，当然也包括学生，预设的课程内容既要体现学科发展的规律和成果，也要符合学生的认知规律和特点，包括学生发展的意愿和意志等。其次，维系师生间关系的课程，其目的是促进学生的成长和发展。教师精心选择和组织并通过教学来呈现，其最终目的是通过这些内容来促进学生的全面发展。当然，这种发展同时也需要实现对教师的发展，教师的发展和学生的发展是辩证统一的关系。再次，维系师生间关系的内容不是固化的，而是动态的，是生成的。在作用这些内容时，教师和学生既有传承，也有创新。对教师而言，教师不应该也不可能成为教育教学内容的简单复制者，理应有积极的加工和改造，以最适合的状态来呈现。对学生而言，学生不能成为知识的"容器"，而是要理解、吸收和内化，是经验的重组。最后，需要强调的是，对于维系师生间关系的内容，作为主体的师生是积极的参与者和建构者。师生在文化传承和创新上是合作者，充分发挥主体性，通过建设教学共同体来完成文化的传承和创新。认识到师生关系的内容属性，我们就应该知道，没有了科学系统、计划周密的学校课程和教

---

① 我们认为，个人生活里应该体现现代人的独立性和个性，下班回家后，除非必需的加班等特殊情况外，我们的角色应该是父亲、母亲或者子女，我们不再是领导、下属，工作没有理由无限制地延伸和扩充。同样，离开特定的教育场域（如学校）和特定的教育教学活动，教师和学生的身份也可以抛开，而现实中师生关系却往往扩大化了，有人称之为"第二血缘关系"，不可分割，往往给教师和学生带来了诸多困扰。

学内容，师生关系便失去了任意扩展的基本依托。事实上，离开了学校，尤其是教育教学活动中断以后，生活中的师生交往，其绝大多数内容是与学校课程无关的，专业的文化传承和创新不再是交往的内容和任务，严格意义上的师生关系不复存在，取而代之的是普通的人际关系而已。

3. 师生关系的活动方式属性

毫无疑问，维系师生间关系的是教育教学活动。教育教学活动的本质是什么？关于这一点在学界存在较大的争议，比较典型的观点包括：教学是一种认识过程；教学是一种实践过程；教学既是认识过程，也是实践过程；教学过程是教师和学生的双边双重活动过程；等等。这些关于教学过程本质的观点既有一定的合理性，又存在一定的问题和缺陷①。我们赞同这样一种观点，"教学过程是一种特殊的交往过程"，因为，"从教学的形态起源来看，教学起源于人类的交往活动"，"从教学的形态存在看，教学是一种特殊的交往形式"，"对话构成了师生间的'你—我'关系"②。那么，师生间关系的存在和维系就是通过师生间的这种特殊的交往来实现的。交往，是师生关系的活动形式。师生间关系的交往之所以特殊，是因为"它有独特的交往目的。作为交往的教学的根本目的是促进每个学生的全面发展，使每个学生的人格日臻完善"，"它有特殊的交往内容。其内容是经过选择、净化的人类文化精华；它有特殊的交往主体。在教学过程中，交往双方是具有特定社会角色、担负不同社会期望的人——学生和教师；它有特殊的交往方式。一般交往在组织方式上带有自发性、盲目性和无意识性，而师生交往具有高度的自学性和目的性，它是以教材这一文化中介，以进行文化传承和创新，促进学生发展为目的的特殊交往"③。因此，师生关系的活动形式是以促进学生全面发展为目的的特殊交往活动。事实上，教师和学生之间的交往并非都是特殊交往活动，有许多交往内容与促进学生全面发展并无直接关系，在这种交往活动中的交往关系并非严格的师生关系，同样只是普通的人际关系。

4. 师生关系的时空属性

所谓师生关系的边界，我们认为，就是要在对上述师生关系的属性进行充分认识的基础上，依据师生关系的时空属性，为师生关系划定一个清晰的时空

① 李森. 现代教学论纲要 [M]. 北京：人民教育出版社，2007：79—85.
② 李森. 现代教学论纲要 [M]. 北京：人民教育出版社，2007：88—91.
③ 李森. 现代教学论纲要 [M]. 北京：人民教育出版社，2007：90.

边界。我们坚定地认为，师生关系不是泛时空①的关系，而是具有时空属性的。师生关系的产生和存续都是基于教育教学活动，具体而言则主要是在学校，是在学生接受教育期间，依托于教育教学任务和活动而产生的。特定的教育教学时间、特定的教育教学空间和特定的教育教学事件，这三项是除教师和学生作为人的要素之外的师生关系产生和存续的三大基本要素，不具备任何一项要素，便不存在所谓的师生关系。以此观之，目前学校里许多所谓的"老师"其实并非真正的"老师"，如学校的后勤管理人员，学生在与其交往时往往也称之为"老师"，虽然这种交往发生在学校，发生在教育教学期间，但如果学校后勤管理人员没有与学生之间开展教育教学活动，从严格意义上审视，这种交往并未构成真正的师生关系。当然，还有一点也需要强调，即使上述几个要素都具备，但倘若以"教师"形象出现的人不具备教师资格，实质上的师生关系也是不存在的，如果真的称之为老师，也只是广泛意义上的老师而已。也就是说，如果离开了特定的教育时空场域和特定的教育教学活动②，教师与学生间的关系就只是普通的人与人之间的关系，不再是特定的师生关系。所谓的课上是师生、课下是朋友③，就是指这样一种状态。明晰师生关系的时空属性，不仅是对教育规律的正确揭示和反映，对师生关系的正常化、师生发展和教育发展都具有重要价值和意义。因此，与教育教学活动无关的其他时空场域下的教师与学生的交往并没有构成师生间的人际关系，而是普通的人际关系。

孟子视"得天下英才而教育之"为人生三乐之一，这种教育的情怀令人敬仰。孔子说，"三人行，必有我师焉"，这种好学的态度同样值得我们赞赏。乐教好学无论是对人的发展还是对社会的发展都有积极的作用和价值，这无疑是现代社会应该积极提倡的。这并不与我们试图明确师生关系的边界相矛盾和冲突。学校教育承载着为社会培养人才的重任，教师是人才培养的专业人员，学生是全面发展的对象。明确师生关系的边界，将师生关系普通化、正常化，可

---

① 这里的泛时空，主要指的是把师生关系泛化，扩展到学校教育场域和教育教学活动之外的任何时间和空间，所谓"一日为师，终身为师""师生关系是父母和子女之外的第二血缘关系"就是师生关系泛时空的典型表现。

② 这里指的特定的教育教学活动，不是一般的有教育性质的活动，而是特指教师接受学校的安排，针对特定的对象，即在学校注册的学生，开展的以培养社会需要人才为目的的、有计划、有安排的系统的教育活动。

③ 课下是朋友是一种理想状态，如果在学校教育中能构建起一种和谐的师生关系，课下是朋友是师生关系过渡到普通人与人之间关系的一种理想状态，否则的话，可能最终就只是普通路人，相见无话，极端的话，可能课下是敌人。因在校时师生关系不佳甚至恶化，进入社会后殴打教师的事情也偶有发生，这时哪有所谓的"学生"和"教师"？

以促进教师职业回归本真，即使是培养人，教师职业也只是一门普通职业而已。当前，教育实践中教师和学生不堪重负的状况令人忧虑，已经严重阻碍了教育的可持续发展。我们希望，教师下班后，应该更多地回归自己的生活，他（她）应该更多的是父亲或母亲，儿子或女儿，他（她）应该拥有自己的美好生活。同样，学生回家后应该更多地去玩耍，去享受自己的美好童年，而不是枯坐灯下，与作业为伴。诚然，工作、学习与生活不可能截然分开，所有的职业，尤其是涉及公益、民生等方面的职业从性质上要求从业者要有更多的奉献精神，但如果不充分考虑从业者的合理社会需要，工作与生活不分，既会损害从业者的人生，也会对行业本身造成很大的破坏。从这个角度看，诸如强制休假等制度的建立，其价值和意义就不证自明了。明确师生关系的边界，给予教师和学生自己的空间，可以为师生减除不必要的负担，让教师和学生在师生关系之外，可以真正地回归自我。

第三章

小学教学主客体

第一节　教学主体与教学客体

一、主体与客体

主体是教学研究与实践的重要研究对象，很长一段时间，关于教学活动主体的构成、主体的关系、主体的作用等一直是教学研究与实践的热门话题。要搞清教学活动的主体，我们首先得清楚主体是什么。普遍的观点认为，主体是"实践活动和认识活动的承担者"①。客体与主体相对应，"主体与客体是一种对象性的关系，主体是相对于客体而言的，客体是相对于主体而言的"②。客体是"指主体实践活动和认识活动的对象"③。从哲学认识论的角度看，人是世界上唯一的主体，这里的人既可以是个体，也可以是群体，但只有具备一定的意识和行为能力的人才能称之为主体。只有具备一定的意识和行为能力的人，才能认识自我及外界，并且通过实践活动作用于自我和外部世界。人之外的其他动物不能成为主体，是"因为它们不能把自己与自然界区分开并与之相对立"④。相应的，人如果不具备一定的意识和行为能力，同样不能成为主体，如植物人⑤便不具备成为主体的条件。主体只能是具备一定的意识和行为能力的人，而客

---

① 余源培. 哲学词典［M］. 上海：上海辞书出版社，2007：18.
② 罗刚健. 论主体与客体［J］. 哲学研究，1983（4）.
③ 余源培. 哲学词典［M］. 上海：上海辞书出版社，2007：18.
④ 罗刚健. 论主体与客体［J］. 哲学研究，1983（4）.
⑤ 根据国家卫健委权威医学科普项目传播网络平台的解释，植物人（PVS）是与植物生存状态相似的特殊的人体状态。除保留一些本能性的神经反射和进行物质及能量的代谢能力外，认知能力（包括对自己存在的认知力）已完全丧失，无任何主动活动。

体不仅可以是人，还可以是人以外的一切事物和现象。

二、教学主体

根据上述对主体的解读，我们可以将教学主体界定为"有目的、有意识地从事教学实践活动和认识活动，并在活动中表现了自己主体性的现实的人"①。那么，究竟哪些人可能成为教学主体呢？显然，教师和学生都是教学活动的主体，师生也是教学活动最主要、最重要的主体，除此之外，教育专家、教育行政管理者、家长等都可以成为教学活动的主体。只要有意识、有目的地参与了教学活动的人都可以成为教学活动的主体，但不同的教学主体在教学活动中的主体地位和作用是存在差异的，因此我们很有必要认识教学主体的类型，以便更有针对性地充分发挥各类教学主体在教学活动中的主体作用。依据不同的分类标准，我们可以将教学主体分成不同的类型，最常见的一种分类是根据参加教学活动的方式，将教学主体分为直接教学主体和间接教学主体。

1. 直接教学主体

凡是符合上述教学主体的定义，且直接参与教学活动的人都可以称为直接教学主体。显然，因为课堂教学是学校教育最主要的活动形式，课堂教学最直接和最主要的参与者是教师和学生，显然教师和学生是直接的教学主体，也是最主要的教学主体。因此，通常意义上我们说的教学活动的直接主体，在一般情况下，或者没有特别说明的时候，指的就是直接参与教学活动的师生。

关于直接教学主体有些问题需要进一步明确：第一，直接教学主体只是区别了主体参与教学活动的方式，并不代表主体参与教学活动的程度。也就是说，教师和学生虽是直接教学主体，但教师和学生主体性发挥的程度并不取决于他们参与教学活动的方式，而取决于他们在具体的教学活动中自觉能动性发挥的情况，即教师和学生在现实的教学活动中自觉发起的认识和实践活动的过程和效果。如果教师或学生自觉参与教学活动的程度不高，他们虽然是教学活动的直接主体，但他们教学主体性不高，相反，不是直接教学主体的人可能发挥出比直接教学主体更高的教学主体性。如某生因事请假未能直接参与某次教学活动，但在课外他（她）认真借阅同学笔记并向老师和同学请教，该生的教学主体性体现程度可能超出许多作为直接教学主体的同学。第二，教师和学生是直接教学主体，但直接教学主体并不完全是教师或者学生。只要符合教学主体的要求，且在方式上是直接参与教育教学活动的都可以成为直接教学主体。如学

---

① 李森. 现代教学论纲要 [M]. 北京：人民教育出版社，2007：143.

校请消防战士进学校课堂为师生讲解消防安全知识，消防战士虽然不是严格意义上的教师，但依据学校计划和安排，精心准备并直接参与了课堂教育教学活动，发挥了在教育教学活动中的主体性作用，显然就是直接教学主体。

2. 间接教学主体

凡是符合前文教学主体的定义，且是间接参与教学活动的人都可以称之为间接教学主体。间接教学主体非常广泛，教材的编制者、学校的行政管理者、家长、热心参与学校教育的社会公益人士等①。以学校的行政管理者为例，通常情况下他们不直接进入课堂进行教育教学活动，但他们的教育教学理念会通过影响师生进而影响教育教学活动，他们虽然没有直接参与课堂教学，但他们却有意识地发挥了他们在教学活动中的主体作用。

同样，关于间接教学主体有些问题也需要明确：第一，间接教学主体是间接参与教学活动的主体，其主体性发挥的程度和作用并不一定比直接教学主体性小。衡量教学主体其主体性发挥程度的是其在教学活动中主体性发挥的过程和效果，而非其参与教学活动的方式。如优质的教材，其教材编制者对课堂教学的影响力甚至会比一些教学素养相对较差的教师发挥的作用更大，在此情况下，作为间接主体的教材编制者的主体性发挥程度甚至比作为直接主体的任课教师的主体性发挥程度还要高。第二，教师和学生在特定的情况下也可以成为间接的教学主体。我们知道，作为主体可以是个人，也可以是群体。在多数情况下，教师和学生都作为直接教学主体参与教育教学活动，但在一些特定的情况下，教师和学生也可以以间接客体的形式参与教育教学活动。如某教师因为有事请假不能上课而请其他教师为其代课，请假教师把请假期间的教学安排和要求对代课教师做了交代，在这种情况下，请假教师虽然未直接参与课堂教育教学活动，不是直接教学主体，但他却是间接的教学主体，其在教学活动中的主体性同样得到了发挥和体现。

综上所述，直接教学主体和间接教学主体只是教学主体参与教学活动的方式不同，并不代表教学主体参与教学活动的程度和效果。因此，直接教学主体和间接教学主体本身并无地位重要性上的区别，其对教学活动的影响关键在于其在参与教学活动中主体性发挥的情况。我们在教学活动中应该根据主体参与教学活动的不同情况，因时、因地，尤其是因人制宜，充分发挥和调动教学主

---

① 许多间接的教学主体因为直接参与了学校的教育教学活动，也会成为直接的教学主体。如教材编制者进入校园为师生解读教材，热心教育的公益人士进行校园开展公园讲座等等。

体参与教学活动的主体性，达到提升教学活动质量、促进师生发展的目的。

三、教学客体

与教学主体相对，教学客体是指教学主体在教学活动中认识和实践的对象。显然，教学客体既可以是教学活动中的人，也可以是教学活动中的人之外的一切事物和现象。与人是唯一的教学主体不同，教学客体的类型更为复杂。我们可以依据不同的分类标准对教学客体进行分类，以便更全面、更深入地认识教学客体。

1. 作为人的教学客体与作为物的教学客体

这是依据教学客体的性质来区分的。作为人的教学客体最主要的对象是教师和学生。我们平时一般将教师和学生定位于教学主体，这时，教师和学生都是教育教学活动的发起者和作用者。作为客体的教师和学生，他们是教育教学活动的接受者和被作用者。作为教育教学活动中最主要的人，教师和学生既是最主要的教学主体，同时也是最主要的教学客体。教师和学生作为教学客体具有交互性和即时性，即教师和学生往往互为主客体。当学生是教师认识和实践的对象时，学生是教学客体；当教师是学生认识和实践的对象时，教师是教学客体①。教师和学生互为主客体往往是即时性的，在课堂教学中不断地相互转化。作为物的教学客体在内容上比作为人的教学客体丰富得多，所有教学主体在教学活动中作用到的物品等都是教学客体，常见的如教材、教学工具与教学手段、教学设备、教学场所等等。根据物的特性不同，以及实际教学活动中的需要不同，更依据教学主体的利用程度不同，物的教学客体在教学活动中发挥着不同的效用。

有一点在认识这两类教学客体的时候必须注意：作为人的教学客体与作为物的教学客体最重要的区别是，作为人的教学客体在被教学主体作用时可能会有意识地反作用②于教学主体（此时作为人的教学客体便转化为了教学主体，而原本的教学主体在同时又转化为了主动反作用于教学主体的教学客体），而作

---

① 现实的教学实践中，学生作为教学客体在认识和实践层面更常见，而教师作为教学客体则往往容易被人们所忽视。这与教师往往是教学实践中的实际掌控者有一定相关性。
② 本章的反作用是指对应作用的逆向过程，是中性词，不是日常生活中常带贬义的消极作用。

为物的教学客体则不会主动实现这种由教学客体到教学主体的转化①。

2. 作为物质的教学客体和作为精神的教学客体

这是依据教学客体的属性来区分的。首先，是作为物质的教学客体，一般人们容易把作为物质的教学客体等同于作为物的教学客体。的确，两者有密切的联系，通常生活中人们将两者混用，因此也容易让人混淆。但两者还是存在一定的区别：物质是构成宇宙万物的实物和场，如原子、分子都是物质，而且它们都有自己独特的结构；而物由物质构成，物一般是有形的，人们能直接感知。因此，我们虽然说物质的教学客体，但现实中总是会将其具体化，即物化。正如我们前文中提到的，教学工具、教学手段、教学设备、教学场所等都属于物质的教学客体。其次，是作为精神的教学客体。精神与物质相对，物质有形，而精神无形，但精神往往以物质为依托。教学客体中的精神客体，其内容也是非常丰富的，比较典型的如校风班风、课堂教学氛围、师生关系等等，这些教学中的精神客体都是教学主体在教学活动中作用的对象，会切切实实地对教学活动产生影响。以师生关系为例，教学主体，尤其是教师和学生如何认识和实践师生间的教学关系、情感关系和伦理关系等内容，对师生教学活动的开展将产生重要的影响。关于教学的物质客体和精神客体，有一点需要引起我们的注意，在实践中我们经常会遇到不能截然分为物质或精神教学客体的情况，即有一些教学客体兼有物质和精神两类属性。以教材为例，它往往有物质的属性，如教科书的纸张，然而它同时也有精神的属性，如教材中文字承载的精神内容。这类教学客体便不能简单地称之为单纯的物质客体或精神客体，事实上这类教学客体在教学活动中广泛存在，如师生，其实也是兼有物质和精神两种属性的教学客体。

3. 作为文本的教学客体和作为关系的教学客体

这是依据教学活动的交往属性来分类的。前文已经说过，我们认为，教学本质上是一种交往活动。教学中的交往必须依托一定的内容，即教学文本。关于教学文本，有研究者认为其是"'教育内容的附着物'，这是一种人们认识后的主观与客观相融合的积淀物，是教师和学生共同创造的产物，是在教学交往的过程中产生和接受的"②。作为教学客体的教学文本，"它既可以指一切有形

---

① 有人或许会质疑：教学中能进行交互作用的一些人工智能设备怎么解释？这个其实很容易解释，教学中的人工智能虽然能与教学主体进行一些反作用的交互活动，但根本上不是自主的，是预设和受程序控制的，实质上并不是"有意识地反作用"。

② 李铁芳. 交往教学视域中的教学客体新解［J］. 湖南科技大学学报（社会科学版），2010（4）.

的教学客体，诸如课程、教材、教具、教学设施等，也可以指一切无形的教学客体，诸如教师和学生对有形的教学客体运用、解释、理解后的产物。但无论是有形的还是无形的，它们有一个共同之处，那就是传递的都是教育教学内容"①。至于作为关系的教学客体，人们立刻会联想到师生关系，其实师生关系只不过是作为关系的教学客体的内容之一，师师关系、生生关系等都是作为关系的教学客体，这些都对教育教学活动有重要影响，是需要被教学主体主动认识和实践的作为关系的客体。除了这些具体的教育教学场域中人的关系外，还有教育教学活动的人与其他人、与其他物的关系，以及教育场域之外的人与人、人与物、物与物等的关系等都属于教学活动中待认识和作用的作为关系的客体。在人才培养的过程中，教育教学要实现的重要目的之一就是对学生正确的人生观、世界观和价值观的培养和塑造，对各种作为关系的教学客体的认识和作用便是重要的内容。需要注意的是作为文本的教学客体和作为关系的教学客体并非截然相异的，事实上它们经常会以同样的身份出现，如作为关系的教学客体可能以文本客体的形式被认识和实践，教学主体认识和实践某类文本客体等等。

上述关于教学客体的分类，因为标准和依据不一样，肯定会存在交叉与重复。因为教学客体的广泛性和复杂性，在此也不可能穷尽，但无论怎样，各类教学主体，及教学主体地位的体现、教学主体作用的发挥、主体性发展的实现，都必须依托教学主体对教学客体的作用与反作用，因此，我们必须充分发挥作为人的主体性，充分体现教学主体的作用，科学认识各类教学客体并实现对教学客体的充分利用，借此达成教学活动的目的。

在教育教学实践中，我们在强调教学主体的地位和作用的同时，还要关注教学客体，充分发挥教学客体在教学实践中的作用。在教育教学实践中，教学客体往往容易被我们忽视。的确，教育教学活动的根本目的是人才培养，是促进学生的主体性发展。发展，说到底还是人，是主体，是主体性的发展。但教学主体的发展只可能在其与教学客体的作用中实现。我们必须关注教学客体，把对教学客体的关注放在与教学主体同等甚至更为重要的位置。

（1）主体与客体是相对的。这主要针对教学活动中的人而言，教学活动中的物等非人的教学客体是不可能转化为教学主体的。人是唯一的主体，但同时不要忘记，人是最重要的客体。既是教学主体，又是教学客体，作为具有双重身份的教学活动的参与者的人，要通过教学活动得到成长和发展，首先得在教

---

① 李轶芳. 交往教学视域中的教学客体新解［J］. 湖南科技大学学报（社会科学版），2010（4）.

学活动中被充分的认识和实践。从这个角度看，我们既要重视教学活动中作为主体的人，同时也要重视教学活动中作为客体的人。当然，通常在教学活动中实现主客体身份转化的人指的是直接参与教学活动的教师和学生。

（2）主体的价值只有在作用客体的过程中才能反映出来。要认识主体，首先就要认识客体；要唤醒主体，首先就得厘清客体；要张扬主体，首先就得解放客体。作为人的教学客体不仅能被教学主体作用，还能反作用于教学主体，在反作用中实现地位和角色的互换。作为物的教学客体虽然不能有意识地反作用于教学主体，但却能成为教学主体认识和发展的工具、手段、素材和内容。可以这样说，没有教学客体，教学主体不可能获得哪怕一丁点的成长和发展。因此，教学活动中的主体必须高度重视、尊重、依托和利用包括师生在内的各类教学客体，只有这样才能实现教学主体的价值。

第二节　小学教学主体与小学教学客体

一、小学教学主体

由前所述，小学教学主体是有目的、有意识地参与小学教学活动，并在教学活动中发挥了主体性的人。小学教师和小学生无疑是最主要、最重要的两类小学教学主体，他们不仅在数量上通常占据了小学教学主体的多数，而且他们都是小学教学活动中的直接主体，直接开展小学教学活动。

当然，除了小学教师和小学生外，小学的教学主体还有许多，如小学教材的编制者、小学学校的教育管理者、家长等等，在此我们不一一列举。他们都可能是小学教学的直接或间接主体，都可能以某种形式参与小学教学活动并且在教学活动中发挥其主体性。这些教学主体也是小学教学活动的重要组成部分，他们同样在小学教学活动中发挥着重要作用。

小学教学主体在小学教学活动中主体性的发挥，受许多因素的影响，从而使小学教学主体带有小学学段独有的特点。

1. 与小学教学主体的身心发展状况相关

小学教学主体自身主体性发展的状况是决定其在小学教学活动中主体性发展情况的重要因素。主体性发展状况既包括主体身体的机能的发展状况，如注意力、思维力、想象力和身体健康状况等，也包括主体的知识储备、人生阅历和活动经验等。小学教学主体自身主体性发展状况如果不足，其在小学教学活动中的主体性发展情况和作用就会受到限制。相反，如果其主体性发展状况较好，就为其在小学教学活动中主体性的有效发挥奠定了坚实的基础。小学教学主体的构成人员类型较多，我们不可能——分析，在此以最主要的两类小学教学主体，即小学生和小学教师为例作简单分析。

（1）小学生

小学生是小学教学最主要的主体。他们不仅是小学教学活动在人员数量和活动过程中的主体，更是小学教学活动目标指向的发展主体。基于身心发展和经验经历等方面的状况，从主体性发展情况来看，小学生具有以下特点：

第一，小学生的知识、经验和能力等较为欠缺。总体而言，小学生知识储备相对有限，各方面的能力还处于相对较低的水平。以小学生的语言表达能力为例，小学低段学生的语言表达能力相对较弱，主要是词汇量不足，另外词语组合、语意表达等方面的经验也不足，在表达意思的时候时常会出现词不达意的情况，在教学活动中，经常会出现小学生非常积极地试图回答教师提问，但却难以准确表达自己的观点。这些知识、经验和能力上的不足局限了小学生在教学活动中主体性的发挥。

第二，小学生主体性发展水平总体相对较低。无论是自觉性、自由性和创造性，小学生都处于一个相对较低的阶段和水平。主体性发展水平既与知识储备相关，也与生理发育状况，特别是脑发育状况相关。小学生，尤其是低中年级的小学生，其记忆、注意等思维力发展水平还比较低，在教学活动中的自觉性、主动性也相对较差，这些都限制了其在教学活动中主体性发挥的水平。需要我们注意的是，因为遗传、成长环境和身心发展等影响不同，不排除有少数小学生具有较高的主体性发展水平。另外，小学生进入小学中高阶段以后，其主体性发展水平也会出现较大的发展和提升。

第三，小学生的主体性处于快速发展的阶段。小学生主体性的发展状况是相对较低而非绝对低，而且小学生身心发展快速，特别是到了小学中高阶段，随着其学习习惯的养成、知识储备的增长，认知、情感和意志等心理结构的逐步完善，小学生的主体性发展水平会有较大幅度的提高，相应的其在小学教学活动中的主体性发展程度也会明显提升。从这个角度看，我们既要认识到小学生主体性发展水平相对不足的客观事实，在教学活动中不能急于求成，更不能拔苗助长，要根据小学生既有水平来帮助小学生主体性的发挥。同时我们也要看到小学生主体性发展的巨大空间，要充分利用小学生主体性快速发展的特质和规律，最大最优地促进小学生在教学活动中主体性的发挥和发展。

（2）小学教师

教师是从事教学活动的专业人员，是成人，无论是知识储备、教学能力等都达到一个相对较高的水平，其主体性发展情况相对成熟。从这个角度看，包括小学教师在内的所有教师，都具备了从事教学活动的主体能力。但小学教师与其他学段的教师相比较，其自身在主体性上还是具有一些独特性的。

第一，小学教师年轻教师较多。相对基础教育或高等教育的其他学段，小学阶段的年轻教师较多。年轻教师精力充沛、充满活力，对教学饱含热情，但同时教学经验和人生经历相对较浅，且情绪上容易冲动，工作心态起伏大，一旦工作不利，往往会产生强烈的挫败感。这样的特点对教学主体性的发挥既有利也有弊。有利的是教师的主体性容易激发，且主体性程度较高，不足之处是其工作能力还需要磨砺，主体性总体水平还不太高且不太稳定，遭遇挫败时容易向消极的方向转化，严重的甚至会使其教学主体性一蹶不振。

第二，小学教师从性别上以女教师为主。女教师性格温柔，情感细腻，工作仔细，但往往缺乏激情，做事拖沓。总体而言，相对于男教师，女教师的事业心较低，对教学工作的热情、投入度和期待值不如男教师那么高。在我国的文化环境和氛围下尤其如此。这对小学教师群体教学主体性的发挥是不利的。当然，对这个问题的认识不能绝对化和极端化，许多女教师的教学主体性并不比男教师低，女教师在教学活动中主体性发挥的程度和作用有许多时候甚至远超男教师。看待小学教师教学主体性的发挥情况，不能用性别简单划线，只能结合文化氛围，尤其结合教师实际情况来科学判断。

第三，小学教师的教学主体性受诸多因素影响。小学教师的教学主体性具有小学教师的特点，如小学教师的职业兴趣、工作满意度、工作环境等。这些因素对小学教师主体性发展的影响是多方面的，如在职业成就感上，有部分小学教师对自身工作价值的认可度不高，认为小学教师只是"孩子王"，这样的职业认知肯定会降低其在教学活动中主体性发挥的程度。但同样的问题，有的小学教师则会因为小学生对小学教师较高的尊敬和信任度而对小学教师职业甚是满意，从而在教学主体性的激发上获得持续的动力。

综上，无论是小学生抑或是小学教师，其主体性都具有小学学段的独有特点，有些特点有利于他们在教学活动中的主体性发展，而有些却是主体性发挥的消极因素，需要我们因势利导，加以克服，以更好地发挥其在教学活动中的主体性，促进教学活动的有效开展。同时我们也应该看到，影响小学师生教学主体性发挥有诸多因素，这些因素最终对师生教学主体性的发展产生何种性质的影响，只能落脚到具体的教学活动中，落脚到具体的师生个体和群体身上。

根本上决定师生教学主体性发挥的还是师生主体自身，特别是他们主体性发展的状况、他们对教学活动的认识和期待、他们对自身发展的认识和期待等。总之，师生教学主体性发挥根本上要依据师生自身，要从师生主体内部去归因和溯源。

2. 与小学学段的特性相关

虽然小学教学主体的主体性发挥根本上要看教学主体自身的情况，但外部环境无疑客观上影响教学主体的主体性发挥情况，因此要提升教学主体的教学主体性，我们同样需要关注外部因素。学校教育以人才培养为根本任务，学校教育是系统工程，需要学校教育的各组成部分协力完成。小学教育是我国义务教育的起始阶段，其在结构和功能上的一大特性就是基础性，作为小学教学活动的主体，小学生主体性发挥都要满足小学教育的这一特性，即为进入下一阶段的教育教学奠定基础，为此，小学阶段要求教学主体，特别是小学生要做好知识、能力以及主体性发展的相关准备。当然，小学教师等小学生之外的小学教学活动的其他主体也要充分发挥自身的主体性，为小学生达到这一要求保驾护航。具体来看，小学生奠基内容主要包括以下一些方面：

（1）思想品德的奠基

小学是儿童社会化的初始阶段之一，对小学生思想品德形成的性质和进程将产生重要影响。"小学生进入小学学习，随着生活范围和空间的扩大，不可避免地要遇到各种各样的道德问题，因此形成道德观念、养成道德行为习惯是小学教育的一项重要任务，也是儿童道德发展的基础。"[①] 思想上的奠基对小学生教学主体性的发挥具有非常重要的影响。众所周知，周恩来总理从小就立志"为中华之崛起而读书"，这对其励精图治、发奋图强，最终成为影响中华民族发展走向的伟大领袖产生了至关重要的影响。诚如梁启超在《少年中国说》中说的那样，少年强则国强。如果小学生从小就立志成为社会主义事业的建设者和接班人，这对其教学主体性的激发和维持无疑能发挥极其重要的动力作用。

（2）学习能力为核心的智慧品质的奠基

学习科学文化知识，为进入下一阶段的学习建立扎实的知识储备固然是小学生在小学阶段的重要目标和任务，但掌握科学的学习方法、培养良好的学习能力、构建优秀的智慧品质才是小学生在智慧教育上最核心的任务。优秀智慧品质的构建既是小学生主体性发展的积累、沉淀和成果，也是小学生下一阶段发展的前提和基础。教学主体性的发挥需要一定程度的文化素养。通常意义上

---

① 黄甫全，曾文婕. 小学教育学［M］. 北京：高等教育出版社，2011：40.

看，已有的文化素养越深厚，学生在教学活动中教学主体性有效发挥的可能性就越大。如果文化素养储备不足，即使学生在教学活动中激情投入，结果可能也往往是"心有余而力不足"。从这个意义上看，小学生必须在小学阶段大力以提升自己学习能力为核心来提升自己的智慧品质，这既是更好地发挥其在小学阶段教学主体性的基础，同时也为其进入下一阶段学习中的教学主体性的发挥奠定了扎实的基础。

（3）人格品质的奠基

小学阶段是学生个性特征形成的重要阶段。伴随着小学生心理机能的快速成长，小学生的人格品质在不断地萌发、酝酿并逐渐成形。如果培养引导得当，小学生将形成诚实、友善、乐观、勇敢等为特征的积极的人格品质，相反，则小学生可能形成虚伪、欺诈、怯懦、自私等消极的人格品质。积极的人格品质代表着真、善、美，将为小学生今后的美好生活奠定基础；而消极的人格品质却意味着假、恶、丑，将小学生的人生引向歧途。小学生是自身人格品质形成的主体，人格品质的形成虽受外部环境的影响，但根本上是小学生主体选择的结果。小学阶段是人格品质形成的关键期，教学活动影响着小学生人格品质的形成，反过来，小学生人格品质形成的状况将反作用于教学活动的开展。小学生良好的人格品质可以有效提升其在教学活动中的主体性，促进其在教学中获得成长和发展，反之则会阻碍其成长和发展。小学生人格品质的形成是对小学生主体性发展的一次检验，良好的人格品质的形成同样将为小学生主体性发展奠定坚实的基础。

（4）生活习惯和生活能力的奠基

小学生首先是人，其次才是学生。小学生作为学生，学习固然是最主要的任务，但良好生活习惯和生活能力的养成，本身也是小学教育的应有之义，这是小学生全面发展的重要内容，也是小学生作为完整人的基本特质之一①。小学教学的重要内容之一，就是培养小学生良好的生活习惯和生活能力，譬如小学生的卫生习惯、劳动习惯、劳动技能、表达能力、沟通能力和协作能力等等，这些生活习惯和生活能力的培养，可以使小学生成为完整的人，而不是只会"读书"，不会生活的"书呆子"。爱生活、会生活既是学习的内容，也是学习

---

① 许多家庭甚至学校把学习状况视为小学生发展的重要标准，这本身并没有错，但问题是在实践中把学习的内涵狭隘化了，将其窄化为了学习成绩，或者说是智育成绩。许多家长为了孩子的学习，包办了小学生生活中本来应该自己完成的事务，特别是家务活动基本不让小学生参与，既是担心他们干不好，更是担心影响孩子学习，由此造成的问题有许多，尤其突出的便是小学生生活能力差。

的目标，同时也是人的发展，尤其是人主体性发展的重要标志。小学生良好生活习惯和生活能力的养成，同样是小学阶段主体性发展的重要基础，同样会对小学生教学主体性的发挥产生重要的影响作用，毕竟教学和生活密切相关，教学来自生活，教学必须融入生活，这样的教学才是鲜活的教学，这样的教学才能赋予生活的价值和意义，不与生活紧密联系的教学是没有生命力的。

（5）身体成长发育的奠基

小学阶段是人的身体发展最为迅速、最为关键的时期。小学生无论是身高、体重还是身体的其他机能都会在小学阶段得到快速的发展和提升，甚至会为其身体发育发展的最终状况奠定总体基调。因此，小学阶段是小学生身体成长发展的奠基阶段。在小学阶段，我们不仅要保证小学生身体所需要的营养，还要通过劳动教育、体育锻炼等形式来保护、训练和提升小学生的各项身体机能，使其能在这个阶段实现充分有效的成长和发育①。俗话说"身体是革命的本钱"，拥有健康的体魄，小学生主体性发展才有基本的保障。身体的健康将为小学生教学主体性的发挥奠定扎实的基础，相反，身体健康状况不佳将在很大程度上对小学生教学主体性的发挥产生负面影响。总之，小学阶段学生的身体成长的奠基情况将全面影响小学生发展的内容和方向。

二、小学教学客体

前文我们已经论述了教学客体的相关内容，基于此，小学教学的客体已经基本明了。可以这样说，所有的小学教学活动中的人、事、物、关系、现象等都属于小学教学客体的范畴。前面我们也分析了作为人的教学客体与其他教学客体有本质上的区别，即作为人的教学客体可以反作用于教学主体，从而在反作用的过程中实现由教学客体向教学主体的转变。因此，作为人的教学客体，诸如小学教师、小学生等，在作为教学客体时，我们不能与其他的教学客体同等对待甚至等闲视之，这一点在我们分析小学教学客体时必须予以充分重视。

小学教学客体的内涵非常丰富，不可能一一列举分析，鉴于前文我们多次论述作为人的教学客体，基于重要性、代表性、典型性和不重复的原则，我们仅在此分析小学教学客体的两个方面的内容，即小学教材和小学师生关系。

---

① 我国高度重视小学生的身体成长发育，如坚持多年在贫困地区、农村地区实施的营养餐行动就是国家关心学生身体发展的具体举措。随着国家的富强和人们家庭生活情况的改善，我国青少年身体发育情况取得了巨大的进步，但与发达国家相比还有较大的差距。而且，小学生身体发展的有些问题还比较突出，如小学生近视和肥胖等问题近些年来一直有愈演愈烈的趋势，这也说明了在小学生身体发展问题上我们还任重而道远。

1. 小学教材

"教材是经国家、地方教育部门许可的，向每一代学生呈现人类知识和文化的权威版本，是课程的物化载体，是教与学的重要媒介，是教师组织学生学习活动的重要思路与策略参考，在学校课堂教学中具有不可替代的作用。教材质量很大程度上影响着教学量。"① 教材是师生在教学活动中认识和实践的最主要的教学客体之一。教材的内容既与教材所涉学科的性质相关，也与教材使用的学段密切相关，特别是受相应学段的受教育对象的发展状况和发展性态的影响。因此，研究教学客体，教材是不可回避的一个重要内容。小学教材的特性主要表现如下：

（1）教育性

教材是教育内容的重要载体，是最为重要的教育资源之一，教材质量是影响教育质量的关键因素之一，好的教材能发挥好的功能，能有力促进我国教育目的的实现。"教材的功能定位应当是'文化母乳'，为学生提供知识、情感、价值等最基本的文化滋养。"② "从国家和社会角度看，教材反映国家的主流意识形态和核心价值观念，我国的大中小学教材要服务于落实立德树人根本任务，体现培根铸魂、启智增慧的总要求，为实现中华民族伟大复兴培养合格的人才。"③ 小学阶段是小学生身心发展的奠基期、快速发展期和关键期，小学教材是否具有高质量的教育性对小学生是否能成长为符合我国教育目的要求的全面发展的现代化人才具有极其关键的作用。

（2）生活化

鉴于小学生的认知特点，小学教材的编制和实施尤其强调与生活的密切融合。这里所说的生活，指的是鲜活的、与小学生的生活场景和生活经验密切相关的生活④。教材与小学生生活相融合，可以使小学生基于生活化的场景，以身临其境的代入感，去探知、发现、认识和解决各科教学活动中的相关问题，在教学主体对教学客体的作用中，实现与小学生生活经验的有效联结，进而实现小学生教学活动中感性体验与理性认知的有效融合。总之，小学教材编制和实施的生活化，可以充分体现和反映小学教学活动对小学生实际生活的价值和意义，可以有效促进小学生在教学活动中问题意识的培养与问题解决能力的提升，

---

① 蒲淑萍，宋乃庆，邝孔秀. 21 世纪小学数学教材的国际发展趋势研究——基于对 10 个国家 12 套小学教材的分析 [J]. 教育研究，2017（5）.
② 高德胜. "文化母乳"：基础教育教材的功能定位 [J]. 全球教育展望，2019（4）.
③ 赵占良. 试论教材的功能定位 [J]. 课程·教材·教法，2021（12）.
④ 所谓密切相关，不一定是小学生亲自体验，但应该是小学生有过的认知经验。

有利于充分调动和激发小学生的学习兴趣，并培养小学生对生活的热爱及乐于探究的习惯。

（3）直观性

小学生的思维方式以直观形象思维为主，这一点在小学低段尤其明显。到了小学中高年级，虽然学生的思维方式逐渐由形象思维向抽象思维发展，但小学生的抽象思维水平整体并不高。所以在小学教材的编制和实施中，要尽量考虑小学生思维发展的特点，多以直观形象的方式呈现。关于这一点，目前已经在小学教学活动中达成了共识。有小学教师教材使用方式调查的研究发现，"'生动表征'教材使用方式的平均值是最高的"，"受调查的小学教师中有99.3%会使用学生生活中与教学内容有关的材料进行教学"，"97.8%的小学教师会使用自制教具来帮助学生学习"，"98.6%的小学教师会根据学生兴趣自行设计讨论、探究、游戏等教学活动来进行教学"①。这充分说明，绝大多数小学教师在小学教材使用中坚持直观形象性原则的问题上拥有共识，并将之转化为了实际的教学行为。

（4）实践性

小学教材要从实践中来，到实践中去。关于实践，瑞士心理学家皮亚杰曾说过，"活动是认知的基础，智慧从动作开始"。对于小学生来说，实践就是学思行结合，简单说就是多思考、多动手。"动手操作过程是学生学习的一种探索过程。学生只有具备了较强的动手操作能力，才能充分感知和建立表象，为分析和解决问题创造良好的条件。"② 小学生在思考中动手，以动手促思考，这符合小学生直观形象思维的特性。小学教材编制和实施过程中必须体现这一特点，要多以实践活动为载体和手段，把小学生的学习与实践密切结合，其根本目的不是简单的经历，关键是在实践中体会和思考，最终构建相应的经验。

当然，教学客体的小学教材，鉴于其所承载内容的丰富性和对小学生发展的重要作用，其本身属性也是丰富甚至复杂的，除了上述我们分析的内容外，还有诸如基础性、多元性、集成性和信息化态势等等，鉴于篇幅的限制，我们在此不再一一论述。

2. 小学师生关系

前文已经叙述，关系也属于教学客体的重要范畴。"师生关系是教育活动中

----

① 李晴. 小学教师教材使用方式调查研究［D］. 东北师范大学硕士学位论文，2018：44.

② 余小芬，刘成龙. "下面的"梯形，是怎样的梯形——对人教版小学教材一道习题的思考及建议［J］. 数学教学通讯，2019（1）.

最基本、最重要，同时是最活跃的人际关系系统。"① 教学活动中的关系类型和内容繁复，我们在此仅选择其中易受人们关注、对小学教学活动影响重大的小学师生关系加以分析。同样，鉴于教学客体认识和实践的价值主要在于教学客体对教学主体的发展作用，我们在此主要分析小学师生关系对小学生发展的影响。

（1）影响小学生心理健康状况

小学师生关系对小学生心理健康状况具有显著的影响。小学生的心理结构和机能都处于快速发展之中。小学生往往心理敏感，心理状况不稳定，容易受外界影响。小学师生关系对小学生心理健康的影响尤其突出。小学教育实践已经充分证实：良好的小学师生关系，比如师生之间民主平等、相互信任、亲密无间，有利于小学生形成积极的心理认知、情感和行为，如表现为对学校生活持积极态度，在教学活动中主动发言，乐于参加各类学校和班级活动等等。相反，不良的小学师生关系，比如师生之间矛盾冲突、互不信任、猜忌疏离，则会对小学生心理健康造成损害，"不良师生关系可能使儿童产生孤独的情感，对学校的消极情感、在学校环境中表现退缩、与老师同学关系疏远，以及攻击性行为等，从而影响其学业行为和成就，进而造成辍学、心理障碍等现象"②。因此，关注小学生心理健康就必须关注并构建积极的小学师生关系。

（2）影响小学生的自我认知

"人贵有自知之明"，小学生自我概念由模糊到清晰，能准确进行自我认知，是小学生从不成熟走向成熟，由纯粹感性到逐渐理性的标志，这对其成长发展有着积极的意义。小学师生关系对小学生自我概念的确定和自我认知都有重要的影响。自我概念是小学生自我认知的重要基础，小学生只有建立起了自我概念，才可能在此基础上形成自我认知。所谓自我概念，"是个体关于自己的特点、能力、外表、态度、情感和价值等方面的整体认识，即个体把自己视为客观对象所做出的知觉"③。不同的小学师生关系，对小学生自我概念的形成，其影响性质是截然相反的。"亲密型师生关系比冲突型和冷漠型师生关系更有利于学生的自我概念发展，相对而言，冷漠型师生关系对小学生的自我概念发展最

① 李瑾瑜. 关于师生关系本质的认识 [J]. 教育评论, 1998 (4).
② 徐猛. 小学师生关系研究综述 [J]. 天津市教科院学报, 2012 (3).
③ MAGILL, FRANK, NORTHEN. International Encyclopedia of Psychology [M]. Fitzroy Dear Born Prblishers1UK, 1996：1480—1493.

具不良影响。"① 在小学师生关系的发展中，教师往往是占据主动的一方，小学师生交往中教师的行为同样会影响小学生的自我认知。"教师对学生行为的评价、情绪反应和行为表现，影响着学生对自己的体验和评价，尤其对学生个性发展中诸心理因素，如自我意识和自尊心等都有着重要的作用。"② 因此，要促进小学生自我认知的发展，同样需要构建良好的小学师生关系。

（3）影响小学生对教育环境的适应

在教育活动中，环境虽然不发挥决定作用，但仍然是影响教育活动的重要因素之一。一般来说，人的主体性发展程度越高，对环境的依赖或受环境的影响就会越小。小学生由于主体性发展程度相对较低，其对环境的适应能力相对较低，许多小学生入学初期都可能出现对教育环境的不适，进而影响到其参与教育教学的效果。小学师生关系既是小学生教育环境内容之一，而且它也会影响到小学生对其他教育环境的适应③。"刘万伦以学校喜欢、环境适应和学校适应为指标，考察了师生关系与学生学校适应性的关系，发现：①中小学生学校适应性与师生关系之间存在显著正相关。②师生关系是影响学生学校适应性的重要因素。其影响程度从大到小依次为：亲密性、主动性、合作性。"④ 学校通常是小学生最主要的教育环境，为提高小学生对教育环境的适应性，建立良好的师生关系既是重要内容，也是有效途径和手段。

（4）影响小学生的人际关系

小学师生关系是小学生人际关系的一个组成部分，同时也是非常重要的组成部分。小学生的社交圈相对较小，其人际关系主要由家庭人际关系和学校人际关系组成，其他的社会人际关系相对较少，内容也相对简单。小学生在校的人际关系主要由两部分组成，即小学师生关系和小学生生关系。小学教师是教育教学的专业人员，是有丰富经验的成人，他们在与小学生建立人际关系的同时，还对小学生其他人际关系的形成具有引导性和示范性。有研究者发现，师生关系对亲子关系、同伴关系有很大影响，并影响其同伴交往的主动性、交往

---

① 林崇德，王耘，姚计海. 师生关系与小学生自我概念的关系研究［J］. 心理发展与教育，2001（4）.

② 梁兵. 试论教学过程中师生人际关系及其影响［J］. 新疆大学学报（哲学社会科学版），1993（3）.

③ 我们可以将小学的教育环境简单划分为物理环境和精神环境，物理环境包括小学的教学时空、花草树木、各种教育场所、设备、器材等，精神环境主要指小学的校风、班风、教风、学风、学校文化精神层面的内容，各种人际关系，即整个学校的精神文化氛围。

④ 徐猛. 小学师生关系研究综述［J］. 天津市教科院学报，2012（3）.

能力及社会地位等；良好的师生关系对儿童不良的亲子关系有一定的弥补作用①。这种发现再一次证实了建立小学生良好师生关系对小学生建立良好生生关系具有重要意义。

（5）影响小学生的学业成绩

学业成绩并非仅指学生的考试成绩，小学生学业成绩的内涵非常丰富，凡是与小学生学科学习相关的发展评价都属于学业成绩的范畴，一般来说，小学生的学业成绩以数字或等级来标识。影响小学生学业成绩的因素有许多，如教师的教学水平、班风、学风、教学条件等外部因素，又如学生自身的智力发展基础、学习兴趣和意愿、教学活动中主体性的发挥情况等内部因素。在众多的影响因素中，师生关系对学生学习成绩的影响不容忽视。有研究发现，"师生情感关系和地位关系与学生的学习成绩存在显著的线性关系，它们能很好地预测学业成就状况"。"在师生交往中采取更加平等和亲切而愉快的态度，真诚地期待学生的进步，与学生建立起密切和谐的师生关系，有利于提高学生的学业成就状况。"② 由此可见，师生关系并不对小学生的学业成绩起决定作用，但良好的师生关系与学生学业成绩提升之间呈正相关的关系却是事实，这再次佐证了小学师生关系应该被作为重要的教学客体进行认识和实践。

三、小学教学主客体关系

正如教学客体的内涵所指的那样，教学客体是教学主体认识和实践的对象。因此，教学主体与教学客体的基本关系就是在教学活动中作用与被作用的关系。教学主体是作用的发起者，即教学活动的发起者，教学客体是教学活动中教学主体作用的对象，教学客体被作用。但在具体的教学活动中，由于教学主体、教学客体内容和类型的丰富性和复杂性，教学主体与教学客体关系的具体表现形式上具有差异性和特殊性。下面，我们将教学客体大致分成两大类，即教学客体是人和教学客体是物③，分别分析小学教学主客体的关系。

（一）客体是人的教学主客体关系

前文已经论述，教学活动中人是唯一的主体，如教师和学生都是教学活动的主体。同时，人也是教学活动的客体之一，教师和学生都可以成为教学活动

---

① 沃建中. 走向心理健康：发展篇 [M]. 北京：华文出版社，2002：36—44.
② 杨继平，高玲. 小学生学习心理与师生关系的现状调查研究 [J]. 教育研究，2005（1）.
③ 这里指的物是一种泛指，实际指的是除人之外的其他一切教学客体。

的客体，如在教学活动中，在教的过程中，教师是主体，学生是教师认识和实践的客体；在学的过程中，学生是主体，而教师则成为学生认识和实践的客体。当然，教学活动中，作为人的客体不仅仅是师生，只要参与到了教学活动中的人都可以成为教学活动的客体，比如人体写生课的模特就是教学活动的客体。另外，作为教学客体的人是教学客体中特殊的类型，这种特殊性主要表现在三个方面：

1. 特殊的被作用反应

人之所以能成为认识和实践活动的主体，是因为人在从事这些活动时是有意识、有目的的，也就是说，人在开展认识和实践活动中是主动而非被动的，即自身的主体性得到了调动和发挥①。人具有主体意识，且具有在主体活动中相应的行为能力，这是人作为主体的基本条件。人作为其他主体作用的客体时，其自我意识和行为能力并未丧失，在被作用时，其可能不做主动反应，也有可能是有意识地反作用，而后面这种情况在人之外的其他教学客体身上是不具备的，正如下例：

当教师在课堂上讲授知识时，有极少部分学生视而不见、听而不闻，完全游离于教学活动之外，教师（教学主体）在教学活动中虽然作用了（有讲授活动，甚至有目光提醒等活动）这类学生（教学客体），但这些学生只是消极地被作用，并未主动反作用于教师。而绝大多数学生都在认真听讲，且对教师所讲进行了积极回应，如赞同时点头示意，疑惑时举手提问，如此等等。也就是说，作为人的教学客体对教学主体的作用所做出的反应可以是无意识地被作用，也有可能是有意识地反作用。有意识地反作用是不可能发生在人之外的其他教学客体身上的。如生物课上教师解剖青蛙，青蛙是不可能"有意识"地反作用于教师的，而如果教师请学生做膝跳反射实验，当教师用木槌轻击学生的膝盖时，学生可能只是表现出无意识的膝跳反应，也可能有意识地躲避（害怕），后者就是作为人的教学客体的有意识反作用。

事实上，在绝大多数社会活动中（自然也包括教育活动），人作为绝对客体的情况是很少的，通常情况下，人往往是以客体和主体两种身份同时存在、同时发挥作用的。我们所说的作为人的客体，其不是消极地被作用，而有可能反作用于作用他（她）的主体，如果这种反作用是有意识的，那此时作为客体的

---

① 当然，在具体的社会活动中，作为主体的人的主体性发挥程度存在差异，但毫无疑问，只要参与活动的人能被称之为主体，其肯定是有意识、有目的地参与活动的，区别只是在于其主体性的程度而已。

人同时就变成了主体，即同时具有主客体两种身份，当然，原本作用他（她）的主体也同时成为他（她）反作用时的客体，也同时具有主客体两种身份，此时，交互主客体就出现了。具体如下图3-1：

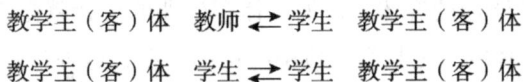

教学主（客）体　教师 ⇄ 学生　教学主（客）体

教学主（客）体　学生 ⇄ 学生　教学主（客）体

图3-1　交互教学主客体

由上图可以看出，教学活动中交互主体的情况不仅在师生间存在，也可以在生生间存在。如教学中教师安排分组讨论，讨论过程中学生就会成为彼此交互作用的主客体。交互主客体甚至可以出现其他的一些情形，如两个教师合作上课时，教师与教师间也会成为交互主客体，又如邀请其他人员参与教学活动时，其他人员与教师、与学生都可以成为交互主客体。人作为教学客体在教学活动中有意识的反作用，这种特性正印证了教学活动和教师劳动的艰巨性和复杂性。当然，作为人的教学客体不局限于师生，其他参与了教学活动的人都可能成为教学活动的客体，如教师邀请家长随堂听课、社会人士进校进行公益讲座等等，他们进入课堂教学，既能成为教学活动的主体，也能成为教学活动的客体，甚至可以与师生成为交互主客体，这些都进一步增加了教学活动的复杂性。因此我们说课堂教学活动中师生是教学活动中的主体，是指通常意义而言的，根据教学活动的需要，教学中的主体及主客体间关系的转换都可以变化。

2. 特殊的中介

在人类社会活动中，人与人之间主客体相互作用的现象是很普遍的，在教学活动之外也大量存在。但不同的社会活动有不同的活动内容，这些活动内容，便是承载活动的中介。对于教学活动来说，教学活动中教学主体与教学客体作用的中介便是教学内容，具体来说，教师教的是教学内容，学生学习的也是教学内容，教学内容便成为维系教师的教和学生的学这种完整教学活动的中介。教学内容不同于一般社会活动的内容，教学内容具有特殊性：

（1）教学内容是经过精心选择的

学校是专门培养人的场所，学校教育区别于其他教育的典型特征就是其专门性和系统性。专门性体现了学校教育的性质，系统性集中反映了学校教育在教育教学内容上的全面、规范和完整。学校教学内容都是经过精心选择的，一般来说，小学的教学内容在选择时要符合以下要求：

第一，科学性。国家要求教学内容符合相关学科或领域的科学要求，是经过验证的正确的内容。每个时代人们的认知存在一定的局限，不可能保证所有的知识或经验都是"绝对真理",但学校的教学内容至少是当时代人们在相应学科或领域最接近"真理"的认知成果。

第二,时代性。国家要求教学内容能反映相关学科或领域最新的发展成果,也就是说,学校的教学内容应该走在时代发展的前沿。如果学校传授给学生的知识是过时的,学校培养出来的人才怎能符合社会发展的需要?因此,学校的教学内容必须具有时代特点,某些学科和领域的教学内容甚至要求适度超前。当然,我们对这个问题要辩证认识,教学内容的时代性不是排斥史实性教学内容和经典的传统优秀文化。那种打着"前沿""先进"的旗帜忽略、轻视甚至排斥优秀传统文化的教育理念是极其危险的,无论对学生的发展抑或文化的传承和创新都危害极大。

第三,基础性。小学是我国义务教育的起始阶段,小学教育的一大功能就是奠基功能,为小学生升入下一阶段的学习做好准备。小学教学内容在选择时必须考虑这一特性:不仅要在相应学科和领域的知识、技能和能力上奠基,还要在生活习惯、认知行为方式、学习能力等方面全面奠基。

第四,全面性。我国的教育目标是培养德智体美劳等方面全面发展的人才,我国对教学内容全面性的要求贯穿于我国整个教育体系的始终。小学是国民教育体现全面性教育目标的起始阶段,我国要求学生从小学开始,就要为实现全面发展做好充足的准备。

第五,教育性。教育性是小学教学内容的一个重要标准。教学是社会活动,在现阶段,教育仍具有阶级性。因此,学校的教学内容不仅要有道德品质教育等社会要求的内容,还要有思想教育、政治教育等国家和执政党要求的内容。我们必须强调的是,教学内容的教育性必须渗透到学校教育的所有学科、课程并贯穿始终。

另外,小学教学内容的精心选择还体现在其他的一些要求,如生活性,即教学内容要贴近社会生活,要与小学生的经验相联系,便于小学生认知和理解,在此不再赘述。

(2)教学内容是经过科学组织的

教学内容的选择只是第一步,从选择到呈现,最后真正成为联结教学主客体的中介,还必须对教学内容进行科学组织。小学教学内容的科学组织,至少要达到以下要求:

第一,学科逻辑性。所谓的学科逻辑性,就是在教学内容的组织上要遵从相关学科或领域的内在逻辑结构,要反映学科特性及其内在规律。小学教学内容涉及众多学科,既有人文社会科学,又有自然科学,两大学科门类的学科逻辑存在巨大差异，即使是同一类型的学科门类，不同学科间的学科结构也存在较大差异，如同属于人文社会科学的语文和美术，两者在学科结构上差异明显。基于这种差异性的普遍存在，要达到好的教学效果，使教学主客体能实现有效互动，教学内容遵从学科或领域的特性进行组织是非常有必要的。

第二，认知规律性。教学内容要实现科学组织，除了要符合相应学科或领域的内在逻辑结构外，还必须符合小学生身心发展规律和特点。学生的心理发展具有阶段性，每个阶段的学生都具有自己独特的心理特征。对于小学教学来说，教学内容的科学组织必须考虑小学生的兴趣、需要和经验，另外还必须考虑小学生注意、思维、想象等心理品质的特点，学校应结合学科体系对教学内容进行科学组织。因为，"如果不考虑学生的认知特点，再科学的内容也是无效的"①。

第三，作用特殊性。在师生的作用与反作用中起中介作用的教学内容，其在作用过程和结果上具有特殊性。教师教的内容并不一定是学生学的内容，教师教的内容虽然在一定的时空场景中是固定不变的，是呈现给课堂中的全体学生的，但学生对教师呈现的教学内容在理解上是有差异的，在内化和经验重构的程度上是有区别的，教师想传达给学生的，未必就是学生真正获得的。这种获得的区别不仅体现在程度上，而且有时甚至会出现方向和性质上的偏差，这是课堂教学活动中教师与学生相互作用中的常态，是不可避免的，师生之间应该共同努力的是在教学主客体相互作用的过程中尽量减少在教学内容理解性质上的偏差，尽量将学生的获得度提高。为什么我们把课程定义为经验？因为教学内容在师生之间作用与反作用时表现出来的差异性，正是印证了课程是经验的定义，只有通过教学主客体间的相互作用，真正建构为学生的有效经验，才真正符合课程设置及教学实施的目的。

正视人作为教学客体在反作用于教学主体时的特殊性，是对教学规律的正确揭示和反映。教学相长是广为人们接受的教学规律，用今天的教学观重新审视教学相长，我们可以发现，教和学相互作用、彼此促进，实际上反映的正是教师和学生之间以教学内容为中介，相互作用与反作用，在教学主客体相互作用中推进教学，促进师生发展。这是对新时期教学相长内涵的丰富和发展。

3. 特定的目的

即作为人的教学客体反作用于教学主体的目的与教学主体对教学客体的作用在性质上是一致的，都拥有共同的目的，即推进学校人才培养工作，促进学

---

① 王本陆. 课程与教学论 [M]. 北京：高等教育出版社，2010：77.

生发展。虽然同样是作为人的客体，教师和学生在反作用于教学主体上的方式上是有差异的。总体而言，教师的反作用，在活动方式上主要是教，指向的是教学活动的目标，即促进学生发展。学生的反作用，活动方式上主要是学，其指向目的是实现自身的成长。方式上虽然有差异，但目的具有一致性，都指向教学活动的目的。当然，实践中教学主客体相互作用的具体目的是非常复杂的，教师和学生在教学活动中，不可能一切活动都围绕着促进学生发展展开，但从教学活动的性质来看，师生间彼此作为主客体相互作用时，其总体上是以促进学生发展为目的的。

（二）客体是物的教学主客体关系

相较于客体是人的教学主客体关系，客体是物的教学主客体关系更加单纯。毕竟物不会有意识地反作用于教学主体，更不具备在反作用教学主体的过程中转化为教学主体的条件。从这个角度来看，作为物的教学客体是"纯"客体。虽然如此，在关于客体是物的教学主客体关系上，我们同样要注意有些问题。

1. 作为物的教学客体也有反作用

作用与反作用是教学主体与教学客体相互对应的一项具体内容，两者是相辅相成的。我们在认识教学主客体关系的时候，不能忽视作为物的教学客体对教学主体的反作用。事实上，这种反作用不仅存在，而且反作用的形式和途径多样，以作为教学手段的教学客体为例，当教师用粉笔在黑板上写字时，教师作用了粉笔和黑板，同时粉笔和黑板也反作用了教师，如教师抓握粉笔时手的触感，听到粉笔在黑板上书写时发出的摩擦声音，看到黑板上自己书写的文字或图案等等，这些看到、听到、触碰到的都是来自教学客体的反作用。当然，教学客体反作用于教学主体的途径和形式还有很多，它会通过教学主体的各种感官和认知通道传递给教学主体。不过与作为人的教学客体的反作用的根本区别在于，作为人的教学客体的反作用可以是有意识的，也可以是无意识的，但作为物的教学客体的反作用肯定是无意识的。我们需要说明的是，有些特定的教学客体的反作用具有一定的特殊性，如动物作为教学客体的反作用。举个例子：教师让学生观察小动物，有些小动物可能会发起"主动性"的攻击或逃避行为，这是不是作为教学客体的动物对教学主体（观察者，即学生）的有意识反作用？事实上这些看似是动物"有意识"的反作用行为，实则是动物的本能，即使是智力发展程度较高的一些灵长类动物，目前的科学研究仍未得出其具有习惯性的有意识行为的结论。这些具有特殊性的教学客体的反作用形式也需要我们正确认识。

2. 作为物的教学客体的反作用可能影响教学主客体作用的结果

作为人的教学客体，在有意识反作用于教学主体时会转化为教学主体，必然对教学活动的效果产生影响。同样，作为物的教学客体，虽然其反作用不具有主观能动性，总体呈一种消极被动的反作用性状，但其反作用同样会影响教学活动的效果。事实上这种情况在教学活动中是大量存在的。

在实际的课堂教学中，教室环境对师生的影响是巨大的，尤其是教室的光线。我们自己也有这样的感觉：在有点昏暗的教室内上课的话，容易犯困；而在光线强烈的情形下，眼睛看不清黑板上的字，甚至还有刺痛的感觉。因此太暗或太明的教室光线无论是对学生的学习还是教师的教学都会产生不利的影响。①

虽然作为物的教学客体没有主体意识，无法在与教学主体的相互作用中做出主动选择，但它们却能在事实上对教学主体产生各种影响。如上述案例中教室光线太明或太暗对教学效果的影响，就是作为物的光线反作用于教学主体而产生的。与作为物的教学客体只能消极被动接受教学主体的作用相反相比，教学主体具有主观能动性，教学主体可以在符合教学规律和条件具备的情况下，对符合条件的教学客体进行主动选择和调整，从而使这些作为物的教学客体附带有教学主体的主观意愿，使其在与教学主体作用的过程中，反作用的性质和方向具有选择性和可控性，如果选择和调控得当，可以使教学客体在反作用的过程中向我们预期的方向发展，从而提升教学活动的效果。如果我们不能正视这些特性，不能很好地认识作为物的各类教学客体反作用于教学主体的性状和规律，教学活动的效果可能就会被削弱。

总之，教学主体和教学客体本身内涵非常丰富，教学主客体间关系也非常复杂，我们从不同角度去分析和认识教学主客体及其之间的关系，有利于我们深入解析教学活动的规律，进而有效提升教学活动开展的效果。

---

① 马桂萍．基于环境心理学分析教室环境反作用于中小学课堂教学［J］．基础教育研究，2010（2月B）．

第四章

小学教学利益

第一节　小学教学利益的概述

一、利益与教学利益

1. 利益

利益是人们生活中使用频率非常高的一个词语，这似乎是一个不用解释的词。说到利益，人们很自然地会联想到好处，有人甚至直接会联系到金钱等与利益密切相关的具体事物。利益的确是好处。《辞海》对利益的解释说是，"好处。如：集体利益；个人利益"①。有学者对利益这种"好处"进行了具体描述，如 18 世纪法国著名启蒙思想家霍尔巴赫是这样形容利益的，"所谓利益，就是每一个人根据自己的性情和思想使自身的幸福观与之联系起来的东西；换句话说，利益其实就是我们每一个人认为对自己的幸福说是必要的东西"②。利益虽然是"好处"，但对利益的认识并非我们想象中那般简单。正如我们说到利益往往容易联想到金钱，因为金钱对绝大多数人是一种"好处"，但利益并非等同于金钱，即好处并非一定是金钱。要想深刻认识利益，我们需要去揭示利益的本质。

（1）利益不是一种实体

也就是说，利益本质并不是某种看得见摸得着的东西，利益既不是人，也不是物。在现实生活中，某种实体在通常情况下可能符合某些人的利益，能满足某些人的某些需求，但这些实体并不等于利益本身。如金钱在一般情况下符

---

① 辞海编辑委员会. 辞海 [M]. 上海：上海辞书出版社，1999：4929.
② [法] 霍尔巴赫. 自然的体系 [M]. 上海：商务印书馆，1964：271.

合许多人的利益，为人们带去好处，但金钱却不等同于利益。举个简单的例子，对于沙漠中即将渴死的人来说，金钱对其毫无利益而言，水才是其当时最大的利益需求。

（2）利益也不是事物的属性

利益既不等同于某种实体，也不是某种实体或事物的属性。任何事物都不具有某种固定的属性能称之为利益，世界上不存在某物的某种属性能满足所有人在所有情况下的利益诉求。事实上，事物属性对人的"好处"往往是变化的，这是因为人的需求处于变动之中，不同的人对同一事物可能存在不同的需求，同一个人对同一事物在不同的时期也可能存在不同的需求。正如美味的食物对于饥饿的人来说，无论其色、香、味、形乃至内在营养都是"好处"，但对厌食症的人而言，可能却是看之可憎，闻之欲呕。

（3）利益本质上是一种关系

利益既不是实体，也不是事物的某种固有属性，从本质上看，利益是客体的存在及其属性满足主体需要的一种关系。这里说的客体，可以是人，也可以是人之外的一切事物，而利益的主体只能是人，也就是说，所谓利益的"好处"，是针对人而言的，只有人才存在利益。利益本质上的这种关系，就是人及人之外的事物的存在和属性满足人需要的关系，正因为能满足需要，所以才是"好处"。存在和属性则说明了利益关系只能发生、发展和实现在利益活动中，因为人和事物的存在和属性必须体现在一定的活动之中，这也说明了满足人需要的这种利益关系处于变动不居之中，不存在某种绝对的利益关系。

综上所述，利益存在于人的活动之中，是客体的存在及其属性满足主体需要的关系。马克思曾说："人们奋斗所争取的一切，都同他们的利益有关。"①根据马克思辩证唯物主义的观点，一切社会活动皆有利益，因为人的社会活动都带有目的性，都是为了满足人的某种需求，因此都存在利益关系。而人的本能活动，因为没有目的性，不能称之为社会活动，不存在利益关系。

2. 教学利益

教学是人类社会活动，是文化传承和创新的活动，教学无论对人的个体还是群体（社会）都有非常重大的价值，是人类社会目的性最强、与人生存发展休戚相关的一种社会活动。毫无疑问，教学也是一种利益活动，无论是学生、教师、家长还是其他与教学活动直接或间接相关的人，大家总是希望通过教学

---

① ［德］马克思，恩格斯. 马克思恩格斯全集（第 1 卷）［M］. 北京：人民出版社，1956：82.

活动获得各种各样的好处。鉴于教学活动涉及的人群非常广泛，教学利益的存在也是非常广泛的，那么，究竟什么是教学利益？

我们认为，"教学利益是教学活动中客体的存在和属性满足师生生存和发展需要的关系"①。这种关系，反映的正是教学活动对相关人员的好处。我们需要注意的是，直接参加教学活动的师生存在教学利益，其他间接参与教学活动的人也存在教学利益，师生是教学活动的直接利益者，其他教学活动的相关人员是间接利益者。教学利益是教学活动的客观存在，正视教学利益的存在，对采取措施促进教学活动利益相关者的正当教学利益的生成和实现具有重要价值和意义，正视教学利益的存在是教学活动以人为本、以学生为中心的重要体现和要求。我们如果想要正确认识教学利益，就得了解教学利益的构成要素。

（1）教学利益主体

人是利益主体，对于教学利益来说，显然教学活动的主体才能成为教学利益的主体。我们知道，教学活动主体有许多，但对于课堂教学活动来说，教师和学生是直接主体，而其他的如学校管理者、家长等教学活动的间接参与者只能是教学活动的间接主体。所有的教学活动主体都与教学活动存在利益关系，但师生无疑是教学利益的直接主体，其他的间接主体的教学利益往往通过师生的教学利益来间接实现。譬如，家长的教学利益往往通过学生来实现，教材编制者的教学利益通过教师来实现。当然，不同教学利益主体的利益既有一致性，也可能出现矛盾和冲突。教学是服务学生发展的活动，无论是从教学活动的产生还是教学活动的指向来说，教学利益根本上是学生的利益，其他的教学利益主体，其教学利益的实现都服从和服务于学生教学利益的实现。因此，师生是教学利益的直接主体，而学生则是教学利益的核心主体。

（2）教学利益主体需要

"主体需要是利益关系生成的基础和动力，没有主体需要便不可能生成利益关系。不仅如此，主体需要还关系到利益关系的内容和层次，如与主体物质需要相联系的是物质利益，与主体精神需要相联系的是精神利益。"② 显然，教学活动主体的需要影响着教学利益的生成、内容和强度。以教学活动的直接主体为例，师生教学活动的需要在内容和强度上都存在差异。对于教师来说，教学活动的需要可能是生存的需要、发展的需要、自我价值实现的需要。对于学生

① 刘伟. 教学利益研究——基于师生主体性发展的追求［D］. 西南大学博士学位论文，2012：26.

② 刘伟. 教学利益研究——基于师生主体性发展的追求［D］. 西南大学博士学位论文，2012：27.

来说，虽然也可能存在与教师类似的需要，但发展的需要无疑是学生在教学活动中首要的需要，即使是相同内容的需要，师生之间在需要的强度和形式等方面也是存在差异的。如生存的需要，对于教师来说，教学是其工作，是其谋生的手段，做好教学工作可以获取劳动报酬，因此教学可以满足教师生存的需要，在教学活动中存在着教师的物质利益。对于学生来说，学习的目的之一是为将来谋生做准备，学习也是满足学生的生存需要，但与教师相比，学生的生存需要是相对间接的，时间上也较为长远，在强度上也不如教师，毕竟学生是未成年人，通常而言，学生在学校上学期间的生活是有家庭支持的，不必担心温饱问题。总之，教学利益主体需要的不同，导致教学活动中教学利益在内容、强度等方面的不同。教学利益是教学活动主体需要的体现和反映，除了师生之外，其他教学活动的间接主体需要同样以教学利益的形式体现和反映在教学活动中。总体而言，各教学利益主体的需要既有一致性，也可能存在矛盾，甚至冲突，进而在教学活动中造成教学利益的矛盾和冲突。当各类教学利益主体的正当教学利益需求发生冲突和矛盾时，师生，尤其是学生的教学利益需求应该首先得到满足。换句话说，牺牲师生正当教学利益需求，特别是损害学生正当教学利益需求的教学利益需求是错误的。譬如学校管理者为了满足自身对高升学率的需求，盲目增加师生教学和学习负担，这种妄图获取的教学利益就是错误的。

（3）教学利益客体

主体的需要须通过活动中客体的存在及属性才能得到满足，因此教学利益客体也是教学利益产生之必备要素。教学活动中主体作用的客体很多，既可以是人，也可以是物，总之，教学活动中的一切事物及现象都可以成为教学活动的客体，都可以成为教学利益的客体。正如我们在前面讨论的时候说的那样，人在教学活动中既可以是主体，也可以是客体，而且人作为教学活动的客体具有特殊性，因为人与其他客体在被作用时反应不一样，人的反应可以变成有意识的反作用，而其他客体则不具备这一特性。当然，当人有意识地反作用时，人就自然地转化为了主体，这一特性同样适用于教学利益主客体间的作用与反作用，从而实现教学利益主客体间的转化。教学利益客体的存在及其属性都可能满足教学利益主体的需要，在具体的教学利益活动中，教学利益客体存在和其属性的不同，将影响教学利益内容的不同。下面我们通过一个案例来呈现教学利益客体的存在和属性满足教学利益主体的需要：

在教学活动中，学生座位的安排反映了非常复杂的教学利益内容。从学生作为利益主体的角度看，座位的安排可能涉及生理的需要，如视力的保护，也可能涉及学习的需要，如是否看得清、听得见教师的授课内容，也可能涉及人际关系需要，如与同桌的关系等。不同的座位安排，代表着学生不同的教学利益诉求。从教师作为教学利益主体的角度看，座位的安排可能涉及教学的需要，如怎样安排座位更适合不同的教学内容、教学任务和教学方法，也可能涉及学生管理的需要，如怎样安排座位有利于教师对课堂纪律的掌控和维护。当然，与学生在座位安排上复杂的利益诉求相比，教师在学生座位安排上的需要主要与教学和管理相关。

以上事例充分说明了教学利益客体在教学活动中的存在和其属性满足教学利益主体需要的复杂性。尤其是当人作为教学利益客体时这种复杂性更为明显。这也提醒我们，教学利益主体与客体间的作用与反作用关系非常复杂，要想促进教学利益的有效实现，就要认真分析各类教学利益客体，采取合理措施使其在教学活动中的存在和属性能满足教学利益主体的正当需求。

教学利益主体、教学利益客体及教学利益主体需要都是教学利益的基本要素，这些不同要素间的组合方式和结构构成了不同的教学利益内容，它们相互作用的方式和程度也影响着教学利益生成、追求和实现的具体过程。有一点我们必须明确，教学利益的要素、结构及其作用都是发生发展于教学活动之中的，没有教学活动，教学利益根本不可能生成，也就无所谓追求和实现。

二、小学教学利益

任何阶段的教学活动都存在教学利益，但每一阶段的教学利益因为其利益要素的不同，特别是利益主客体的不同而具有不同的内容和特点。小学同样存在教学利益，小学教学同样因为小学教学利益主体、小学教学利益客体、小学教学利益主体需要等教学利益要素的特点而具有自己的独特特性，在此我们简单探讨一下小学教学利益问题。

1. 小学生教学利益

无论是哪个阶段的学生，其教学利益根本上都是学生发展需要的满足。对于小学生来说，其发展需要有自己的特点，以发展需要的全面性为例，小学生对未知世界有强烈的好奇心，但在小学阶段，小学生的兴趣爱好并不稳定和牢固，在探索未知方面具有广泛性；又如小学生发展需要的自觉性不够，其发展需要的主要特点是自发性，是基于爱好兴趣的自发的需要，自觉性不够，在教学利益的追求强度上通常也不会很强烈和持久。总体而言，小学生教学利益需要虽广泛，但需要的目的性、持久性和强度等都相对较弱，小学生的教学利益需要被成人，尤其是教师更多地关注着，帮助他们在教学活动中去明确和追求合理的教学需要。

在具体的教学利益内容上，除了作为主体发展的教学利益之外，小学生教学利益还有许多内容，如生理的需要。小学生在教学中最基础的教学利益就是生理需求的满足，具体来说就是教学活动必须在小学生生理需要得到满足的前提下进行。小学生基本的生理需要是温饱需要，即小学生要吃饱穿暖。当前，在我们国家富强和社会发展的背景下，小学生基本的生理需要即温饱问题已经得到基本解决，如全国推行的小学生营养餐就是国家对小学生的关心和关爱。但在教学活动中也存在一些与小学生生理教学利益相冲突的问题，如前文我们曾提过，有些教师为了所谓的教学秩序，要求小学生在上课时不能喝水，这实际上是损害了小学生的生理需求的教学利益。

又比如安全的教学利益。安全同样是小学生在教学活动中的基本需要之一，教学活动的开展必须保证小学生的安全需要，如教学场所、环境、设备设施的安全，大到学校、教室周边是否有危险因素，小到教室桌椅的规格和材质是否合格，甚至教室里的光线是否充足，教学活动中有太多可能涉及小学生安全的因素，我们都需要予以充分重视，确保学生的安全教学利益得到保障。

再比如爱与尊重的教学利益。教学活动本质上是师生交往活动，教学活动中存在大量的人际交往，最常见的是师生之间的交往和生生之间的交往，交往就涉及人际关系。教学活动间的人际关系的总体要求是民主、平等、和谐，他们只有做到这一点，才有利于教学活动的顺利推进。对于小学生来说，他们是未成年人，小学生从内心里渴望得到成年人和同伴如家长、教师和同学的关心和爱护。对于教学活动来说，教师要充分考虑小学生的特点，给予学生情感的温暖，同时又给予他们完整的人格尊重，满足他们爱与尊重的需要，实现小学生爱与尊重的教学利益。

小学生教学利益的内容很多，这些教学利益是相互联系的关系，而且这些教学利益具有层次性和递进性，与马斯洛需要层次理论相似，小学生生理的教学利益是最基本的，是首先需要保障的，而发展的教学利益则是小学生最根本的教学利益，是最高层次的教学利益。小学生的这些教学利益都应该得到满足，但同时我们要看到这些教学利益的差异性，比如小学生这些教学利益需求的层次性、需求强度和对小学生发展的价值等，采取措施促进小学生各类教学利益渐进、有序进而整体性的实现。

2. 小学教师教学利益

小学教师是小学教学活动中的直接利益主体，小学教师的教学利益与小学生一样，同样由生理教学利益、安全教学利益、爱与尊重的教学利益、自我实现的教学利益等内容构成，这些教学利益内容之间同样具有密切的联系，同样具有层次性。

　　与生存相关的物质性的教学利益是教师最基本和最低层次的教学利益，而自我实现的教学利益则是教师最高层次的教学利益。教师教学利益的内容在构成和层次上与小学生具有相似性，但具体内容与小学生并不相同，即使是相似的教学利益内容，教师教学利益需要的生成、获取的方式和程度等也与小学生有差异。

　　以与小学教师生存相关的物质性的教学利益为例，小学教师是国家工作人员，其工作有劳动报酬，一般来看，满足小学教师生存需要的教学利益已经得到了保障。但总体而言，我国教师的待遇相对较低，尤其是农村教师工资福利待遇较低，教师的这一教学利益内容还需要国家和社会给予足够的关心和支持，如果教师的教学活动还受生计的制约，很难想象教师的教学活动不会受到影响。当然，基于教师职业的复杂性和艰巨性，也基于人才培养对国家和民族的重大价值和意义，仅仅满足小学教师物质教学利益的基本需求对小学教师这个职业的健康发展是远远不够的，这对小学教师个体和群体的生存和发展也是不公平的。让教师成为有尊严且幸福的职业绝对不能成为空洞的口号，这一切都需要从最基本的教学物质利益的满足做起。

　　同样，在安全的教学利益上，教师是成人，与未成年人的小学生相比，其感知危险、发现危险和逃避危险的意识、知识、技能和能力都达到了一定的程度，但小学教师的安全教学利益仍然需要重视，要为教师的教学活动创造安全的教学环境和教学条件，保障教师的安全，使教师能安心教学。当然，教师的安全教学利益是与学生的安全教学利益密切联系的，保障教师的安全教学利益的前提是保障学生的安全教学利益，教师对此必须有清醒的认知和正确的行为。类似汶川地震中那种在地震发生时不顾学生、自己率先逃离教室的行为固然是人逃避危险的本能反应，但却是对教师职业道德素养的背离，与真正的教师安全教学利益是相悖的。

　　再比如教师爱与尊重的教学利益。一般来说，小学教师在与小学生的交往过程中，是比较容易获得小学生的爱与尊重的，这与我国传统的师生文化有关系，也与小学生的身心发展的阶段有关系。但对于小学教师而言，不要把这种学生的爱与尊重看成是理所应当的，因为教师爱与尊重的教学利益首要的不是索取，而是付出，是教师爱与尊重学生在先，在此基础上再获得小学生对教师的爱与尊重，这才是教师爱与尊重的教学利益的根本特性。

　　最后，小学教师同样有在教学活动中获得发展的需要，这是小学教师自我价值的实现。这种教学利益同样与小学生的教学利益密切相关，小学教师自我发展的教学利益的前提是小学生的充分发展，没有小学生发展的教师发展既不科学，也不道德。但我们同时也要看到，没有教师发展的教学活动同样是既不科学，更不人性的。教师的发展理应是教学活动的内在追求之一，与学生的发展是辩证统一的关系。事实上，教师的发展是教师教学利益的最高追求，教师的发展与学生的发展都是教学利益的最高层次，教学活动中没有把教师发展作为基础，就不可能实现学生在教学中的发展，教学活动如果没有把学生发展作为根本任务和方向，教师发展就失去了对教学活动的基本价值和意义，两者在教学活动中的性质和方向是一致的，是相辅相成、辩证统一的关系。

3. 其他主体的小学教学利益

除了作为直接主体的师生在教学活动中具有内容丰富、结构复杂的教学利益外，教学活动的间接主体，如学校、教育行政部门、家长、教材编制者等也在教学活动中有教学利益。但这些教学主体在教学利益的内容、结构和形式上与师生的教学利益具有差异性。

在安全教学利益上，学校、教育行政部门、家长等在教学活动安全上也有自己的利益诉求，但他们与师生的教学安全利益不一样，彼此间在内容上也有差异。学校和教育行政部门对教学安全负有管理责任，师生的安全教学利益是直接的人身安全，而对于学校和教育行政部门来说则是间接的安全管理责任。对于家长来说情况又有差异，家长对学校的教学活动安全本身没有管理责任，但作为学生的亲人，家长对学生在教学活动中的安全感同身受，家长虽然不是教学活动的直接参与者，但一旦学生在教学活动中遭遇安全问题，家长遭受的伤害甚至超过学生本身，因此，家长对教学安全利益的需要尤其强烈。但无论是学校、教育行政部门还是家长等，各间接主体在教学安全利益上的需求在方向上都是一致的。又如爱与尊重的教学利益，学校、教育行政部门和家长等主体没有直接参与教学活动，似乎不存在上述内容的教学利益，但实际上却并非如此，这些间接主体与教师和学生这些教学活动的直接主体都有密切的关系，他们虽然自身在爱与尊重上在教学活动中并没有直接的需求，但他们却对教师和学生在教学活动中的爱与尊重的具体内容和方式上有间接的需求，如家长希望自己的孩子在教学活动中能得到教师和同学的关心、理解和爱。因此，实际上这些间接主体是存在爱与尊重的教学利益的。同样，在生理需求的教学利益上间接教学主体们也有类似的教学利益，如学校行政管理者通过教师的教学业绩来体现自身的管理业绩，从而获得相应的劳动报酬以满足自身的生存需要；再如间接教学主体们在教学活动中发展的需求，这种教学利益同样存在，且也是这些间接主体的最高教学利益。无论是学校、教育行政部门还是家长，师生发展，尤其是学生发展都符合他们发展的利益诉求，即在性质和方向上与这些间接教学利益主体是一致的。从某种程度上看，教师和学生的发展本身就是学校、教育行政部门和家长等间接教学主体发展的内容、手段、前提和依据。作为密切的利益相关者，我们甚至可以这样说，没有师生的发展，就没有这些间接主体的发展。总而言之，其他教学利益主体在教学活动中也存在教学利益，这些教学利益的内容和结构与师生教学利益的内容和结构密切联系，既有相似性，也存在差异性，间接主体的教学利益与师生教学利益在性质和方向上是一致的，间接主体的教学利益的生成和实现往往以直接教学主体教学利益的生成和实现为前提和手段。但在教学实践中也存在各类教学利益主体教学利益矛盾和冲突的情况，包括师生之间、生生之间，对此我们需要在教学实践中予以重视，采取科学措施化解矛盾，满足各类主体正当的教学利益。

总之，小学教学利益是客观存在的，这要求小学教学活动必须关注人的教学利益需要，既要关注教学活动直接主体，如小学教师和小学生，也要关注教学活动的间接主体，如学校、教育行政部门、家长等，要关注他们在教学活动中的主体需要，满足其合理的教学需求。教学是人为的活动，但根本上说，教学更是为人的教学活动，是服务人的发展需求，促进人发展的活动。同样小学教学利益的客观存在要求我们厘清相关教学利益主体的教学利益内容和结构，揭示这些教学利益内容之间的相互关系尤其是利益内容间的相互作用，只有搞清楚这些内容和关系，才能采取措施真正促成各利益主体教学利益的实现，否则，教学利益就只能停留在口头，只能是一种真理性的空话。

第二节　小学教学利益的实现

既然教学利益在小学教学活动中客观存在，而且教学利益与教学活动的价值与目的、与师生发展密切相关，我们就应该重视相关教学利益主体，尤其是师生的教学利益，采取科学措施促进师生合理教学利益的实现。只有真正保障了师生的教学利益，师生的发展才是真正的发展而不是被发展，教学活动的价值和意义才能体现，教学才能真正达到为社会主义培养全面发展的建设者和接班人的目的。

一、构建小学教学利益共同体

1. 小学教学利益的相关性

毫无疑问，各教学利益主体，无论是直接教学利益主体，还是间接教学利益主体，都是教学利益相关者。"凡是涉及组织、群体的利益活动，利益相关者理论都在其中发挥重要的影响作用。师生教学利益是课堂教学活动中的利益，课堂教学活动是组织性的、群体性的活动，因此，利益相关者理论对师生教学利益无疑是有效的，师生是教学利益相关者。"① 从教学活动参与的直接性和间接性来看，小学师生是小学教学利益的直接利益相关者，学校、教育行政部门、家长、教材编制者等都是小学教学利益的间接教学利益相关者。

（1）小学教学活动与主体教学利益是密切联系的

首先，小学教学利益的直接主体，即小学教师和小学生的教学利益是密切相关的。教师和学生是教学活动最为重要的人的因素，对于教学活动的存在来说，教师和学生相互依存，密不可分，离开了师生中的任何一方，教学活动便失去了存在的可能。从教学活动的内容来看，教师与学生同样是相辅相成、不可分割的。教师的教是学生学的前提和内容，学生的学则是教师教的依据和指向，教和学彼此依托，缺一不可。从教学活动的目的来看，教学活动根本上是为了促进学生发展，但学生的发展与教师的发展息息相关。教师的发展是为了学生的发展，但学生的发展是以教师发展为前提，有了教师的发展才能促进学生的发展，同样，学生发展将进一步促进教师的发展，学生发展是教师发展的结果，同时也将为教师发展提供新的动力。因此，作为直接教学利益主体，师生的教学利益是紧密相关的，离开了彼此，师生教学利益的实现都是无源之水、无本之木。

其次，小学教学利益的间接主体之间的教学利益也是密切相关的。与小学教学活动相关的人都可能成为小学教学利益的间接主体，当然，这只是一种可能，究竟能否成为小学教学利益的间接主体，要看是否有目的、有意识地参与了小学教学活动，并在其中发挥了作用。另外，即使同样是小学教学利益的间接客体，其与小学教学活动利益的相关性也是有区别的，这同样与其参与小学教学活动的目的和活动的频次、内容和程度等也有关系。一般来说，以下一些人是较为重要的小学教学利益的间接客体，如学校管理者、教育行政部门的管理者、家长、课程构建者及教材编制者等。这些人虽然一般不直接参与小学教学活动，但都通过一定的方式间接地参与了小学教学活动，是小学教学利益主要的间接主体。同样，这些人之间的教学利益也是密切相关的，他们的教学利益在大的方向上是一致的，即他们教学利益的实现都主要通过师生发展来体现，具体的实现形式可能有区别。而且，在教学利益的实现过程中，这些小学教学

---

① 刘伟. 教学利益论［M］. 福州：福建教育出版社，2015：188.

利益的间接主体间往往围绕着各自的教学利益发生着密切的联系和作用。如教育行政管理部门要提高教学质量，他们要通过学校行政管理者来加强对教育教学的管理；学校管理者和学生家长要提高教学活动的质量，需要彼此强化沟通和协作；课程构建者及教材编制者要提升课程及教材的建设质量，需要得到教育行政部门、学校和家长的支持和配合；等等。

最后，小学教学利益的直接主体与间接主体间的教学利益是密切相关的。这一点也是非常容易理解的，不管是教学利益的直接主体还是间接主体，其不仅与教学活动存在利益关系，而且还要参与教学活动，区别在于参与的方式和程度不同而已。小学师生是小学活动的直接参与者，是小学教学活动中最重要的人的因素，而小学教学利益的间接主体一般不直接参与小学教学活动，他们虽然在小学教学活动中存在利益，但他们的利益必须通过小学师生教学活动的开展才能得以实现，因此，离开了直接利益主体，小学教学利益的间接主体的教学利益不可能得以实现。同样，小学教学利益的直接主体，即小学师生的教学利益的实现也需要得到间接主体的行为保障，即这些间接主体间接参与教学活动所提供的支持。无论是学校管理者、教育行政部门的管理者、家长、课程构建者及教材编制者等间接主体，他们的管理、沟通和协助都是小学教学活动顺利开展必不可少的助力。小学教学活动看似发生在课堂内，但许多工作都在课堂之外。小学教学活动的利益实现，是直接主体和间接主体的整体实现，他们之间存在着密不可分的联系。

（2）小学教学活动主体教学利益的矛盾和冲突

总体而言，无论是直接主体还是间接主体，所有教学利益主体的教学利益在性质和方向上是一致的，即都指向师生的发展，尤其是学生的发展。但在具体的教学利益上，各教学利益主体的教学利益客观上仍存在诸多的差异，甚至存在矛盾和冲突。

首先，小学师生教学利益的矛盾和冲突。总体来说，小学教师的教学利益是通过实现小学生的教学利益来实现的，但在具体教学利益实现的过程中，两者在教学利益的内容和实现形式上都可能存在差异甚至矛盾与冲突。如在学生发展的内容上，究竟是全面发展还是片面发展。在有限的教学时空中，教师和学生的选择可能有差异性，即使同样选择全面发展，在发展的侧重点上、发展的具体方式上可能存在差异，这些都容易导致小学师生教学利益的矛盾和冲突。现实教学实践中，"应试教育"与"素质教育"，主体性发展与被动性发展的对抗便是师生教学利益矛盾冲突的一种具体体现。

其次，小学教学利益的间接主体间的矛盾和冲突。间接主体的利益诉求总体一致，但在利益实现的过程中，可能在内容、方法和形式等方面存在差异，进而表现为各自教学利益的矛盾和冲突。如教育行政部门和学校都承担着教学活动的管理职能，但学校是直接管理，而教育行政部门则更多的是指导和服务，两者却完全可能出现理念的差异甚至冲突。如在教学活动的安全利益上，教育部门往往更多关注结果，而学校作为具体执行者，不仅要重视结果，还会纠结过程，会在过程与结果选择中出现两难的情况。又如家长与学校间，虽然各自都知道家校协同有利教学活动的顺利开展，有利于人才培养，但在教学活动具体的运行过程中，学校是站在学生整体的角度，而家长则往往站在学生个体的角度，从而导致他们在主张教学利益时容易出现矛盾。

最后，小学教学利益的直接主体和间接主体间的矛盾和冲突。正如前文所述，教学利益的直接主体和间接主体在教学利益上总体一致，间接主体的教学利益往往通过直接主体教学利益的实现来体现。但在具体教学利益的内容和方式等方面，直接主体和间接主体之间同样有差异，同样有矛盾。如学校管理是为课堂教学服务的，但学校的管理是针对全校而非某一具体课堂教学的，管理上的共性特点与课堂教学的多样性和个性之间经常会出现矛盾和冲突。如学校管理希望"一盘棋"，哪怕是教学内容和方式的创新，许多学校管理者在口头提倡的同时，事实上也并不一定喜欢这种"别出心裁"的创新，因为这极易为教学管理出"难题"。又如教材编制者的教学利益可能会与小学教师相矛盾，小学教师在教材使用的过程中可能不会完全忠实地执行教材编制者的意图，事实上也不可能完全做到这一点，可能会对教材的内容进行适当的取舍，可能会对教学内容进行改造，这些都可能导致两者间的矛盾，使两者间的教学利益出现冲突。

总之，小学众多的教学利益主体，其教学利益既有共性，也有个性，既有相似甚至相同性，也有差异甚至是冲突和矛盾，但各教学利益主体的教学利益在总体性质和方向上是一致的。为促进各教学利益主体之间教学利益的平衡、协调和实现，有必要构建教学利益共同体，以便更好地优化各教学利益主体的教学利益。

2. 小学教学利益共同体的构建

所谓共同体是"通过某种积极的关系而形成的群体，统一地对内对外发挥作用的一种结合关系，现实的和有机的生命组合。由个体意志决定的、相互发生关系的群体，这是共同体的基本条件；对内对外发挥作用是共同体的功能，现实的和有机的生命是共同体的本质"①。从这个对共同体的描述中我们可以发

---

① ［德］斐迪南·滕尼斯著. 共同体与社会［M］. 上海：商务印书馆，1999：3.

现，共同体由人的群体组成，这种组成是群体人员共同意志的体现。共同体对组成群体的人之间的关系有要求，即共同体成员间的关系是民主平等的，"没有民主，就没有共同体"①，在此基础上，共同体有自身独特的作用和功能，即"对内对外发挥作用"。总之，共同体不仅表现为人的群体，而且这个群体在意识和行为上要求协调一致，共同发挥作用，实现群体的诉求，唯有如此，共同体才是"现实的有机的生命"。从共同体的要求中我们可以看出，共同的利益诉求是共同体形成的基本要求，没有共同的利益诉求，不可能形成利益共同体。

从上述关于共同体的论述中我们可以发现，建设教学利益共同体非常有利于各教学利益主体教学利益的实现。因为共同体本质是"现实的有机的生命"，其功能是协调一致地"对内对外发挥作用"。教学利益各主体的性质和状态，以及教学活动的目的和任务完全适用于共同体的建设。首先，教学活动的顺利开展需要教学活动的所有主体协调一致地开展工作、发挥作用。其次，在教学利益的追求上，各主体的具体教学利益内容虽然存在一定的差异甚至有矛盾和冲突，但在根本利益的性质和方向上是一致的，即促进学生的发展。最后，随着现代社会的发展进步，教学活动中各主体的关系，其主流趋势是民主平等，这也为共同体的建设扫清了障碍，所有这些，都为教学利益共同体的建设打下了基础。然而我们也必须清醒地看到，对于小学教学活动来说，各教学利益主体并非天然的教学利益共同体，需要通过共同体建设来实现。各教学利益主体间有着密不可分的关系，但这并不意味着他们之间在教学利益上没有差异甚至矛盾与冲突；虽然民主平等是社会发展背景下教学活动各主体间关系的主流趋势，但这并不意味着各教学利益主体间真正实现了民主和平等；虽然教学活动的顺利进展要求各教学利益主体间协调一致地开展活动并发挥作用，但这并不意味着在教学实践中已经成为一种实然状态。上述教学利益主体者的实际状况既是客观现实，同时也说明了建设教学利益共同体的必要性和迫切性。具体来说，建设小学教学利益共同体，我们可以从以下一些方面进行努力：

（1）确定小学教学利益共同体目标

共同体建设的第一步是确定共同体的目标。共同体建设的根本目的就是实现共同体目标。共同体不是简单的人的集合，共同体的人因为共同体目标而聚集，聚集后在行动上又向共同体目标聚焦。共同体目标是共同体成员绘制行动蓝图的依据，寄托了成员们的行动愿景，更为成员们的行动提供了持续有力的内驱力。对于小学教学利益共同体建设来说，就是要统一各教学利益主体的思

① ［加］查尔斯·泰勒. 共同体与民主［J］. 张容南，译. 现代哲学，2009（6）.

想，确定小学教学利益共同体目标，这个目标非常明确，就是促进小学生的全面发展。这个目标不仅是小学生在教学活动中的目标，是小学生教学利益的根本所在，同时也是小学教师、小学学校教育管理者、教育行政部门管理人员、家长等所有相关的教学利益主体在教学活动上的根本目标，是各类教学利益主体的根本利益之所在。这个目标不仅是所有教学利益主体作为个体的目标，同时也是作为共同体的教学活动所有主体作为群体的目标，只有在这个共同体目标的指引下，小学教学利益共同体的个体目标才有实现的基础和可能。正如小学教学活动中教师的发展与学生的发展是辩证统一的，但根本上教学活动是指向学生发展的，小学教师的发展是为小学生发展服务的，没有小学生的全面发展，小学教师的发展是徒劳无功的，而小学生的全面发展则是小学教师发展的内容和目标。又如学校管理者的教学利益同样依存于小学生教学利益的实现，即小学生的全面发展，小学生全面发展的性状直接决定了小学学校管理者的工作成效。总之，小学生的全面发展是小学教学利益共同体的共同目标，小学生的根本教学利益，即小学生的全面发展与其他教学利益共同体成员间教学利益的关系是一荣俱荣、一损俱损的关系。小学教学利益共同体的所有成员都必须把小学生的全面发展建构为教学及相关活动中意识和行为的根本指向，并围绕其协调一致地开展活动并发挥作用。

（2）建设良好的小学教学利益实现的环境和氛围

小学教学利益共同体建设不仅需要统一的目标，还需要统一的行动。对于共同体建设来说，统一目标只是第一步，目标确立后，协调一致、持续高效的行动才能确保共同体目标的实现，才能保障教学利益共同体所有主体的教学利益。要保障共同体所有成员行动的协调一致、持续高效，建设良好的小学教学利益共同体环境和氛围是非常重要的一环。毕竟共同体的建设，成员间"积极的关系"是基础，而积极的共同体成员间的关系，需要通过良好的共同体环境和氛围来培育、维持和升华，只有这样，才能将共同体成员打造成"有机的生命体"。共同体环境和氛围的营造，不仅与直接的小学教学活动密切联系，还与小学教学活动相关的场域密切相关，甚至可以扩展到整个社会活动场域。以小学教学活动来说，共同体环境和氛围营造的第一步就是积极向上的小学课堂教学文化的建设，其中又以小学课堂教学师生之间、生生之间良好关系的建设为重点，要营造一种民主、平等、轻松、和谐、自由、开放的小学教学活动氛围，推动小学教学活动的开展，提高小学教学活动的效率。对于小学教学活动相关的其他教学利益主体相关的活动来说，需要建设民主、平等、开放、信任等积极特质的环境，增强相关教学利益主体的行动活力，充分调动他们建设小学教学利益共同体的主体自觉性和创造力，提高其行动效率。当然，对环境和氛围的作用我们要辩证看待，小学教学利益共同体的建设，其根本在于共同体成员的主体自觉，但积极的环境和氛围无疑可以促进小学教学利益共同体成员主体自觉的实现。

（3）统筹和协调小学教学利益各主体间的利益诉求

建设小学教学利益共同体的基本条件使各教学利益主体有着一致的教学利益诉求，即在教学利益的根本性质和方向上是一致的，由此才能确定共同体的目标。但这并非指小学利益共同体各成员的教学利益没有差异，这种差异不仅存在，而且在一定的条件下，共同体内的不同成员间在教学利益上的差异甚至可以演化为矛盾和冲突。因此，统筹和协调小学教学利益共同体内各主体间的教学利益诉求就非常有必要，唯有充分照顾各教学利益主体的合理利益诉求和通过共同体的力量促进其充分实现，共同体存在的意义和价值才能体现。如果不能做到这一点，共同体很难成功建设，退一步说，即使共同体已经形成，如果不能协调好各共同体成员间的利益诉求，共同体也存在极大的瓦解和崩塌的危险。我们需要注意的是，统筹和协调小学教学利益共同体内各主体间的教学利益，并非对教学利益进行平均分配，而应该坚持在全面性的基础上，坚持公平和效率优先的原则，有重点、有层次、循序渐进地推进。首先，要确保的是学生的教学利益，正如前文所述，小学生的全面发展是共同体的根本目标，是所有教学利益实现的基础，其他教学利益主体的教学利益实现都依托于小学生全面发展的教学利益的实现。其次，要保障小学教师的教学利益。小学教师是小学教学活动的直接主体，小学教师在小学生的发展中发挥着至关重要的作用，不确保小学教师的教学利益，小学生的全面发展便失去了最为重要的助推力。最后，其他相关教学主体的教学利益，依据其在共同体建设中与教学活动关系的密切程度以及各自作用的发挥情况进行统筹和协调，要充分保障其教学利益，激发其参与共同体建设的内生活力。

（4）实现各教学利益主体对小学教学利益的共同治理

共同体的建设是循序渐进的过程，利益相关是基础，在利益相关的基础上实现人员聚集、共同参与是共同体建设的初始阶段，在共同参与的情况下确定共同体目标、共同行动。共同治理则是共同体建设的高级阶段，也就是说，共同治理是共同体形成的标志。对于小学教学利益共同体的建设而言，必须要在认识和实践上将小学教学利益共同体各教学利益主体的相关关系由相互影响、共同参与提升到共同治理的层次，这三个层次是包含与递进的关系，是一个循序渐进、由浅入深的过程，其递进的过程也是小学教学利益共同体各利益主体作为利益相关者的利益关系日益密切并最终形成利益共同体的过程。在具体的共同治理的过程中，各教学利益主体的治理方式和作用的发挥是不一样的，与其参与教学活动的方式和程度密切相关。以学校和教育行政部门为例，其共同治理表现为教学管理与服务，特别是教育行政部门，其要为小学师生的教学活动提供充足的保障，助推小学师生教学利益的实现。又如小学生家长，其共同治理表现为对小学教学活动的积极支持和配合，通过与小学教师等利益共同体成员的积极沟通协调，为顺利推进小学教学活动积极地献计献策，促进小学生发展。再如小学师生，他们是小学教学活动的直接主体，小学教学活动是小学教学利益共同体治理的核心内容，小学师生理应在共同治理中发挥枢纽作用。小学生虽是共同体利益的根本对象，但基于其主体性发展的局限，小学教师在共同体治理中的地位和作用更为突出。虽然如此，小学生在治理中的主体作用同样需要根据情况予以充分调动和激发。总之，统一步调、各司其职、各尽其责、共同努力，充分发挥各自的主体性，促进小学生全面发展，如此共同治理，才能真正建成小学教学利益共同体并发挥其功能作用。

二、构建科学的小学师生教学利益表达机制

小学教学利益的实现需要建构小学教学利益共同体，通过共同体的功能和力量，实现教学利益主体在力量上的统整，推进小学教学利益各主体教学利益在统筹、协调下实现。除了建设教学利益共同体外，小学教学利益的实现还需要通过具体的教学利益活动来追求，典型的就是教学主体教学利益诉求的科学表达。所谓利益表达"就是利益表达主体通过一定的方式、方法和手段向利益表达对象表达利益意见和提出利益诉求，借以维护和实现利益主体利益的过程"[①]。利益表达有多种方式，"从方式、方法和手段上看，利益表达可以是情绪流露、语言表达，也可以是其他行为活动；可以由利益主体直接表达，也可以借助于媒体、法律或其他途径；利益表达可以是私下的交涉，也可以是公开的谈判；利益表达可以是温和的，也可能是激烈的，如此等等"[②]。对于小学教学利益的实现，教学利益表达既是一个重要的环节，也是一种重要的手段。在小学教学活动中，各教学主体的教学利益生成后，要通过一定的方法和途径将自身的教学利益诉求清晰准确地传递给与教学利益相关的利益表达对象，这是主张教学利益的一个重要环节，对于各教学主体的教学利益的实现和维护具有

---

① 刘伟. 教学利益论［M］. 福州：福建教育出版社，2015：209.
② 刘伟. 教学利益论［M］. 福州：福建教育出版社，2015：208.

重要价值。

1. 小学师生教学利益表达的价值和意义

简单地说，利益表达就是利益主体把自己的利益需求通过一定的方式告之与这种利益需求相关的利益表达对象，借以推动该教学利益的实现。试想，如果小学教学活动中小学师生有自己的利益需求而不表达，这对教学利益的实现会有怎样的影响？可能许多教学利益需求就不会被知道，也不会被关注和重视，更不会被帮助和满足，教学利益的实现可能无从谈起。这就犹如食客进入餐厅而不点菜，服务员和厨师怎么能知道你的喜好？怎么能提供你喜欢的菜品？只有准确表达自己的教学利益需求，将之清晰地传递给相关的利益表达对象，教学利益的实现才有可能。不仅如此，小学师生教学利益的科学表达还有其他价值：

（1）可以调动师生在教学活动中的主体性

人在活动中的主体性问题与需求相关。教学利益的需求就是师生教学活动的需求。如果小学师生在小学教学活动中不敢于、不勇于、不善于表达自身的教学利益诉求，其在教学活动中的主体性就会被压抑，相反，则他们在教学活动中的主体性就具备了被释放和表达的基本通道，毕竟没有利益表达，可能主体之外的利益客体连获得主体利益诉求的机会都没有，怎么能产生对主体利益诉求的回应呢？因此利益表达是教学利益主体追求并实现自身教学利益的第一步。我们需要强调的是，这里指的能激发师生教学活动中主体性的教学利益诉求必须是与教学活动相关的，是正当的教学利益需求。所谓正当，是指契合小学师生的身份及教学活动实际，既能主张自身合理利益，同时又不得损害其他教学活动主体的利益，即既有利于自身发展，同时又不得影响教学活动顺利进展，是应该有利于教学活动和其他人在教学活动中发展的利益需求。那种不顾及其他教学活动的主体感受，甚至损害他人教学利益的利益诉求，只会对师生在教学活动中的主体性发挥形成阻碍。

（2）可以推进小学教学改革

教学的变革和创新是提升教学质量的有效手段，影响教学改革的因素众多，但无论是何种教学改革，都必须考虑教学活动的主体，特别是直接主体师生的利益诉求。因此，理性的教学改革，在实践操作前都会广泛征集相关教学主体的意见和建议，尤其是师生的意见和建议。对师生意见和建议的征集过程，实际上也是师生教学利益需求表达的过程，如果教学改革的推动者能够准确收集并积极采纳师生对教学改革所提出的合理的教学利益诉求，无疑可以减少教学改革的阻力，甚至获得师生对教学改革的积极支持，毕竟教学改革一般是一个破除常规改变习惯的过程，往往会招致一些非议甚至阻滞。如果师生的教学利益在教学改革中能得到合理的表达和主张，无疑会推进教学改革的顺利开展，这对小学教学改革是完全适用的。

（3）有利于促进小学教学的和谐稳定

人是有情绪情感的，如果在活动中人的需求得不到满足，往往会产生消极的情绪情感，进而对活动的开展造成负面影响，甚至导致活动进展的混乱。小学教学活动中，小学师生教学利益的表达虽然不是教学利益诉求的直接满足，但对小学教学活动的和谐稳定仍然有重要作用，因为"师生教学利益表达不仅是对利益实现的追求，也是一种情绪情感的流露和宣泄，有利于教学秩序的和谐稳定"①。相反，如果在小学教学活动中师生的教学利益得不到合理的表达，师生的情绪情感就会缺乏宣泄的通道而被压抑，久而久之，小学教学活动就会充斥着紧张、焦虑甚至愤怒等消极情绪情感，这无疑会破坏小学教学的和谐稳定。另外，小学师生在教学活动中教学利益的合理表达也是尊重小学师生在教学活动中主体地位和作用的体现，可以有效推进教学民主和教学公平，这些都同样有利于小学教学的和谐稳定。

2. 小学师生教学利益表达的困境

教学利益的科学表达对教学利益的实现具有重要作用，然而在小学教学实践中，各教学利益主体，尤其是小学师生的教学利益表达仍然存在较多的问题，这明显阻滞了各小学教学利益主体教学利益的实现，进而影响了小学教学活动目的的达成，制约了小学生的全面发展。具体来说，小学师生教学利益表达主要存在以下一些问题：

（1）小学师生教学利益表达的意识、方式和能力的问题

主要表现为小学师生教学利益表达意识欠缺、表达方式不合理、表达能力较低等方面。利益表达可以通过他人代为表达，特别是小学生主体发展程度还不够高，一定程度上存在教学利益需要教师、家长等代为表达的情况，但教学利益表达终究是教学利益主体的事情。因此，教学利益表达首先要解决的是利益主体的表达意识问题。也就是说，教学利益表达不仅需要利益主体对自己的利益诉求有清晰的认识，而且要有利益表达的强烈意愿。然而在小学教学活动中，无论教师还是学生，在这方面都存在一定的问题，尤其是小学生，对自身的教学利益有着并不清晰的认识，更缺乏表达和主张自身教学利益的意识和意愿。这里面既有小学生个性特点及主体性发展不足的客观原因，也有与平时缺

---

① 刘伟. 教学利益论［M］. 福州：福建教育出版社，2015：211—212.

乏引导和帮助导致自身主观性不足等因素。对于小学教师来说，其在教学利益表达上同样存在意识不强的局限，这里面的原因很复杂，如缺乏教学利益意识，外界对教师有安贫乐教、重奉献少索取的职业定位，在这样的职业氛围下，小学教师往往不敢表达自己正当的教学利益诉求。此外，小学师生教学利益表达还存在方式不合理的问题，如有些小学生可能会用破坏教学秩序的方式来引起教师在教学活动中对其的关注，借此来表达自己的教学利益，又如有些教师会制定繁杂的惩罚制度来表达自己的教学利益，即对自身教学权威的树立和维护。除了上述方面外，小学师生教学利益表达还存在能力不足的问题。如不能正确选择教学利益诉求的表达对象，想表达却不知道如何表达，表达的途径和通道不科学，表达时传递的信息不准确甚至错误，不能正确把握表达对象反馈的信息等。综上所述，所有这些都造成了小学师生教学利益表达不畅的问题。

（2）小学师生教学利益表达对象的思想观念问题

具体表现为利益表达对象存在自身定位不准、服务意识缺乏、功利思想较严重等问题。小学教学利益表达的困境不仅在于表达主体，也体现和反映在利益表达的对象上。小学师生教学利益表达的对象同样是人，是与小学教学活动利益相关的人。其中小学师生本身既是教学利益表达的主体，同时在教学活动中也互为教学利益表达的对象。在小学教学活动中，无论是教师还是学生，作为教学利益表达的对象，也存在诸多的问题。首先，是对自身定位不准。对于教师来说，当遭遇学生的教学利益表达时，部分教师并未把自己视为学生发展的引导者和服务者，而是将自己视为管控者，是教学活动的权威和主宰，不能正确对待学生的教学利益表达，经常忽视甚至粗暴对待。对于学生来说，对于教师的教学利益表达，未充分认识自身的主体地位，即使遭遇教师不公正、不合理的教学利益诉求，往往也一味服从，不敢有任何异议。其次，无论是教学活动中的小学教师，还是与教学活动相关的学校管理者、教育行政部门的工作人员，甚至学生家长等，当遇到学生的教学利益表达时，往往会缺乏服务意识，功利思想严重。他们口头上声称"为学生好"，事实上许多人也笃信这一出发点，但面对学生的教学利益表达，却很少能真正做到换位思考，从小学生的角度去考虑其利益表达的合理性，往往用成人的视角去处理小学生的教学利益表达。突出的例子如小学生经常会向老师和家长诉说学习的辛苦、学习的累，老师和家长的回应通常是，"先苦后甜"，"今天的累能换来明天的幸福"。看起来苦口婆心，一切考虑从学生出发，但实则是提升成绩或光宗耀祖的功利思想。另外教学管理者面对教师的教学利益表达，有的人通过做思想工作来"解决"，有时甚至会采取"扣帽子"等简单粗暴的方式来对待教师的正当教学利益诉求，而不是设身处地、换位思考、以人为本,从教师的角度去关心、关爱教师,听取其正当的利益诉求并尽量给予满足。

(3)小学师生教学利益表达机会和作用失衡的现象较为突出

总体来说,小学师生教学利益表达的机会并不均衡。对于教师而言,相对于小学生,小学教师利益表达的机会更多,在教学活动中,因为教师是教学活动的主导,教师可以自由为自己创造教学利益表达的机会。在教学活动之外,因为工作的关系,再加之教师是成年人,教师也会获得比小学生更多的教学利益表达的机会,向学校管理者、教育行政部门和家长等表达自己的教学利益。而小学生的教学利益表达机会相对较少,甚至在一定程度上,小学生的教学利益表达机会需要教师、学校管理者等予以提供,比如学生课堂发言要举手示意经教师同意,又比如师生座谈会、学校的教学调查等,虽然有机会,但机会不会太多,而且不见得所有小学生都能获得这样的机会。事实上,许多小学生在教学活动中很少获得比较充足的向教师表达自己意愿的机会。此外,即使获得了教学利益表达的机会,小学师生在教学利益表达产生的作用上同样是不均衡的。同样的利益表达对象,如学校管理者,小学教师和小学生的利益表达作用可能是不一样的,一般情况下,教师的利益表达相对更容易得到重视。同样是小学生,不同的学生个体或学生群体,同样的教学利益表达,可能产生的作用也是不同的。如成绩优秀者和学习后进者,在向老师表达同样的教学利益诉求时,如申请调换座位,其得到的回应可能是有差异的,一般情况下,成绩优秀者往往会获得积极回应,而成绩后进者则可能得到消极回应。

总之,小学教学利益表达的困境,尤其是小学师生教学利益表达的困境会为小学教学利益的实现造成障碍,降低小学教学利益表达的效率,进而会影响小学教学利益的实现,我们必须解决这些问题,使小学教学利益得到科学的表达。

3. 小学师生教学利益的科学表达

如前所述,小学教学利益表达的困境必须得到解决,否则就会影响小学教学利益的实现,影响小学生全面发展目标的达成。为此,我们必须采取措施,使小学教学利益各主体能合理有效地表达自身的教学利益,"所谓合理有效,是指这种解决必须是全方位的、统筹性的、长效性的,是一种师生能够随时便捷地通过适切的渠道和方式表达其教学利益需要和诉求的制度性安排。通过这种制度性安排,师生的教学利益得以有效表达和传递,为其教学利益的实现奠定坚实的基础"①。为此，我们可以从以下几个方面进行努力：

（1）培养小学师生教学利益表达的意识和能力

教学利益表达，不仅是一种行为，更是利益主体的意识和能力的体现和反映。没有利益表达的意识，就不会产生利益表达的行为；没有利益表达的能力，利益表达的行为也达不到预期的目的和效果。从这个角度看，利益表达的意识是利益表达行为的基础，而利益表达能力则是利益表达行为的关键和核心。要想教学利益表达合理有效，就必须培养小学教学利益主体，尤其是小学师生的教学利益表达的意识和能力，使其有表达的意愿和表达的能力。从培养利益表达的意识来看，首先，我们从主体上要唤醒小学师生教学利益表达的自觉，让他们充分意识到利益表达对教学活动、对师生发展的重要价值和意义，使其形成教学利益表达的强烈意愿和行为自觉。其次，要为教学活动营造一种开放、自由、民主、包容的环境和氛围，引导和鼓励小学师生勇于表达自身的教学利益，使他们养成一种表达合理教学利益的习惯。对于教学利益表达能力的培养来说，第一，要采取措施，使小学师生对教育教学规律、对教学利益的相关内容形成正确的认识，这是教学利益表达能力形成的基本条件。第二，要培养小学师生科学表达教学利益的行为方式。比如怎样准确地表达自己的利益诉求，如教学利益主张的依据、内容和目的等；又如怎样选择多元的教学利益表达形式，如口头表达、书面表达等；再如怎样理性表达教学利益，通过合法、合规、合情合理的方式表达自己的教学利益；等等。

（2）拓展并健全小学师生教学利益表达的渠道

教学利益要传递至教学利益表达的对象，需要通过一定的渠道，如果渠道较少或者渠道不畅通，教学利益的表达便很难有效，从这个角度看，"利益表达的关键是有关行动者能够获得进行利益表达的渠道或途径"②。对于小学师生来说，拓展和健全其教学利益表达的渠道有许多选择，对于课堂教学活动来说，可以选择班委会、教学小组等，扩展到全校与教学利益相关的表达渠道，可以有学生会及相关的学生社团、学生代表大会、教师代表大会、教师工会等群团组织等，此外教师信箱、校长信箱等也是小学师生教学利益的表达渠道。教学利益表达的渠道，要达到一定的数量，要提供足够多的通道，但更重要的是渠道的质量，师生教学利益表达的渠道必须通畅，教学利益表达的信息必须准确，不能过滤、不能截留、不能曲解，信息失真的教学利益表达渠道不能达到教学

---

① 刘伟. 教学利益论［M］. 福州：福建教育出版社，2015：214.

② 胡伟. 政府过程［M］. 杭州：浙江人民出版社，1998：193.

利益表达的目的和效果。另外，师生教学利益表达渠道必须是公开和公正的，要向所有的教学利益主体，尤其是要向小学师生传达，让他们充分知晓，而且所有渠道对所有师生都要一视同仁，不能区别对待。此外，教学利益表达渠道不能只收集而无回应，所有渠道必须有问必复，唯有如此才能真正发挥信息通道的作用。

（3）建立小学师生教学利益表达的科学机制

当然，小学教学利益的实现不仅仅是小学师生教学利益的实现，其他教学利益主体也需要教学利益的科学表达，这样才能有助于他们教学利益的维护和实现。当然，所有教学利益主体的利益表达都必须是科学正确的，唯有这样才能在追求教学利益实现的同时不损害其他主体正当的教学利益，才能体现和发挥教学利益共同体的作用。教学实践中，类似"校闹"形式的教学利益表达，不是一种正当的利益表达形式，甚至根本就是一种异化了的教学利益诉求，这种教学利益的表达会损害其他主体的教学利益，因为其失去了正当性，破坏了教学利益共同体的良好生态，这种所谓的"利益表达"，不合理甚至不合法，理应被阻止甚至被处理、处罚。因此必须建立小学师生教学利益表达的科学机制，如建立并完善师生教学表达的保障制度、设立相关的组织机构和人员岗位、建立相关的平台和硬软件设施、开展相关的监督检查和考核评价等，通过系统性的机制建设，确保小学师生的教学利益能得到合理表达和及时反馈。

三、不断提高小学教学活动效率

教学利益，终究是在教学活动中，或者通过教学活动才能生成、表达、追求和实现的利益。因此，所有教学利益主体，只有通过共同努力，不断提高教学活动的质量，才能在教学活动中实现自身的教学利益，并将教学利益最大化、最优化。教学利益的影响因素众多，但教学利益的质量根本上是由教学活动的质量所决定的。教学活动质量的核心评判标准是学生的发展，尤其是学生的主体性发展，这是学生在教学活动中的根本利益。其他的教学利益都必须服从和服务于学生的主体性发展。可以这样说，实现教学利益的过程，就是不断追求并实现学生主体性发展的过程，当然，在这个过程中，其他教学利益主体的教学利益也同时得到了实现。总之，提高教学质量，实现学生主体性发展是实现教学利益的根本路径。那么，怎么做可以提高教学质量？这个问题我们可以从不同的角度进行解答，如进行课程改革、开展教学方法的改革、改善教学设施设备、营造良好的教学环境等等，都是提高教学质量的有效方法。事实上，凡是涉及教学活动的要素、结构和运行的，都是提高教学质量必须予以考虑的，在此我们无法一一论述，仅从教学活动的效率上进行讨论，因为教学效率不仅与教学质量关系密切，同时也与教学利益关系密切。"从根本上说，教学效率是反映师生教学活动性状的核心指标，它不仅体现了师生通过教学活动而获得的发展程度，即教学利益的实现程度，也反映了这种发展背后的投入和付出，即教学利益实现的代价，教学效率的提高意味着师生发展与师生付出两相权衡下师生发展的相对优势，这也是师生教学利益实现所追求的趋势，从这个意义上看，不断提高教学效率是实现师生教学利益最为有效的手段和途径。师生教学利益的实现最终只能落脚在教学效率的提高上，可以这样说，没有不断的教学效率的提高，师生教学利益的有效实现只会是空谈。"①

1. 有效利用小学教学时空

教学效率是在一定时间内教学产出与教学投入比。在教学时间固定的情况下，教学产出越高，教学投入越低，教学效率越高，显然，教学时间是影响教学效率的重要因素。一般而言，人们在谈及教学效率的时候较少谈及教学空间的问题，但我们认为，教学时间和空间是教学活动中不可分割的二维，而且，教学空间会在很大程度上影响单位教学时间内的教学产出。因此，我们在这里把教学时空作为影响教学效率的重要因素之一并进行论述。

（1）有效利用小学课堂教学时间

小学教学时间是相对固定的，一节课通常是 40 或 45 分钟，这样的时间设计基于小学生身心发展的特点，特别是与小学生注意力容易分散相关。在课堂教学时间确定的情况下，要提高教学效率，就要对课堂教学时间进行有效的利用。所谓有效利用，就是对课堂教学时间进行合理分配，减少课堂教学时间闲置、不合理使用甚至是浪费，提高课堂教学时间的利用率。事实上，要做到在40 或 45 分钟的时间内，教师和学生完全集中于教学活动是不太现实的，但根据小学生特点，结合教学内容、教学任务、教学方法等的具体要求，对教学时间进行科学安排和设计是完全能够做到的，借此实现对教学时间的有效利用。

（2）不断拓展小学课堂教学空间

教学时间与教学空间是不可分割的二维，与其他要素一起构成了立体的小学课堂教学活动。教师对教学时间的有效利用必须与教学空间综合考虑。对于小学教学活动来说，教学空间在一般情况下也是固定的，除了一些特别的课程外，如体育课、劳动课等，教学活动一般都是在教室内开展，教室就是教学活动的空间。教师要提高教学效率，就必须对教学空间进行合理利用，因为教学空间的有效利用可以提高教学产出。如在小学教学活动中，学生的座位安排、

---

① 刘伟. 教学利益论［M］. 福州：福建教育出版社，2015：218—219.

师生间的距离、教室内相关设备、物品的摆放等都会对教学活动造成影响。如果师生能对教学空间结合教学活动中的具体内容和方法等进行设计，教学空间就能促进教学质量的提升，相反，则可能妨碍教学质量的提升。

（3）推进小学教学时空的有效融合

教学时空是不可分割的，但教学时空在教学实践中的利用却未必是有效融合的。不考虑教学空间的时间安排，教学的有效性必然大打折扣。教学时空和教学空间的搭配必须科学才能实现教学时间的有效融合，否则就会造成教学时空的干扰甚至是相互冲突，简单说就是在合适的时间、合适的空间开展合适的教学活动。在当前的教学实践中，师生对教学时空的搭配在观念上不太重视，一旦教学安排表出台，教学时空的搭配似乎就已经固定。然而这并非事实，教师和学生完全可以发挥自身主体性，在相对固定的教学时间和教学空间内，实施教学时间和教学空间的科学搭配和有效融合。如有经验的教师会根据教学内容的需要灵活调整学生在教室里的座位，会在教学进行时在教室内走动，通过变换与学生的身体距离实现教学信息的传递等等，都是实现教学时空融合的有效方式。随着教学条件的改善，如教室更加宽敞、学生桌椅不再固定，特别是实现了小班化教学后，小学教学时空的搭配将会拥有更大的空间。

2. 合理控制小学教学成本

教学成本是影响教学效率的一个重要因素。在单位教学时间内，获得一定教学产出的教学成本越低，教学效率越高。因此，为提升教学效率，对教学成本进行控制也是一个重要的途径和手段。我们需要说明的是，这些教学成本主要是课堂教学成本，也就是基于师生课堂教学活动所付出的教学成本，当然，教学成本肯定不能仅仅局限于师生在课堂教学活动中的付出，那些与课堂教学活动密切相关的课外的教学付出也应该计入课堂教学成本之内，比如教师的教学准备，学生对新课的预习甚至是对已经学习课程的复习等，但这些教学成本必须是与课堂教学活动密切相关的。另外还有一点也必须强调，提高教学效率必须考虑教学成本的控制，但这种控制是合理控制，而非一味减少，教学活动必须付出一定的教学成本，这是教学活动顺利开展的基本条件。如果一味通过减少教学成本来提高教学效率，这是对教学规律的违背，必然会对教学质量造成损耗，这是一种虚高的教学效率，对教学活动有害无益。为合理控制小学教学成本，我们可从以下几个方面做：

（1）减少无效的教学时间

时间是重要的教学成本，在生活中人们常说"时间就是金钱""浪费别人的时间等于谋财害命"，这些都充分说明了时间对于人的价值和意义。对于教学活动来说，单位教学时间是有限的，如小学一节课的课时通常是 40 或 45 分钟。那么，提高教学效率，就势必要充分考虑对这 40 或 45 分钟有效利用的问题。事实上，小学教学活动要做到对一节课的时间完全和充分利用是不现实的，所以我们必须尽量在教学活动中减少无效、低效的课堂教学时间，尽量将一节课的时间进行充分利用。所谓的无效或低效的教学时间，是指师生的教学行为偏离了教学内容与教学任务，不利于教学目的实现的课堂教学时间。这里的行为偏离，既可能是教师的偏离，也可能是学生的偏离，甚至也可能是师生的同时偏离。有效的教学活动，教师和学生必须保持思维共振、认知同步和情感共鸣。也就是说，教师和学生的思想、认知和情感都聚集在同一教学内容上，都处于同一教学环节和阶段上。然而在教学实践中，师生注意力的分散、突发的教学干扰、师生情绪情感的波动等因素都可能造成师生教学行为对教学活动的偏离。为提高教学效率，提升教学质量，师生应该共同努力，尽量减少无效和低效的教学时间。

（2）减少教学中无意义的物的消耗

除了时间外，教学成本中还包括物的消耗，如教学活动中设备、器材、工具等的消耗，这些消耗对教学活动的顺利开展都是必需的。但是，教学成本中的物的消耗同样需要控制，否则就会造成教学浪费，就会降低教学效率。教学活动中物的消耗，在类型和内容上是非常广泛的，涉及课堂教学活动中所有物的因素。相较于教学活动对人的消耗，教学活动中物的消耗更为显性，其消耗也容易制定相应的标准，也就更容易控制。以教室的照明为例，依据小学教室的朝向、楼层、窗户的设置、教室的面积、学生的数量等情况，国家对教室的照明灯具的数量、功率、安装的设置等都有明确的要求，以此保障师生的身心健康和教学活动的顺利进行。低于这个标准，师生的教学利益会被损害，高于这个标准，则可能会造成教学成本的浪费。对于小学教学而言，教师和学生都应在教学活动中物的成本上形成正确的认识，养成良好的教学习惯，在保障教学活动顺利开展的前提下，尽量控制教学活动的无谓的物的损耗，降低教学成本，提高教学活动的效率和效益。

（3）减少教学中人的精力和人的关系的消耗

教学成本中还有一项非常重要的内容，就是教学活动对人及人的关系的消耗。教学是人的活动，人开展教学活动必须投入相应的精力，教学是一种人的交往活动，教学活动必须依托人的关系，在人的相互作用中开展。因此对于教学成本来说，师生精力的消耗和关系的投入都是必需的，没有这些投入，教学不可能顺利开展，教学也不可能有产出，也就无所谓教学效率和教学质量。但是，教学活动中人的精力和关系的投入并非越多越好，事实证明，无论是教师的教授还是学生的学习，最努力、最刻苦的未必就是效果最好的，教学活动中人的精力和关系的投入都必须根据教学活动的需要，根据教学活动中人的具体情况，掌握好尺度，即最适合的，才是最有效的，即效果最高、效率最高。如果没有掌握好适当的尺度，投入不够显然无法达到预期效果，但如果过度投入就会增加教学活动中人的成本，就会降低教学效率，严重情况下还会给教师和学生造成教学负担。而这种情况在我们的基础教育中，包括在小学教学中非常常见。教师和学生为了提高"教学质量"而疲于奔命，看似教学效果不错，实则教学效率低下，是一种不可持续的教学现状。教学负担是一种对教学效率和教学质量很有杀伤力的教学成本，是无谓的教学成本。国家要求的基础教育"减负"，实际上就是要去除教学活动中这些无谓的教学成本，特别是教师和学生的时间和精力上的成本。教师和学生是人，不是机器，对教学活动来说，要想提高效率，就必须保持师生在教学活动中的张弛有度，过度地透支师生在教学活动中的精力投入，不仅会给师生身心造成不良的后果，还会损害师生关系，造成师生关系的紧张甚至对立。相反，我们如果合理控制教学活动中师生精力和关系的投入，可以在顺利推进教学活动的同时保持师生身心的健康和愉悦，维持和推进教学活动中良好的人际关系。教学效率的提高不是靠人的精力堆出来的，合理的人的投入创造出较高的教学产出才是我们应该追求的目标。因此，师生在教学活动中精力和关系的投入是教学成本控制需要重点关注的内容，是教学成本控制的核心内容，对教学效率和教学质量的提高具有重要的价值和意义。

3. 不断提高小学课堂教学产出

影响教学效率的除了单位时间内的教学成本外，还与单位时间内的教学产出密切相关。在单位时间内，如果教学成本固定，教学产出越高，教学效率也就越高，同时也就意味着教学质量越高。反过来，如果想提高教学质量，就要提高教学效率，在单位教学时间固定的情况下，除了把教学成本控制在合理的范围内外，就要想办法不断提高教学产出。教学产出实际上就是教学活动对师生的发展，在教学活动中表现为预期教学任务的顺利完成。因此，提高教学产出实际上就是提高教学质量。从这个角度看，提高教学产出需要在教学活动的所有内容和环节上努力，毕竟教学活动是系统工程，哪一项内容或环节缺失或低效都可能导致教学产生的降低。在此，针对小学教学的特殊性，我们特别强调以下方面：

（1）创造良好的教学环境和条件

教学活动的开展必须基于一定的教学时空，基于一定的教学场域。同时，教学是一种专门的培养人的活动，必须依赖于特定的教学条件，如教学设备、设施、工具和手段等。对于小学教学活动而言，教学环境和教学条件的建设我们必须充分重视，因为这些不仅是教学活动开展的基础，而且其性状的不同对教学活动的进行也会产生不同的影响，尤其对于小学生而言，小学生的学习对环境和条件的依存度较高，如小学生刚进入小学学段，由于心智发展不成熟，自我调节能力较弱，比较容易出现适应环境不良的情况，如果小学教学环境优良，将会有效减少和缩短小学生的教学适应期，促进小学教学活动的顺利进行。再如小学生的认知特点是由直观形象思维为主，这一点在小学中低段尤其明显，因此需要小学教学有较好的、有利于直观教学的教学条件。如果教学环境和教学条件的建设比较成功，小学生对学校教学的适应及教学效果的提升都能发挥重要的促进作用。小学教学环境的建设包括自然环境和人文环境，前者如校园的花草树木，后者如校园的人文氛围，特别是校风、学风等心理氛围。教学条件的内容也非常广泛，具体的如教室的桌椅板凳、多媒体教学设备等，也可以扩展到班级的空间和规模等。我们特别强调一点，小学教学条件需要重点关注人的条件问题，人本身是教学对象，也是教学的工具和手段，人的数量和素养在教学中不仅会在自我发展中发挥重要作用，也会对其他教学活动的对象产生重要的影响作用。因此，教学条件的建设必须考虑人的因素，对于当前的小学教学而言，教学条件的创造要重点考虑小学教学小班化的实现。当前，小学教学中大班化、超大班化的情况还比较严重，这已经成为制约小学教学产出的一个重要障碍，国家必须予以充分重视并加以解决。

（2）深入推进教学改革和创新

提高教学产出本质上就是提高教学质量，而教学改革和创新则是提高教学质量的根本手段。教学是人类社会活动中最复杂的一项活动，同时也是最具有创新性的一项活动。创新是教学活动的灵魂，从一定程度上看，没有创新的教学活动根本不能称之为成功的教学活动。教学是人才培养的活动，社会对人才培养有严格的要求，即适应社会发展要求、能促进社会不断进步的人。而时代在发展，社会在进步，特别是现代社会已经进入信息社会，人类知识以几何量级在增长，社会对人才的要求越来越高，特别是对现代人才的创新素养的要求越来越高。而教学活动的对象是人，是未成年的青少年学生，学生的身心发展处于快速发展之中，不仅如此，每个学生都具有独特的个性特点，教学活动的艰巨性远远超出其他的一般社会活动。因此，教学活动要提高产出，实事求是、因势利导、不断改革创新是唯一的选择和出路。对于小学教学来说，要深入推进教学改革和创新，就必须彻底与应试化教学说再见。国家必须依据小学教学的特点，特别是小学生的特点，立足于小学生核心素养，特别是创新意识和能力的培养，在教学理念、内容和方法等方面实现全面升级，促进小学生全面发展。教师要小心呵护小学生的好奇心和求知欲，拓展其想象力和思维力，引导其积极地探索未知的外部世界，并在不断成长的过程中认识自我并发展自我。

（3）充分发挥师生在教学活动中的主体性

要提高教学产出，根本上需要教学活动的直接主体，即教师和学生充分发挥自身的主体性，这是决定教学产出的根本因素。教学产出最终落脚于教学活动中的师生发展，尤其是学生在教学活动中的发展。影响教学活动中师生发展的因素众多，譬如教学环境、教学内容、教学手段、教学方式等等，但所有这些影响师生发展的外部因素都必须通过教师和学生才能发挥作用。师生主体性的发展程度，特别是在教学活动中自觉性、能动性和创造性的发展情况，对教学活动的产出发挥着关键性甚至是决定性的作用。要提高小学教学产出，首先，要求教师主体性的充分发挥。教师主体性的发挥是教学活动顺利开展的基础，指引着教学活动的走向，是小学生主体性发展的前提，同时也对小学生主体性的发挥起着示范作用。其次，提高小学教学产生也要求小学生教学主体性的充分发挥。小学生是小学教学活动的主体，是教学活动的主要发展对象。小学教学活动的成败根本上取决于小学生在教学活动中主体性发挥的理想程度。小学生主体性的发挥需要教师的激发和引导，小学生主体性发展不成熟，其自觉性、能动性和创新性的发展程度不高，主体性的发挥也不稳定。激发、引导和培养小学生主体性，实现小学生主体性发展是小学教师在教学活动中的重要任务，小学生主体性发展是小学教学活动产出的重要衡量指标。最后，要提高小学教学产出，要实现小学师生主体性发挥的有效融合。小学教学活动中师生主体性的发挥，是不同主体的同一活动过程，小学教师教学主体性的发展离不开小学生学习主体性的发挥，反过来亦是如此。唯有师生教学主体性实现了有效融合，小学教学活动才是有效的、高效的，小学教学活动的产出才可能高，小学教学活动的效率才高。

我们需要强调的是，小学课堂教学产出不仅需要小学师生的共同努力，同时也需要其他与小学教学活动相关的教学主体的协助和共同努力。小学课堂教学活动的产出绝不仅仅与课堂教学相关，还与课堂教学活动之外的许多因素相关，特别是与许多和教学活动密切联系的人相关。如小学课程建设者及教材编制者，他们是小学教学内容的重要建议者和指导者，对小学教学活动产生着重要的影响。又如小学生家长，他们虽然不直接参与小学教学活动，但他们却是教师的合作者、学生的指导者，同样对小学教学发挥着重要的影响作用。如何有效发挥这些间接教学主体的主体性，将教学利益相关者建设成教学利益共同体，这是提高教学产出必须重点予以考虑并解决的问题。

第五章

小学教学目标

第一节 小学教学目标的概述

一、小学教学目标的内涵

培养人是学校的核心工作，而教学则是学校教育人才培养的主要活动形式。教学目标无疑是人们开展教学活动所追求的结果。说到教学目标，人们很自然地会联想到教育目的，那么，教育目的和教学目标是怎样的关系？学校教育目的显然是学校教学目标的上位概念，教育目的包含教学目标，教学目标是构成教育目的的主要内容。学校的教育活动多种多样，都是为实现教育目的服务的，但学校教学活动无疑是实现教育目的的主要活动形式。具体来说，"教育目的是培养人的总目标"①，而教学目标则是"对教学活动预期结果的标准和要求的规定或设想"②。显然，教学目标是人们对教学活动指向和发展的一种规定和预设。以此推之，我们可以得出小学教学目标的定义，即小学教学目标是人们对小学教学活动预期结果的标准和要求的规定或设想。为深入理解小学教学目标的概念，我们还必须搞清楚以下几个问题：

（一）教学目标是什么活动的目标

很明显，教学目标是教学活动的目标，这里说的教学活动，一般指的是课堂教学活动。当然，课堂教学不一定单指教室里的教学活动，课堂教学是以班级授课为主要组织形式的当下学校教育的主要教学形式。学校的课堂教学活动有严密的组织性和计划性，课堂教学主要以学校教室为教学场所，根据教育教

---

① 顾明远. 教育大辞典（简编本）[M]. 上海：上海教育出版社，1999：235.
② 王本陆. 课程与教学论 [M]. 北京：高等教育出版社，2010：153.

学需要也可以拓展到其他场所和区域，甚至校外。从活动的属性和范围来审视，教学活动是教育活动的下位概念，与教学活动相比，教育活动在内容、空间和形式上更加广泛，就目前学校教育的实践而言，课堂教学活动仍是学校教育活动最主要的形式。

（二）教学目标是谁的目标

教学活动的目标是人的目标，是人对教学活动指向和发展的规定和预计。那么，教学目标究竟是谁的目标？关于这个问题，一般的观点认为教学目标是师生的目标，如有人认为教学目标是"教学中师生预期达到的学习结果和标准"①。这种观点符合常人对活动目标的认知和理解，毕竟师生是教学活动的直接主体，教学活动依托师生才能开展，教学目标也必须通过师生的教学活动才能实现。但我们认为，把教学目标视为师生预期的目标在范围上将教学目标的主张者窄化了。前文我们已经论证过，教师和学生是教学活动的直接主体，他们在教学活动中的地位和作用是其他教学活动的间接主体所不能比拟的，但师生并非教学活动的唯一主体，他们也不是教学活动的唯一利益相关者。有许多教学活动的间接主体，他们也是教学活动的利益相关者，他们也要在教学活动中表达自身的利益诉求。具体来说，除了教师和学生外，诸如国家、社会、学校②和家长等都是教学目标的主张者，在规定和预设教学目标时，这些教学主体都会以各种形式参与其中，在某些情况下，这些教学主体在规定和预计教学目标内容上的地位和发挥的作用甚至不比作为直接教学主体的师生小，具体情况我们会在下文关于小学教学目标的分类里详细阐述。因此严格意义上说，教学目标是以师生为主的所有教学主体在教学活动上追求的目标。

（三）教学目标的内容是什么

教学目标的内容是教学活动的预期结果，那么问题又来了，教学活动的预期结果是什么？如果要具体化，就需要将教学目标进行分类和细化。关于这一点，国内外学者们有不同的见解，如布鲁姆认为教学目标可以分为认知、情感和动作技能三大领域；加涅则认为，按学习结果的不同，可以把学习分为五种类型，即言语信息、智力技能、认知策略、动作技能和态度；以往我国有学者则主张把教学目标细化为"三基一个性"的教学目标体系，即掌握基础知识、

---

① 顾明远. 教育大辞典 ［M］. 上海：上海教育出版社，1998：195.
② 国家、社会和学校虽然不是单独的人，但都是由人组成的，是不同分类标准下的人的群体，为体现群体的意志，人们会选出群体代表表达群体的主张，如国家的教育目标，便是国家的教育行政机构，组织相关专家和各阶层人士，经充分调研论证后制定的代表整个国民的关于教育活动的目标。

形成基本技能、发展基本能力、促成个性健康①。虽然在教学目标的分类上我们暂时还未达成共识，但教学目标的内容无疑是极其丰富的，不同的视角、不同的标准、不同的层级视野下的教学目标内容纷繁复杂，需要人们结合具体的教学活动主体、教学活动任务、教学活动内容、教学活动方法、教学活动手段、教学活动环境等具体考虑。但有一点是确认无疑的，学生的发展过程和发展结果是教学目标内容的重点，毕竟教育教学的核心就是围绕学生发展而展开的。

（四）教学目标是主观的还是客观的

这个是一个在教育实践中经常困扰师生的问题。如果教学目标是主观的，那么教学目标的制定是否具有随意性？如果教学目标是客观的，怎么才能确保教学目标制定的客观性？毕竟教学目标需要人才能制定出来。其实问题的答案很简单，即教学目标既是主观的，也是客观的，人们制定教学目标，是客观见之于主观的行为。说教学目标是主观的，是因为教学目标是人为制定的，不可避免地带有人的主观意愿，不同个体或群体的人在教学活动上有自己的利益诉求，其主张的教学目标也可能会存在差异。说教学目标是客观的，是因为人们在制定教学目标时不能随心所欲，制定教学目标时必须依据教学活动的规律，如人的发展规律、学科规律等。如果背离教学活动的规律，教学目标是不可能实现的，必须依据教学活动的规律来规定和预设，这充分体现了教学目标的客观性。正确认识教学目标的主观性和客观性，可以使我们在制定教学目标的时候保持审慎的态度，既要尊重教学活动的规律，又要在教学目标中体现教学活动的灵活性和张力。当然，在具体制定教学目标时，要实现教学目标主观与客观的有效融合并不容易，需要制定者理性地认识和分析人的利益诉求及教学活动的规律，并在两者间找到一个科学的平衡点。

教学目标的内涵非常丰富，除了上述内容外，还有许多问题需要我们去面对并正确认识与实践。如教学目标的标准和要求该如何制定？教学目标的规定和预期在时间上有什么具体特性？教学目标确定后是否可以理解和调整？如此等等。要深入理解小学教学目标，就要基于上述关于教学目标内涵的解析，结合小学教学活动在人、事、物等要素及其相互关系的特性和规律上，进行科学的认识和实践。

二、小学教学目标的特点

小学教学目标是小学教学活动追求的结果，必然受小学教学活动相关要素

① 王本陆. 课程与教学论 [M]. 北京：高等教育出版社，2010：157—165.

的影响，具有小学学段的特点。准确认识小学教学目标的特点，有利于我们准确制定小学教学目标，使小学教学目标可操作、可实现、可评价，有效促进小学生的全面发展。我们认为，小学教学目标主要具有如下特点：

（一）教育性

教育性主要指小学教学必须具有正确的价值导向。教育具有教育性似乎是确定无疑的，但教育性究竟是什么？如果从影响人或者改变人的角度看，教育活动的教育性应该是一种客观的存在。但今天我们说的教育性更多是站在教育的社会属性来谈的。众所周知，教育具有阶级性，不同国家、不同民族、不同时代的教育都要体现当时统治阶级的意志和意愿。教育活动的教育性，显然要体现和反映统治阶级的教育意志和教育目的。对我国而言，我们的教育要培养的是全面发展的社会主义事业建设者和接班人，所有类型和所有学段的教育都要围绕这一教育目的来体现教育的教育性。具体到小学，小学教学目标的教育性表现为围绕社会主义教育目的的求真、向善和尚美，再具体一点，就是教学目标要符合社会主义核心价值观的要求。

（二）基础性

基础性指小学教学必须结合小学生身心状况，夯实小学生全面发展的基础。小学教育属于基础教育，基础教育是"对国民实施基本的普通文化知识的教育。是培养公民基本素质的教育。也是为继续升学或就业培训打好基础的教育"①。奠基显然是小学教学目标的一大特性，基础性不仅指的是小学教学是起点和平台，同时也指出小学教学的发展方向。小学教学目标的基础性不仅是因为小学是学校教育的初始阶段，小学的课程和教学需要为后续学段奠定基础。小学教学目标的基础性更是基于小学生身心发展的基本情况和特点。小学生处于身心发展由不成熟向成熟发展的快速成长期，其在德智体美劳等各方面均处于一个相对较低的发展水平，同时又面临着在发展方向、程度等方面的动荡和不确定性，因此小学教学目标必须为小学生的发展设定准确的方向、打下坚实的基础。万丈高楼平地起，稍有不慎，小学生的发展就会错过奠定基础的关键期。

（三）综合性

综合性主要是指小学教学要追求多元、开放和整合的教学目标，在学科和课程整合的同时促进小学生综合性发展。小学阶段虽然主要是分科教学，但小学教学整体上具有多元性、开放性和整合性的特点。小学相关学科和课程，在目标、内容、方法和评价等方面，主要不在于专业和精深，而是基础和综合。

---

① 顾明远．教育大辞典（简编本）［M］．上海：上海教育出版社，1999：156．

小学生的知识储备和身心发展特点也决定了小学的教学不可能重在课程的专业性上，而要打破学科和课程间的界限和壁垒，充分利用一切可利用的资源，结合社会发展的状况和小学生的生活实际，使小学生能获得综合性的成长和发展。从目前小学教学的现状来看，学科分科较多、分科较细的情况还比较突出，综合课程，尤其是综合性的活动课程还相对较少，同样，学科课程中的跨学科教学也比较匮乏，这些情况都需要引起我们的重视，在小学教学中予以改进。

（四）全面性

全面性指小学教学要促进小学生全面发展。全面发展是我国的教育目的，每个教育阶段都必须围绕这一教育目的开展教育活动。同样是全面发展，不同阶段的教育在促进学生全面发展上既具有共性，也具有差异性。每个阶段教育的全面发展目的必须结合该教育阶段的活动要素的特性及具体教育教学任务等来制定和落实。小学教学活动是实现小学教育目的的主要活动形式，小学教学目标是否实现及实现的程度直接影响到小学教育目的是否实现及实现的程度。小学教学要促进小学生全面发展，这种全面发展是德智体美劳等各方面的全面发展，其既是发展的结果，也是发展的过程。小学教学目标的全面性不仅反映在小学生发展的领域、内容上，还体现在全面发展的进程中。另外，我们还需要辩证地看待小学生教学目标的全面性。这种全面性的重点不在于全面发展的程度，即重点不是小学生全面发展的高度，事实上小学生处于全面奠基的阶段，全面发展各领域的高度比较有限。小学生教学目标的全面性主要是要求小学教学活动要培养小学生全面发展的兴趣，激发其全面发展的内生动力。另外，这种全面发展不是整齐划一的模式化发展，而是具有灵性和活力的个性化发展，即个性化的全面发展。

三、小学教学目标的功能

在现实生活中，当人们为某种活动制定目标时，他们总是希望通过目标的制定，促成该项活动的顺利完成，这种对活动顺利完成的促成作用，就是活动目标的功能。在教育实践中，人们制定教学目标，同样是希望发挥其功能，激发、维持和保障教学活动的顺利开展。具体来说，小学教学目标具有以下功能：

（一）导向功能

简单地说，就是教学目标可以为教学活动的主体指明在教学活动中的行动方向。教学活动是一项系统工程，教学活动需要所有参与者通力协作才能完成。参与教学活动的人很多，既有直接参与的教师和学生，也有间接参与的课程编制专家、学校管理者、学生家长等等。怎样才能使这些参与教学活动的人通力协作？科学的、统一的教学目标可以为所有参与者明确共同的活动方向。明确的教学目标，可以使所有参与教学活动的人在活动方向上不至于盲目，不仅如此，还能使人们在具体的教学活动中可以依据教学目标调节自身行为，不断修正活动中的行进路线，保持教学行动不至于偏差，从而提高人们参与教学活动的效率和质量。以教师为例，当教学目标确定后，无论是对教学活动的设计还是具体实施都必须以教学目标为依据，应该紧紧指向而非随意偏离教学目标①。还有一个问题需要明确，教学目标可以分为不同的类型，不同类型的教学目标在导向功能的发挥上具有一定的差异性。如某学科总的教学目标与该学科的某学段、某学年、某学期甚至某单元、某课时的教学目标在影响参与活动的参与范围、对参与者行为的影响程度等方面都具有差异性，不可一概而论。相对而言，较上位的教学目标在较长的时间内的导向功能更强，对参与教学活动的人的影响力更为持久，而较下位的教学目标的导向功能在指向性上更具体，在较短时间内的导向作用更为明显，但这种情况也并非绝对。

（二）激励功能

教学目标不仅能使参与教学活动的人在行动上有明确的方向，而且还可以对参与教学活动的人产生激励作用。教学目标对参与教学活动的人的激励功能，主要是通过激发其成就动机来实现的。奥苏伯尔（D. P. Ausubel）认为，成就动机由三个部分组成：一是以获得知识、解决问题为目的的"认识内驱力"；二是个人通过自己胜任能力和工作成就的提高来赢得相应地位和自尊心的"自我提高内驱力"；三是以获得长辈或集体的赞许为目的的"附属内驱力"②。

必须说明的是，教学目标要发挥激励功能，即激发教学活动参与者上述内驱力需要具备一定的条件：其一，教学目标必须是明确的。含混模糊的教学目标无法让教学活动的参与者对自己的情况进行对标定位，也无法获得他人依据教学目标的准确评价，因此无法形成相应的内驱力。其二，教学目标是获得教学活动参与者的共同认可的。只有在教学目标上达成了认识上的一致，如教学目标的科学性、教学目标的难易程度等，教学实践中各参与者结合教学活动的开展情况才能形成相应的认识，进而产生相关的内驱力。不过，所谓共同认可，不一定是每一个参与者的认可，但至少是绝大多数人的认可。因此，小学的教学目标从确定到落实的全程都需要教学活动的参与者，尤其是师生等教学主体

---

① 实践中的教学目标要发挥导向功能有一个基本前提，即教学目标已经明确，而且教学目标应该是被参与教学活动的人所认可的。

② 王本陆. 课程与教学论［M］. 北京：高等教育出版社，2010：155.

的充分认识和理解，并在此基础上形成对教学目标的充分接受和认可。

另外，关于教学目标的激励功能还有两点需要明确：第一，教学目标激励功能的作用对象是全体参与教学活动的人。教学目标主要是围绕学生的发展来制定的，其激励的对象主要是学生，除了参与教学活动的学生以外，其他的相关人员，其在教学活动中扮演不同的角色，承担不同的任务，但这些角色和任务都与学生发展相关，因此教学目标也会对他们产生相应的激励作用。第二，教学目标的激励情况具有差异性。简单说，不同类型的教学目标、不同阶段的教学目标、不同内容的教学目标等对不同类型教学活动的参与者在激励形式和激励效果上都具有差异性。以激励形式为例，根据教学目标的达成情况，其激励功能可表现为积极强化和消极强化。如某阶段，在某层次的教学目标上达成度较高的教学活动参与者，可能会因为这种达成情况得到自身以及外界的表扬和肯定，进而增强自己积极参与教学活动的兴趣和信心。而达成度较差的情况同样可能产生激励作用，所谓"是故学然后知不足，教然后知困。知不足，然后能自反也，知困，然后能自强也"① 正是这个道理。

（三）标准功能

任何活动目标，既是指引人活动方向的标准，也是评判人参与该活动的性状及效果的准则，这就是活动目标的标准功能。前文所述的教学目标的激励功能，要使教学活动参与者根据参与活动的情况产生相应的内驱力，进而产生激励作用，前提条件是依据教学标准对参与教学活动的人的参与情况及效果进行准确评判，并将这种评价反馈到相关教学活动的参与者那里，这就是教学目标的标准功能。

教学目标的评价功能主要表现在两个方面：第一，调控教学过程。在教学活动的开展过程中，教学活动的相关主体会对教学活动的运行情况进行了解，并根据与教学活动对应的教学目标进行分析和评价，在此基础上将收集到的信息反馈给相关教学主体，根据教学活动与教学目标的契合度情况，为更好地达成教学目标而对教学活动进行调整和修正。如教师在某堂课的教学过程中，根据学生的听课情况，判别教学是否按计划进行，如果发现教学与预设教学目标相偏离，就需要调整教学活动，使教学回到正确的轨道上来。第二，评判教学效果。大的教学目标总是由若干小的教学目标组成，如某学科的学期教学目标由单元教学目标、课时教学目标等构成。每个小的教学目标总是由对应阶段的教学活动来支撑，如单元教学目标是由完成这一单元的所有教学活动来支撑。

---

① 出自《学记》。

也就是说，每一阶段的教学活动完成后，就要依据这一阶段的教学目标，对这一阶段的教学活动的完成情况进行评价，看教学活动对教学目标的完成情况如何，是否达到了预期，从而总结这一阶段的教学活动，为下一阶段的教学活动的开展做好准备。教学目标对教学活动效果的评价就是这样实现的。

我们需要注意的是，在教学实践中教学目标的导向功能、激励功能和评价功能，在功能作用的发挥上往往不可能截然区分，在具体的教学活动中，它们往往同时发挥作用，只不过根据教学活动的具体情况，其侧重点可能不一样。

第二节　小学教学目标的实现

如前所述，小学教学目标是对小学教学活动预期结果的标准和要求的规定或设想。那具体来说，这种规定或设想是怎样的内容？这种规定或设想又是怎样实现的？

一、小学生的全面发展

我国规定的总的教育目的是"培养德智体美劳全面发展的社会主义建设者和接班人"，小学教学目标也要服从、服务于这一总目的。也就是说，小学教学目标在人才培养的规定和设想上，也是要培养作为社会主义建设者和接班人的德智体美劳全面发展的小学生。

要培养德智体美劳全面发展的小学生，首先要对"全面发展"有正确的认识和理解，在现实的教育教学实践中，人们由于对全面发展的认识不准确，导致教育教学活动出现许多偏差甚至错误，因此我们必须正确认识全面发展的基本内涵，这样才能使我们对小学教学目标的内容有正确的理解。

（一）全面发展是完整的发展

完整是相对于片面来说的。从整个历史进程来看，人的发展是逐渐由片面走向完整，这是人类进步的必然趋势。如原始人的发展是片面的，他们的知识和经验非常匮乏。对原始人来说，赖以生存的劳动知识和技能可能是他们的长项，但在今天现代人需要具备的发展内容上，原始人却存在许多不足甚至是空白。再如封建社会人的发展也是片面的，我国封建社会流行的"女子无才便是德"，这种观念正好折射出封建社会人片面发展的事实。随着文明的发展和社会的进步，对现代人的要求越来越高，同时现代人也拥有更加完善的发展基础，德智体美劳全面发展即完整的发展既有发展的可能，也是人和社会发展的必然选择。

（二）全面发展是自由的发展

自由与专制、约束、被动等相对。现代人的全面发展不是被压制和被局限的被动发展，而是基于内心的渴望，是对美好人生的向往和追求，是发展主体的自我选择和自觉行为。那种把发展视为被动适应社会要求，甚至认为是"为了生存"而发展的人，他们认为的发展不是全面发展。当然，人们对自由的发展也要辩证理解。这里强调的自由主要是指发展是基于学生的主体追求，是在充分发挥了学生主体性作用下的发展，并非指完全无拘无束、天马行空般的发展追求和发展行动。事实上，自由的全面发展是有条件的，如对教学活动规律的遵循。学生的自由发展离不开自身身心发展的条件和规律，也不可能超越学科、课程等外部条件的客观要求。这正如公民自由与法律制度的关系，法律制度是公民自由的保障，公民要想自由，首先是知法、守法。不知法、不守法的绝对自由是不存在的，所谓的绝对自由，事实上只是绝对的不自由。

（三）全面发展是个性的发展

个性与共性相对。全面发展既是发展目标，也是发展理念。但全面发展不是发展的框架，更不是发展的锁链。教育发展的历史经验告诉我们，人才培养不是工厂生产产品，工厂生产产品是程式化的，同一批次的产品规格是一致的，但人才培养是鲜活的，是充满个性和灵魂的。全面发展指明了人才培养的方向，它与人的个性发展是辩证统一的关系。可以这样说，没有个性的发展不能称之为全面发展，真正有个性的发展才可能为全面发展打下基础。在小学生的全面发展过程中，教师一定要为小学生的个性发展保驾护航。小学阶段是小学生个性发展的关键期，同时小学生也容易被外界所同化和顺应，一旦引导和处理不当，小学生的个性就会被压制，小学生的发展就会走上同质化之路，这与小学生的全面发展绝对是背道而驰的。因此我们必须充分尊重小学生的健康个性，创造条件促进其个性化发展，为小学生全面发展打下坚实的基础。

（四）全面发展是和谐的发展

和谐与矛盾、冲突相对应。和谐意味着全面发展在内容上是相生、相融的，即德智体美劳等发展内容相辅相成，密不可分；和谐意味着全面发展在发展过程上是循序渐进的，全面发展不可能一蹴而就；和谐意味着全面发展在发展程度上是允许个性和差异的，全面发展不是平均的发展，更不是全部触不可及的"顶格"发展，不同发展阶段的全面发展都是遵循人的身心发展规律的，是努力可达到的"最近发展区"的发展。小学生的全面发展要和谐，就一定要避免小学生教育教学中的应试化倾向，就一定要避免小学教育教学的过载情况，要为小学生全面和谐的发展创造足够的时间和空间，使小学生能够充实地学习、快乐地成长。

（五）全面发展是可实现的发展

可实现与空想相对，有人认为全面发展不现实，是遥不可及的"梦想"，这是对全面发展存在误解。全面发展不是统一规格的发展，更不是高不可攀的"完人"式的发展。每一位教学活动中的发展对象，都有实现全面发展的可能。因为全面发展既是对发展结果的追求，也是对发展过程的体验和积累。每位教学活动的发展对象，只要有全面发展的自觉意识和主体行为，就都在切实地实现着自身的全面发展。总体而言，小学生的发展程度不高，发展水平并不成熟和完善，但全面发展的可能贯穿小学阶段的始终。只要有全面发展的主体意愿和行为，所有的小学生就在追求全面发展，就在为更高水平的全面发展进行沉淀和积累。只要所有教学主体齐心协力，小学生更高水平的全面发展就有实现的可能。

综上所述，小学生身心发展还不成熟，各方面的发展程度和水平都比较低，但小学生仍在践行着全面发展的教学目标，他们都处于全面发展的发展进程和发展体验中。这也要求我们，在小学教学活动中，要把全面发展转变为小学生发展的内在理念和自觉追求，同时，要切实从小学生的实际情况出发，遵循教育教学规律，采取切实可行的措施，尽可能促进小学生在发展内容上的全面、协调和更高质量。

二、小学教师的发展

（一）教师发展是教学活动的基础

教师是培养人才的职业，教师职业的特性对教师发展有特殊的要求，即教师发展必须贯穿于教师职业的始终。其一，教师是从事教育教学活动的专业人员，教师在从业之前就必须通过严格的训练，在专业发展上具备成为教师的条件，获得教师的从业资质后才能成为教师，也就是说教师在教学活动之前就必须有坚实的发展基础。其二，教学活动的特性和人才培养的任务要求教师必须时刻保持学习的状态。教师只有持续学习，常学常新，不断成长进步，才有可能有效完成教育教学活动的任务。小学相对于学前教育更注重儿童生活习惯和生活能力的养成，真正进入了知识教学阶段。从知识、技能和能力全面发展的角度看，小学将为小学生"扣好人生第一颗纽扣"打下坚实的基础，小学教育教学的质量对学生成长成才的重要性无须多言。而对于小学学校教育来说，小学教师是小学生成长的导师，是各类教育教学主体中的"首席"，小学教师的发展水平对小学生发展产生着至关重要的影响。因此，从这个角度看，小学教师的发展基础显得尤其重要。

（二）教师发展与学生发展相辅相成

教师发展与学生发展是相辅相成、一荣俱荣、一损俱损的关系。第一，教师发展是学生发展的基础。教师自身未达到一定的发展程度，便不具备指导学生发展的资格和条件。教师要想传道、授业、解惑，自身必须具备相应的发展基础。第二，教师必须在教学活动之中与学生同步发展。这里说的同步，主要指教师要保有与学生同样的学习热情和学习活动。教师只有在教学活动中不断地学习、不断地获得，才可能将自身发展的成果分享给学生，才可能促进学生发展。试想，如果教师自身受困于发展，自身发展状况不佳，这样的教师怎能给予学生好的发展？第三，学生的发展既是教师发展的证明，更是教师发展的成果。所谓教学相长，学生的发展对教师的发展同样能发挥有效的促进作用，教师会在学生发展中获取发展的信心、动力并转化为更加有效的发展行为。总之，小学教师与小学生的发展是辩证统一的关系，两者你中有我、我中有你，不可分割，相互倚助。从教学活动的角度看，小学教师与小学生教学共同体，谁也离不开谁。

（三）教师发展是全面发展

教师发展是专业发展，这里指的专业发展，是基础教师的人才培养工作，即教师的发展必须指向和依托于学生的发展。我们知道，我国教学活动的目标是促进学生的全面发展，教师的发展必须服从和服务于学生全面发展的目标，因此，教师的发展必须同样是全面的发展。试想，片面发展的教师能培养出全面发展的学生吗？有人可能会说，片面发展的教师群体完全有可能培养出全面发展的学生。然而从为人师表的职业要求看，片面发展的教师哪来的承担培养全面发展学生的底气？教师的全面发展更应成为教师资格的基本要求。对于小学教学活动而言，小学教师自身的全面发展意义更大，也更加必要。小学教学活动具有很强的基础性、全面性和示范性，相对于中学和更高的学段，小学教学活动对学科的深度要求并不太高，但对学科的广度和学科间的联系性有特殊的要求，唯有如此，才能培养学生广泛的兴趣爱好，才能培养小学生广泛联系的意识和行为习惯。这些都对小学教师的全面发展提出了更高的要求。现在小学教师的培养，大都强调其在发展上的全科性，这是对小学教师全面发展的一种具体体现。

三、小学师生的主体性发展

（一）主体性发展是教学活动的价值追求

所谓发展，是指"事物由小到大、由简到繁、由低级到高级、由旧质到新质的变化过程"①。以此观之，事物的发展在性质上应该是积极的、向上的。那么，发展之于人，也应该是积极向上的，是人向上追求的过程和结果。不过，人毕竟不同于一般事物，人是世界上唯一的主体，人在认识和实践活动中具有主体性。那么，什么是人的主体性？有研究者指出，"所谓主体性，也即是能自觉认识、掌握、超越各种现实客体的限定和制约，能在与客体关系中取得支配地位。能按自主的目的能动地改变现实客体的一种人的特性"②。"所谓主体性是人的本质属性，是人的本质的最高体现，是人作为认识和实践主体在其活动中所具有的自主性、能动性和创造性。"③ 那么，人、主体性、发展、主体性发展与教学活动是一种什么关系？"教育过程最基本、最核心的结果就是促进了个体人和人类主体性的发展，教育过程归根结底就是培养和增强受教育者主体性的过程。"④ 我们知道，教学活动是促进人发展的活动，从上面的分析中我们可以得出结论，教学活动的根本目的就是促进人的主体性发展。具体到小学，小学的教学活动要促进人的发展，也必然是主体性的发展，即具有自主性、能动性和创造性的发展。从小学教学活动的对象来说，小学教学活动直接指向于促进小学生的主体性发展。衡量小学教学活动的成功，最为核心的指标是小学生主体性发展的过程和程度。

（二）小学师生主体性发展面临的困局

教学活动之于人的发展应该是主体性发展，然而现实教育实践中真的是这样吗？事实上，"这些年我国的教育的确使学生获得了很大的发展，提升了我国人口的素质，但这种发展主要是一种粗放的、片面的、外在型的发展，而不是精细的、全面的、内涵式的发展。一句话，教学活动并未真正成为学生主体性的生存和发展方式，学生仍然是在教学中'被发展'"⑤。究其原因，"现行教学体系在教学目的上是直接实现教学的外在社会目的，即使学生成为社会所需

---

① 辞海编辑委员会. 辞海［M］. 上海：上海辞书出版社，1999：1416.
② 鲁洁. 论教育之适应与超越［J］. 教育研究，1996（2）.
③ 李培湘，李佳孝，等. 素质教育目标导学体系研究［J］. 教育研究，2000（9）.
④ 刘复兴. 论教育价值的本质［J］. 教育理论与实践，1998（3）.
⑤ 刘伟. 教学利益研究——基于师生主体性发展的追求［D］. 西南大学博士学位论文，2012：2.

要的具有文化知识、能力和品德的人，而不是实现学生主动地学习和构建主体
这种内在教学目的，教学的外在目的代替了教学的内在目的，不是通过内在目
的的实现进而达到外在目的的实现"①。学生的发展状态是这样，教师的发展状
况又如何？"当下，不少教师的发展更多的却是'被'的状态：'被读书''被
写作''被规划''被研究''被展示''被汇报'，等等。这样的发展是被动的、
应付式的，表现为教师的消极，以及发展活动的形式主义。"② 之所以如此，是
因为"教学活动中教师作为职业角色的形象被过于凸显，而其作为人的个体生
存和发展意义却往往被遮蔽。教师在教学活动中的地位和角色似乎正越来越倾
同于工具，而这竟日渐成为教师的生存方式……在这样的生存方式的规范下，
教师在教学活动中的各种需求、情感及生命体验被放逐了，教师的发展被隔离
于教学活动之外，教学活动的发展对象被单一地指向了学生。另外，过多的教
师制度和规范也限制和约束了教师的发展，使教师彻底沦为发展教育的'工
具'"③。教学活动中学生和教师的"被发展"使教学活动失去了其本真，虽然
小学处于义务教育阶段，但小学的教学活动仍然被"升学"所左右，为初中培
养"优质"生源还是众多小学教学工作的指挥棒，小学师生的"被发展"情况
同样很严重，需要引起我们的重视并予以解决。

（三）主体性发展要求维护小学师生的教学利益

主体性发展是教学活动的价值追求，而师生在教学活动中的真实发展状态
却是"被发展"，我们该如何改变这一局面，实现小学教学活动真正对小学师生
尤其是小学生的发展？康德曾说，"在目的的秩序里，人（以及每一个理性存在
者）就是目的本身，亦即他决不能为任何人（甚至上帝）单单用作手段，若非
在这种情形下他自身同时也就是目的"④。这提醒我们，教学活动不能只把师生
发展视为服务社会的工具或手段，必须关注发展对象本身，实现他们在发展上
的自我追求。也就是说，教学活动必须关注师生需要，维护和实现师生的教学
利益，只有这样才可能实现师生在教学活动中的主体性发展。根据马克思主义
的观点，一切社会活动皆有利益，教学活动是社会活动，教学利益是客观存在。
所谓教学利益，是指"教学活动中客体的存在和属性满足师生生存和发展需要

---

① 李森.教学动力论 [M].重庆：西南师范大学出版社，1998：3.
② 成尚荣.教师教育应该从"被发展"走向自主发展 [N].中国教育报，2010-01-15.
③ 刘伟.教学利益研究——基于师生主体性发展的追求 [D].西南大学博士学位论文，
2012：3.
④ 康德.实践理性批判 [M].韩永法，译.上海：商务印书馆出版，1999：144.

的关系"①。利益主体、利益主体需要、利益客体及利益活动是构成利益关系和利益活动的四个基本要素②。因此，要维护和实现师生的教学利益，就要关注师生在教学活动中的利益诉求，即在教学活动中正当的发展需要，通过教学活动中教学主客体间的相互作用，去满足师生教学发展的需要，进而实现师生的主体性发展。小学师生教学利益的实现，要求我们摒弃传统的"工具理性"的思维，去关注教学活动中小学师生本身，关注他们在教学活动中的发展需求，创造有利条件，实现他们的教学利益，促进他们的主体性发展。当然，小学教学活动中的主体不止小学师生，同样，其他小学教学活动的主体要实现在教学活动中的主体性发展，也必须正视、维护并实现他们的教学利益，进而实现他们的主体性发展。这也提醒我们，要在小学教学活动中实现相关教学主体的主体性发展，就必须构建小学各类教学主体的利益共同体。

---

① 刘伟. 教学利益研究——基于师生主体性发展的追求［D］. 西南大学博士学位论文，2012：26.
② 刘伟. 教学利益研究——基于师生主体性发展的追求［D］. 西南大学博士学位论文，2012：21—22.

第六章

小学教学原则

第一节　小学教学原则的概述

一、原则

据《辞海》的解释，原则是"观察问题、处理问题的准则。对问题的看法和处理，往往会受到立场、观点、方法的影响。原则是从自然界和人类社会中抽象出来的，只有正确反映事物客观规律的原则才是正确的"①。从这个解释中我们至少可以获取以下信息：

（一）原则是人们的活动准则

无论是观察还是处理问题，都是人们对待自身以及外界的基本活动。人的活动，尤其是社会性活动，都带有不同程度的意识性和目的性。活动准则是人社会性活动意识性和目的性的典型体现和反映，即人的活动总是在一定的活动准则的指导、引领、规范和约束下开展的。原则显然是准则的一种，但相较于一般的活动准则，原则在指导和引领人的活动上具有更强的指导性和约束力，是准则的高级形态。从某种意义上看，原则是人们根本性的活动准则，对人们活动的开展，特别是社会性活动的开展具有非常重要的导向价值和指引作用。

（二）原则是主观对客观的反映

人的活动原则不是先天存在的，是人在活动中抽象和提炼出来的。显然，原则是人主观思想的表达，是人的认识的一种体现和反映。从这个角度看，原则会受人认识的影响和制约，其在内容和表现形式上都具有一定的主观性。不同的人，鉴于他们认识的广度和深度，他们在活动原则上的清晰度和准确性都

---

①　辞海编辑委员会．辞海［M］．上海：上海辞书出版社，1999：2345.

会存在差异，甚至在活动原则上有着截然不同的认识和选择。也就是说，正是因为原则的主观特性，人们在对待活动上，可能基于不同的原则指导和规约，会有不同的认识和选择。原则虽然具有主观性，但这并不意味着原则是完全随意、率性的。事实上，客观性才是活动原则的基本属性。如果说活动原则要受人们认识的影响和制约，表现为一种主观性的思想认识，那么事物及事物之间关系的内在规律则是活动原则的精神内核。事物及事物之间关系的内在规律是不以人的意志为转移的客观存在，这是决定活动原则性质的根本因素。如果不能正确揭示和反映事物及事物之间关系的内在规律，这样的活动原则本质上是有问题的，如果选择和坚持这样的"原则"，人们的活动会受到损害。

（三）原则对人们活动具有重要影响

如前所述，活动原则的主观性是形式上的，只有揭示和反映客观规律的活动原则才是正确的原则，才是真正的原则，才能对人们的活动发挥指导和促进作用。反之，不能正确反映事物及事物之间内在客观规律的"原则"，其形式和内容都是主观的，如果用这样的"原则"指导人们的认识和实践活动，其结果只会是消极和负面的。这告诉我们，在提炼、选择和使用活动原则一事上必须持审慎的态度，活动原则提炼、选择和使用得当，即在开展活动的过程中贯彻了正确的活动原则，活动才能保持正确的方向并取得预期的效果。

需要说明的是，并非所有的人类活动都存在活动原则的参与和介入。一些活动，特别是一些生物性的自发性、自然性的人类活动，未必有活动原则的指导和规约。但绝大多数人类活动，特别是社会性活动都存在活动原则的介入甚至是全程规约。但活动原则作用的发挥与活动内容、活动性质和活动主体等因素密切相关，从而使活动原则的表现形式和价值表现出不同的差异性。另外，活动原则经常会以一种隐性的方式在活动开展中发挥作用，即在许多活动中，活动主体不一定明确提出，甚至连自身可能都未意识到，但的确是存在相关的活动原则并切实发挥作用的。也就是说，看似没有原则指导的许多活动，实际上是有相关原则在其中发挥作用的，只不过活动主体（活动当事人）自身未意识到而已。当然，为了真正发挥活动原则的指导作用，活动主体理应在活动原则问题上体现出更充分的主体性。

二、教学原则

关于教学原则的内涵，我们倾向于认为"教学原则是教学工作的法则或标准"①。具体来说，"它是根据教学目的和教学过程的基本规律制定的对教学工作的基本要求，是指导教学活动的一般原理，是客观教学规律的主观反映"②。教学原则是人类众多社会活动原则中的一个范畴，教学原则具有社会活动原则的一切特性。根据前文对原则特性的描述，教学原则是指导人们开展教学活动的基本准则；教学原则是人们的教学认识对教学活动规律的揭示和反映；教学原则的正确与否及是否按照正确的教学原则开展教学活动对教学活动目标的实现是否有重要的影响。除了这些基本特性，我们在认识教学原则时还需要注意以下方面：

（一）教学原则不等同于教学规律

教学原则是人为制定的，但教学原则的制定并不是随意的，教学原则的制定必须遵循教学规律，是对教学规律的正确认识、科学表达和合理转化。但教学原则不等同于教学规律本身，它要正确反映教学规律，将教学规律以一种人们能理解、能操作、能践行的方式表达出来，它的内容要求具有较强的客观性，但在表现形式、结构体系等方面都具有一定的主观性，有时甚至会带有较强烈的个性特点。

（二）教学原则对教学活动具有规范性

教学原则既是教学工作的法则或标准，也对教学活动具有规范性，即人们教学活动需要在相应教学原则的指导下进行。教学原则的规范性体现了人们对教学活动规律的遵循，即教学应该是自觉的、有序的，教学活动不能想当然地开展。有些人打着"学生中心""尊重个性和自由""教无定法"等旗号，自由、散漫、率性地开展教学活动，这些无序、无规则的教学活动注定难以取得好的教学效果。当然，教学原则的规范性并不意味着教学活动就会失去自由和个性，灵活性也是一个基本且重要的教学原则，它遵循的就是教学活动实事求是的规律。

（三）教学原则不具有无条件的普适性

教学原则是指导人们教学工作的法则，这说明了教学原则具有普适性的特点，它对人的指导不是只针对某些人，是该教学活动中所有人都需要遵循的。教学原则代表的是教学规律，规律对教学活动中的主体是一视同仁的。但教学原则的普适性是有条件的，要结合教学原则内容反映的教学规律的情况来具体问题具体分析。比如某些教学原则可能针对的是某些学段、某些学科、某些类

---

① 李森. 现代教学论纲要［M］. 北京：人民教育出版社，2007：92.
② 李森. 现代教学论纲要［M］. 北京：人民教育出版社，2007：92.

型的学生，这种教学原则反映了这些学段、学科、学生的共性，对他们的指导具有普适性，但这些教学原则未必适合其他学段、学科和学生。因此，对教学原则的普适性一定要根据教学原则的内容正确认识和理解，不要以偏概全，也不要扩大化，要具体情况具体分析，灵活采用和使用教学原则。

（四）教学原则具有不同的层级和体系

教学活动包罗万象，是一个非常宏大且庞杂的系统，几乎不可能构建一个契合所有教学活动体系且包含所有教学内容的教学原则体系。因此教学原则的制定，要受教学活动层面和内容体系等因素的影响和制约，从这个角度看，教学原则是具有不同层次、不同维度和不同内容的逻辑结构的，教学原则同样是庞大且复杂的系统。如基础教育与高等教育、普通教育与特殊教育、普通教育与职业教育等不同学段、不同学科和专业的教育分类，在教学原则上既具有共性也具有个性，体现出教学原则在层级和体系上的差异性。

（五）教学原则是践行教学理论的桥梁和中介

教学原则不仅是人们对教学规律的遵循，也是人们将教学认识落实于具体教学行为的一种转化，是维系教学理论与教学实践的纽带。教学认识来源于教学实践，教学认识更要指导教学实践。人们在教学实践中揭示和发现教学规律，对教学规律的科学认识提炼和概括为教学原则，并以此指导自身的教学活动，借以完成教学任务，实现教学目的。教学原则提炼和概括得越全面、越准确且在教学实践中得到越有效的遵循，教学原则对教学理论与教学实践的连接作用就越大，教学的效果也就越好，教学的目的也就越容易实现。

三、小学教学原则

根据上述对原则及教学原则的论述，我们可以给小学教学原则下这样一个定义：小学教学原则是开展小学教学工作的法则或标准。也就是说，人们开展小学教学活动需要遵守小学教学原则，不能率性而为。需要注意的是，和所有学段的教学原则一样，小学教学原则不是天生就有、不证自明的，它需要人们结合小学教学实践经验，从小学教学活动的规律中去总结和提炼。

在现实的教学实践中，各类教学实践的主体很难在教学原则上完全一致，个中原因大概有如下几点：其一，教学原则的复杂性。教学原则体系庞杂、类型众多，总结和提炼教学原则受诸多因素的影响和制约，教学原则的提炼是非常艰难的一项工作，人们很难在理想的教学原则上达成共识。其二，对教学原则认识上的偏差。即使经过努力，人们制定了较为理想的教学原则，但在对这些教学原则的认识过程中，不同的知识储备和实践经验都会导致人们在教学原则的认识和理解上出现差异。其三，教学原则在实践中的检验。理想的教学原则到理解的教学原则，最终要落脚到实践的教学原则。实践会检验教学原则的正确性，有些教学原则可能得到证实，而有些可能需要修正，有些甚至可能会被伪证。因此，教学原则不是一成不变的，从理想、理解再到实践，这是一循环往复的不断认识和实践的过程。

作为一个下位概念，小学教学原则显然具有教学原则的基本属性和特点。但正如我们在解读教学原则时分析的那样，教学活动是一个庞大的体系，教学原则也是一个庞大的体系，不同学段的教学活动具有自己独有的内容和特点，其指导性原则也具有该学段的特点。因此小学教学原则具有该学段的特点，要有针对性地开展教学活动，提高小学教学的效益，促进小学师生的主体性发展，就需要根据小学教学活动的特性，制定和采用科学的小学教学原则。

第二节　小学基本教学原则

小学教学原则同样是一个庞杂的系统，可以从不同层次、不同学科、不同活动内容等视角去提炼和概括，譬如小学语文和小学数学的教学原则就会因为学科性质不同而具有差异。在此我们仅从较宏观的视角，即整个小学学段的层面去探讨小学教学原则的内容。教学原则的制定要遵循"辩证性、完备性和适用性"[①] 的要求，以完备性要求为例，"一套完整的教学原则体系应当包括教学活动的目的、主体、内容和方式等各方面的内容，而不能只反映其中某一或某几方面的内容，而忽视或遗漏掉其他一些重要内容"[②]。据此，站在小学整个学段的层面，我们认为小学教学应该坚持全面发展原则、主体性发展原则、基础性原则、直观性原则和因材施教等基本原则。

一、全面发展原则

我国的教育目的是促进学生全面发展，这是各个学段所有的教育教学活动都必须遵循的原则，也是评判教学活动成效的根本性原则。小学作为基础教育的起始阶段，教学活动不仅要追求促进小学生全面发展的目的，更应该为小学生全面发展奠定坚实的基础。也就是说，小学生的全面发展具有小学阶段的特

---

① 李森. 现代教学论纲要 ［M］. 北京：人民教育出版社，2007：96—97.

② 李森. 现代教学论纲要 ［M］. 北京：人民教育出版社，2007：97.

性。从内容上看，小学生的全面发展涵盖德智体美劳等各个方面，在发展领域和发展范围上具有全面性；从程度上看，小学生的全面发展是基础性的全面发展，是契合小学生身心特点和小学课程特点的发展；从关系上看，小学生的全面发展是准备性的发展，是厚积薄发的量性发展，是为后续学段做好发展准备的发展。因此，小学教学活动在促进小学生全面发展的过程中，不能把全面发展当成一种发展的口号，要从内容、程度和关系等方面全盘贯彻和落实。

二、主体性发展原则

全面发展是小学教学活动的目的，这样的发展追求主要反映的是小学生发展的范围、内容和结果等。小学教学活动追求的小学生的全面发展，不仅要体现在范围、内容和结果上，同时也要体现在过程上，即小学教学要坚持主体性发展原则。小学生处于主体性发展的较低阶段，同时也处于主体性发展的快速阶段，小学阶段高质量的发展将为小学生奠定坚实有力的发展基础。主体性发展原则充分体现了学生中心的教学理念和教学规律，它要求小学教学活动的开展必须充分尊重、引导和培养小学生的个性和主体性，特别是自主、自觉和创造性，使小学生获得高质量的自我发展，而不是被动发展。主体性发展原则还体现了教学相长的规律和教育意蕴，它要求小学师生在教学活动中必须充分发挥自身的主体性，而且这种主体性必须关照对方，即自身的主体性发展以对方的发展为基础、助力和内容，要求小学教学实现的师生发展不仅在过程上是"主体性的"发展，在结果上更是"主体性的"发展和"共同体式"的发展。

三、基础性原则

基础性是小学教学的一个基本特性。"小学教学是学校教育体系中一个与众不同的阶段，当人们试图明确小学教学的特点时，经常会谈到它的基础性。"①事实上，每个较低阶段的学段，其教学总是为较高阶段学校的教学做好准备的，从这个意义上看，较低阶段学段的教学总是具有基础性的特点。但小学教学的基础性和其他学段教学的基础性是有差异的，小学教学的基础性可以说是基础之中的基础，比小学之上的各学段的基础性更广、更深、更强，无论是教学内容、教学方法、教学目标等，都有突出的奠基特性和要求。小学教学的基础性原则，要求小学教学活动重在夯实学生发展的基础，以教学内容为例，小学教

---

① ［俄］赞科夫. 论小学教学［M］. 孙为，译. 武汉：长江文艺出版社，2017：1.

学要夯实基础，就要着力培养小学生对自我和外部世界的广泛兴趣，在知识、技能和能力上重在广博、坚实，而非精深。

四、直观性原则

直观性原则主要是从小学教学活动的方式和方法的角度要求的。"直观性原则，指在教学中要通过学生观察所学事物或教师语言的形象描述，引导学生形成所学事物、过程的清晰表象，丰富他们的感性知识，从而使他们能够正确理解书本知识和发展认知能力。"① 这个原则是基于小学生身心发展的基本规律和特点而提出的。小学生由于年龄较小、知识储备和经验不足，身心发展总体处于较低的发展水平，思维发展以直观形象为主（尤其是小学中低年级）。这要求小学教学活动开展时，教师要多选择和使用形象直观的方式，如"正确选择直观教具和现代化教学手段；直观要与讲解相结合；重视运用语言直观"② 等。

五、理论联系实际原则

"理论联系实际原则，指教学要以学习基础知识为主导，从理论与实际的联系上去理解知识，注意运用知识去分析问题和解决问题，达到学懂会用、学以致用。"③ 理论联系实际原则体现了知识与实践辩证关系的内在规律，要求小学教学活动必须从生活中来、到生活中去，即教学要生活化。它契合小学生的直观思维特点，可以有效地促进小学生对知识的正确认识、理解、内化和应用。在小学教学中要求"书本知识的教学要注重联系实际；重视培养学生运用知识的能力；正确处理知识教学与技能训练的关系；补充必要的乡土教材"④。通过上述方式方法，使小学教学与小学生生活紧密融合，提升小学教学的实效性。

六、因材施教原则

因材施教强调教师在教学活动中应该根据教授对象的具体情况来选择和采用相应的方式方法，这是对教学活动中教学对象与教学方法关系规律的揭示和反映。在教学方法上，小学生相较于更高阶段学生在适应性和调控力上相对更弱，为提升教学效果，小学教师更应关注学生情况，针对性地选择和使用适切

---

① 曾小平．小学数学课程与教学论［M］．北京：人民教育出版社，2015：161．
② 曾小平．小学数学课程与教学论［M］．北京：人民教育出版社，2015：161．
③ 曾小平．小学数学课程与教学论［M］．北京：人民教育出版社，2015：162．
④ 曾小平．小学数学课程与教学论［M］．北京：人民教育出版社，2015：162．

的教学方法。对因材施教原则，我们还应该有更全面的认识和理解。因材施教里的"材"，虽然主要指学生，因为学生是教师开展教学活动的主要对象，是教学目标的主要承载者，显然是"材"的核心，其他"材"的"因"（即利用）要围绕学生这个"材"来展开，但"材"并不特指学生，往大的方面看，可以扩展为教师在教育教学中需要利用的各类教育教学资源和条件，如教学的各类设备设施，甚至是教学时空，从这个角度讲，适时而教也是因材施教的应有之义。进一步说，因材施教原则也反映了个性化教学的要求，这里的个性化，既是指师生的个性化，也是指师生基于自身及彼此的情况对所处的教学时空环境的有效利用。

七、发展性原则

培养并促进学生发展是教学的根本追求，毫无疑问，发展性是对教学活动与人关系规律的反映。因此，发展性原则理应是所有教学活动的基本原则之一，但小学教学原则的发展性要求有自身的独特内涵。如前所述，基础性是小学教学的基本特性之一，小学生的发展是后续教学阶段的重要基础。同样是以全面发展为教学目的，小学生的发展更强调的是基础的厚实，即发展的兴趣和知识、技能和能力等方面的宽度和广度等。也就是说，小学教学的发展性原则要求小学教学能够为后续阶段的教学提供绵绵不绝的动力和后劲，而不是简单地量化小学生在小学教学活动中获得的发展"业绩"。因此发展性原则要求小学教学在教学评价上用发展的眼光看待小学生的发展，教学活动重在激发和调动小学生学习的广泛兴趣和内在活力，要避免应试化追求，更不能为提高学业成绩而任意加重小学生学业负担。

第七章

小学教学时空

第一节　教学时空的概述

一、教学时空

人的活动总是发生在一定的时空场域中，教学活动同样如此。所谓教学时空，是指教学主体开展教学活动时所处的时间和空间构成的一体化场域。教学时空是构成教学活动的环境要素，它不仅是教学活动开展的必备要素，而且对教学活动的开展产生重要的影响作用。要推动和促进教学活动的顺利开展，我们必须科学认识并正确利用教学时空。

（一）教学时空是教学活动的必备要素

这里的教学活动的必备要素，是指教学活动的开展离不开一定的教学时间和一定的教学空间，教学时空是特定的教学活动开展的前提，并非指教学时空是教学活动的基本要素，事实上所有的人类活动都离不开时空要素。关于教学活动的基本要素，学界存在争议，目前尚未达成统一共识。我们认为，时空是一切事物和活动存在的必备条件，但未必用于一切事物或活动的定性。因此我们认为，教学时空是教学活动的必备要素，但不是影响甚至决定教学活动性质的核心要素。教学时空虽然不是教学活动的核心要素，其更多是以教学环境的形式发挥作用，但其重要性不可忽视。正如我们平时经常说的，一件事的成功往往需要天时、地利、人和三者相得益彰，缺一不可。教学时空犹如天时和地利，对教学任务的顺利完成具有重要作用。

（二）教学时空具有教育意蕴

教学时空虽不是教学活动的核心要素，但却是教学活动的必备要素。教学时空切切实实地对教学活动发挥影响，对教学活动产生着或积极或消极的作用，简言之，教学时空具有教育意蕴。以教学空间为例，干净整洁、窗明几净的教室与脏乱无序、逼仄阴暗的教室，它们对身处其间师生的教学活动的影响往往是截然不同的，因为不同的教学空间对其中的教学主体会产生不同的影响。当然，教学时空的教育意蕴是基于教学活动的，在教学主体的利用下，教学时空与教学活动的相关内容和环节密切联系，一般不能单独发挥作用。对于教学活动的开展来说，教学时空场域是客观存在的，不以教学主体的意志为转移，但教学主体可以根据教学活动的需要，对具体的教学时空进行选择和科学利用，借此推进教学活动的开展，提升教学效果，更好地实现对人才的培养。

（三）教学时空具有交互性

教学时空是一体的，教学时间和教学空间不可能单独存在、单独发挥作用。对于具体的教学活动而言，教学时空同时存在、交互作用，以一体化的时空形态发挥对教学活动的影响作用，也就是说，特定的教学活动具有特定的教学时空结构。这就意味着，教学活动的开展，教学时空的选择和安排是两个必须同时考虑的因素。鉴于教学时间和教学空间两者的交互性，要想提升教学效果，就要考虑如何设计教学时空以实现两者在结构上的优化，进而构建起科学的教学时空结构。教育实践证明，科学的教学时空结构可以有效促进教学活动，有利于师生发展，相反，不当的教学时空结构将会对教学活动产生消极影响，阻碍教学活动的正常进行，降低教学活动的效果。

二、教学时空观

既然教学时空客观存在，且会对教学活动产生影响，那么我们就必须正视教学时空，加强对教学时空的科学认识，以便更加科学合理地利用教学时空，进而提高教学活动的质量。加强对教学时空的科学认识必然涉及教学时空观的问题。

（一）教学时空观的内涵

教学时空观，"是指学校组织自身教学活动的时间安排和空间构成上的考虑"[①]。要理解教学时空观，我们首先得对教学时间安排和教学空间构成形成科学的认识。教学时间，指"'组织教学、检查复习、学习新教材、巩固新教材、布置课外作业'等基本教学环节在整个课堂教学活动中所被分配的时间比

---

① 张峰. 略谈教学时空观 [J]. 高等教育研究，1998（3）.

重"①。而教学空间构成，"一种理解是指课堂内整个物理环境，即如戴尔克（Pahlke，H.O.）所言，'教学活动是在一定的物理环境中进行的，这一环境在某些十分重要的方面制约着学生学习与发展之可能性'。另一种理解则是指课堂教学参与者人际组合的空间形态"②。教学时空观，就时间而言，涉及对相关学段的修业年限、学时数安排、课程体系的时间进度以及课内学时和课外学时的分配等的考虑；就空间而言，则涉及对教学活动的场地、场所、教学平台的安排和设置、主辅课堂的分布以及教学与社会环境的联系等的考虑。当然，完整的教学时空观视域下的教学时间和教学空间不是分离的，必须予以统一考虑。另外，教学时空观的范围不能仅限于学校及周边的教学时空场域，我们必须站在更为广阔的视野和格局下看待教学时空，即要求我们"既要考虑宏观的社会发展背景，主动与社会经济发展的需要相适应，也要遵循教育的自身规律，按照人才培养的目标要求建构合理的教学时间和空间结构"③。

（二）教学时空观的价值追求

教学时空观是对学校组织教学活动在时间安排和空间构成上的考虑。正确的教学时空观可以推进教学活动的开展，那么，我们该树立什么样的教学时空观？对此我们或许可以从教学实践中一些典型的教学时空问题中去思考。

1. 教育实践中典型的教学时空问题

（1）教学空间单一化

目前，学校教学活动的空间相对单一，学生的教学活动几乎被固化在学校内，甚至被固定在教室里。关于我国学生在校学习期间的活动空间，人们通常称之为"三点一线"，即教室、食堂和宿舍。食堂是学生吃饭的地方，宿舍是学生休息的地方，那么，教室就是学生学习的地方。"三点一线"是对学生在学校行动轨迹的形象化概括，学校教学空间的单一性由此可见。我们知道，教室固然是学生主要的学习场所，但绝对不应该成为学生学习的单一场所。就校内空间而言，操场、图书馆、其他素质拓展的空间，都应该是教学活动开展的合理空间。但目前的实际情况是，有些学校要么就是缺乏这些教学空间，要么就是有但没有充分有效地利用这些空间。至于校外的教学空间，近些年，出于对学生人身安全的顾虑，学校开展校外教育教学活动的数量急剧减少，许多具有重要教育教学价值的校外教育场所鲜有被学校利用，这些都造成了教育实践中教

① 南京师范大学教育系.教育学［M］.北京：人民教育出版社，1984：471—473.
② 伍宁.课堂教学时空构成的社会学分析［J］.教育研究与实验，1996（2）.
③ 张峰.略谈教学时空观［J］.高等教育研究，1998（3）.

学空间的单一化问题。

（2）教学时间固定化

教学时间固化，主要表现为教学时间在计划设置上过于死板，缺乏灵活性。这一点在中小学表现得尤其明显，何时到校、何时离校、什么时间上课、一节课多少分钟、课间休息多少分钟，如此等等，关于教学时间的安排明确而具体，计划性有余而灵活性不足。有些学校甚至对教师课内教学时间的安排也有明确要求，比如导入教学多少分钟、讲解多少分钟、练习多少分钟、复习多少分钟等等，以此作为依据对教师的教学进行"科学性"评价。诸如此类，整个教学活动的时间被分割成细块，密不透风，师生几乎没有弹性处理教学时间的余地。有些学校的管理者甚至称之为"高效化"的教学时间安排，极端的情况是，学生在晨练的间隙、食堂吃饭的间隙，这样的时间也被学校做了复习阅读的规定和要求。类似的这种教学在时间上"军事化"和"钉钉子"的精神着实不可取，表现上是教学时间不合理，骨子里是缺乏对教学时空的正确认知和对人的尊重，是相关学校管理者和教师的应试化教育思想在作祟。

（3）教学时空错乱化

教学时间错乱化主要是教学时空搭配结构不合理，主要表现是教学时间和教学空间在两者衔接的设计和安排上简单随意，非但不能形成一加一大于二的整体效果，反而相互消解，甚至形成了对教学活动的负面影响。以体育课为例，教学时空需要结合体育课程的教学任务、学科性质和教学内容、学生的身心状况、季节和天气等因素综合考虑，这样才能真正发挥体育的作用。从教学时间的角度看，体育课程的安排多穿插在理论性课程之间，因为体育课程偏重身体锻炼，可以使学生大脑得到放松和休息，安排在理论性课程之间可以使学生学习张弛有度。从教学空间的角度看，体育课程除少量的理论课程可以在教室内开展，大量的体育课程一般安排在户外合适的区域和场所，这样可以保证相关体育活动的开展，达成锻炼和增强学生体质的目的。但在教育实践中，许多体育课被安排在上午或下午的第一节上，在这样的时间安排下有时甚至还被安排在教室里上。这种情况反映了相关教学管理者对体育课程的不重视，也反映出相关管理者对教学时空的重要性及教学时空结构关系的认识不足。显然，这种错乱的教学时空结构会妨碍教学目的的有效达成。

2. 教学时空观的育人价值

教学时空观是对教学活动的时间安排和空间构成上的考虑，教学实践中的典型问题正反映了人们对上述问题考虑的不足甚至是错误的考虑。那么，怎样的教学时空观有利于推动教学活动进行科学的时空安排？教学时空观可以发挥怎样的作用？

（1）科学的教学时空观必须正视教学主体的发展需求

教学是培养人的活动，教学活动中的一切人、事、物及其结构和关系都是为人才培养目标服务的，教学活动中的时间安排和空间建构同样如此，因此，科学的教学时空观必须体现出对育人的重视并发挥出应有的作用。为人才培养服务是教学时空观的价值取向。价值表现为事物对人需要的满足及程度，具体到教学时空观上，就是基于怎样的教学时空考虑满足教学主体的发展需要。也就是说，我们在考虑教学的时间和空间时，眼中必要见"人"，要把对教学时空的安排指向教学活动中人发展的需要。这里的人，是教学活动的参与者，是教学的主体，教学主体的需要，根本上就是发展的需要。具体来说，可以是教师的需要，也可以是学生的需要，还可以是学校管理者的需要、家长的需要等等。不管是教学活动的直接主体还是间接主体，他们在教学活动中都有自己的需要，只要是与教学活动密切相关，只要是与人的发展相关，特别是与学生的发展相关，教学时间安排和空间构成就要考虑这些需要。简言之，教学时空观的根本价值取向是为了教学活动中人的发展，特别是学生的发展，所有的教学时空构成都要为此服务。特别需要强调的是，科学的教学时空观必须见人，这里的人指的是各类教学主体，在构建教学时空时要为各类教学主体服务。但各类教学主体在构建教学时空中时的地位和重要性是有差异的。师生，尤其是学生是优先考虑的教学主体。举个例子，小学在安排体育课的时间和场地时，首要考虑的是学科特性和学生的情况，即体育课程的性质是否符合学生身心发育的规律，而不是优先考虑是否方便老师上课或者学校管理。

（2）将有限的教学时空拓展为无限的发展可能

我们从具体的教学活动来看，教学时空是有限的，即在具体的教学活动中，教学时间的安排和教学空间的构成都是相对固定的。以小学单节课堂教学时间为例，一般每节课为40或45分钟。同样，一节课的教学，相同的教学活动主体，相同的教学时间，只能在一定的教学空间内开展，如教室，这样看来，具体的教学活动，其教学时空是有局限性的。但我们可以尝试跨出这种思维上的局限，我们看待教学时空时，不应将其局限于对教学活动开展的基本满足，如果是这样，就只是把教学时空看成了教学活动的必备要素而已，我们要用更广阔的视野和格局去发挥教学时空的育人功能。特别是在当前教育信息化的时代背景下，各种现代教育教学技术和手段为我们拓展教学时空提供了无限的可能性，我们完全可以超越传统教学时空的限制，更合理地安排和利用教学时空，以实现更好的育人功能。正如风靡全球的儿童读物《神奇校车》① 中描述的那样：一部校车，可以让学生们超越时空限制，去探索浩瀚宇宙的未知世界。只要教学主体敢于创造、善于创造，我们便能超越具体教学活动中的时空局限，使教学时空在无限的场域中促进教学主体的发展。

第二节　小学教学时空的创建

一、充分利用小学教学时空的教学意蕴

教学时空属于教学活动的环境范畴，是教学活动的主体，特别是师生的活动场域。环境育人是教育活动的重要形式之一，学校教学活动的开展，必须充分利用教学时空的育人属性，发挥其育人功能。小学是基础教育的初始阶段，小学生由于主体性发展不成熟，环境对小学生的影响比对中学生及更高阶段的学生的影响更大。因此，我们尤其应该注意充分发挥小学教学时空的教育价值，促进小学生的良好发展。

（一）充分利用小学有形教学时空的教学意蕴

小学教学时空，有些是有形的，特别是教学空间的许多内容是有形的，比如教学空间的大小、面积，教学建筑的形态、颜色，教室的桌椅摆放、设备和器材安置，教学开展时师生、生生间的位置距离等等。相对于教学空间，教学时间总体是无形的，但教学时间在教学活动中会以一些有形的形式展示出来，如教室里的挂钟、计时的沙漏、学生的手表等等。只要利用得当，这些有形教学时空内容都能发挥教育作用。相反，如果利用不当，这些有形的教学时空则有可能会妨碍教学活动的正常进行。以教学空间为例，宽敞、明亮、整洁的教室往往能营造一种轻松舒适的教学感受，使教室里的师生能以积极的心态开展教学活动；相反，狭小、阴暗、脏乱的教室却往往会使身处其中的师生压抑难受，导致他们以消极的情绪进入教学活动，在极端的情况下甚至会使师生产生逃离教室的冲动。再如，在小学教学活动中，师生之间的空间变化往往可以传

---

① 《神奇校车》是 2005 年新闻出版总署向青少年推荐的 100 种优秀图书之一，该系列丛书是美国国家图书馆推荐给所有学龄前儿童和小学生的课外自然科普读物，也是全美国最受欢迎的儿童自然科学图书系列，曾荣获波士顿环球图书奖、美国《教育杂志》非小说类神奇阅读奖。

递给学生不同的心理感受，进而对其教学活动产生影响。如在教学活动期间，教师偶尔在教室里进行走动，通过这种师生间身体距离的变化，可以提醒上课分心的学生将注意力集中到教学活动中来。另外，如果学生在教室里的座位长期处于距离教师较远的后排，这种空间上的距离感往往会让学生产生"自己是差生"的失败感，从而对学习失去信心。又如在教学时间上，教师可以通过教室里的挂钟等时间指示设备，对教学活动进行设计和安排，让学生学会在教学活动中进行自我管理，进而提高教学效率，如教师在课堂分组讨论中，对讨论、汇报等活动环节做出明确的时间安排，让学生根据教室里的挂钟等时间指示设备自行把握，进而促进学生自我管理能力的培养。总之，在教学活动中有形的教学时空内容很多，如果利用得当，将有效促进教学活动的顺利开展，提高教学的育人效果。

（二）充分利用小学无形教学时空的教学意蕴

无形的教学时空同样具有教育意蕴，利用得当与否，将会推动或阻碍教学活动的开展。那么，小学教学活动中无形的教学时空有哪些呢？以教学空间为例，前文我们论述过，教学空间既可以指有形的物理空间，也可指无形的精神空间。而教学活动中无形的教学空间，可以是教学活动主体间的人际关系，如师生关系、生生关系，这些都是无形的心理距离，是教学活动中无形的空间。我们在形容师生、生生关系好时常常用一个词，即"亲密无间"，并不是指他们之间在物理距离上有多么近，而指他们在心理空间上的密切。除了人际关系外，在教学活动中的无形空间还有学习、班风、学校文化等人文氛围，这些学校文化也能营造一种空间场域，让身处其中的教学主体与周边环境、人和物体产生一种特殊的距离感，进而影响教学主体的教学活动。再者如无形的教学时间，这就更容易理解了。时间本来就是无形之物，但它却如影随形，无时无刻不存在并影响教学活动中的师生，对他们教学行为产生影响。采用合适的方法，培养学生正确的时间观念和有效、高效利用时间的良好行为习惯，就可以将无形的教学时间转化为学生高效的学习行为。诸如此类无形的教学时空需要我们在具体的教学活动中去关注、去利用，这样才能发挥无形教学时空的教学价值。

我们需要注意的是，正如教学时间和教学空间不可分割一样，有形的教学时空和无形的教学时空也是不可分割的，我们只是基于论述的需要将其进行了分类。事实上，在教学活动中，有形的教学时空和无形的教学时空几乎同时发生作用、相互交集，形成教学时空场域，共同对处于其中的教学活动主体产生作用。关于教学时空场域的这种作用，有一段话非常形象地做了比喻，"如果说，时间性给予了实践行为以某种程度的'紧张感'或'紧迫感'的话，空间性则给予了实践行为以某种程度的'可区分性'或'方向性'。二者共同构成了影响实践行为的'情境'或'场'——'一种任意的和人为的社会构成',一种'漫长和缓慢的自主化过程的产物',一个一旦进入就让人无法自主的'魔法圈子'"①。这段话非常精彩,形象指出了教学时空的客观价值和作用,只要利用得当,教学时空场域将在教学活动中焕发"魔力"般的光彩。

充分利用教学时空的教学意蕴,要求我们打破传统教学的时空局限,为学生创造一个个开放、鲜活、立体多维、充满吸引力的教学时空场域,让这个"魔法圈子"里的学生们充满想象力和创造力地茁壮成长。小学生正处于天真烂漫、充满活力的年龄,小学教学时空唯有匹配小学生的年龄特点,才能真正发挥对小学生的教育作用。小学生的教学时空场域应该是充满生机的,就如人们希望的那样,"我们仿佛看到一群天真烂漫的孩子活跃在蓝天下,奔波在田野里,漫步在大街上,忙碌在图书馆,紧张在资料室……我们分明感受到孩子在色彩斑斓的大千世界中自由翱翔的情景"②。

二、建构科学的小学教学时空结构

教学时间安排和教学空间构成无疑都是影响教学活动的重要因素,它们共同组成了教学活动开展的时空场域。教学时空对教学活动的影响不是其作用的简单叠加,而是彼此嵌合,通过立体、多元的组合,形成一定的教学时空结构,一体化地对教学活动发挥作用。教学时空结构涉及教师、学生以及他们之间的诸多关系,不同的教学时空构成方式引发的角色定位、互动类型各不相同,而随着教学时空结构方式的变换,他们的角色定位、互动类型也会随之发生更改,而且教学时空结构会直接或间接影响知识的分配方式与话语权力的运作,另外,不同的教学时空结构也会构成不同的教师群体、学生群体尤其是学生同辈群体,并对学生个体社会化过程加以不同的影响③。因此,我们必须用系统的思维去认识和实践教学时空,要充分发挥教学时空的教育意蕴,就要构建科学的教学时空结构。

（一）构建小学教学时空结构的基本理念

构建小学教学时空结构的目的是充分利用教学时空的教学意蕴。说到底,

①　石中英. 论教育实践的逻辑 [J]. 教育研究, 2006 (1).
②　黄桂林. 开放教学时空放飞学生个性——自主学习案例解读 [J]. 内蒙古教育, 2009 (5).
③　马维娜. 教学时空的双重建构 [J]. 课程·教材·教法, 2004 (12).

教学时空必须为师生发展服务。如果只是为了构建"科学"的教学时空而谈教学时空结构，那就是重手段而轻本真，是一种典型的工具理性。在现实生活中这样的教训是很多的，如校园文化建设，许多学校为了打造所谓的"校园文化"，花重金建设校园，各种绿化、各种雕塑、各种宣传口号，看似热闹丰富，却散而不聚，实则是没有文化的根，更无育人的魂。这种为文化而文化的工具理性思维害人不浅。又如基础教育中教育信息化进程中的一些怪象，注重教学设备设施的硬件建设而忽视教学理念的转变和教师有意识的跟进，最后设备成了摆设，教师和学生成了设备的奴隶，正如有学者所指出的那样，"再先进的教学设备，它自身所具有的教学价值也必须与教师的智慧融合在一起才能够发挥出来，抽离或压制了教师智慧的教学设备的使用只能使教学活动变得形式化，而由此所带来的教学时空的变革目的也沦落为先进技术'力量'的证明，而不是人的发展，而我们推进教学时空变革的初衷是为了以突破时空的限制来调动历史与现实生活中丰富的课程资源，从而为教师实现自身价值创造条件，为学生以多种方式进行学习提供了可能，其理念是'为人'的"①。一句话，构建科学教学时空结构的根本目的是追求师生的发展，小学教学时空结构是否科学，要看其是否能让小学师生在教学活动中始终在教学时空上处于同一"频道"，并最终因为认知同步、思维共振和情感共鸣而在发展上获益。

（二）构建立体的小学教学时空结构

关于教学时空的变革，有研究者曾分析了问题并指出了变革的方向，"一为改变'重教轻学'的教学时间分配和单调乏味的教学空间利用，探索如何在教学活动中更有效地利用教学时间，激活教学空间；一为改变'断裂的'教学时间和封闭的教学空间，探索如何在教学活动中能够超越教学时间的限度，逾越教学空间的限制"②。这对于建构小学教学时空结构也提供了启示，即要打破现有不合理的教学时空结构，建构一种科学的，能更加有效地利用教学时空，激活教学空间的教学时空结构。需要说明的是，这里指的教学时空结构，不是指具体的教学时间分配和教学空间设置，而是指教学时空的搭配理念和方向。显然，教学时空结构必然是受教学活动主体、教学内容和教学任务等因素影响的，不可能有哪种教学时空结构能适应一切的教学活动。

---

① 齐军，李如密. 基础教育课程改革中教学时空的变革与反思 [J]. 全球教育展望，2011 (7).

② 齐军，李如密. 基础教育课程改革中教学时空的变革与反思 [J]. 全球教育展望，2011 (7).

1. 重构教学时间，拓展教学空间

我们不能向时间要长度，但我们可以向空间要宽度。我国的基础教育，包括小学在内，素有重教轻学的传统，直至现在，在小学教学实践中这种现象仍然很常见。它造成的教学时空状态是：在教学时间上，安排非常密集，且以教师教为主，教师占据了大部的教学时间；在教学空间上相当封闭，基本上局限于教室和学校，少有空间上的拓展和突破。这样的教学时空构成，产生的直接影响是教学活动枯燥乏味、师生缺乏教学热情，而深层次上，则会造成师生的教学主体性受挫，教学活动充满压力，处于"被发展"的状态。在小学课堂中，在小学校园里，我们看到的往往不是好奇的眼睛和欢快的身影，更多的是迷茫的眼神和沉闷的身影。我国教育行政部门一直在要求为中小学生减负，却效果不佳，甚至"负负得正"，越减师生负担越重。要解决这些问题，我们在教学时空变革上必须要做的就是改变重教轻学的状况。

首先，要重构教学时间。可以适当减少教师在课堂上讲的时间，充分发挥学生在课堂上的主体作用，将课堂变成学生学习和自我展示的"舞台"。对于小学教学而言，小学教师要对小学生在教学活动中的主体性有信心，要积极地采取措施引导、帮助小学生在课堂教学中真正成为主体，要让小学生在小学课堂中有充分自我展示的时间。要想彻底扭转小学教师"满堂灌"独霸课堂教学时间的局面，就要让小学生成为小学课堂教学时间的真正"主人"，在教师的主导下，发挥自我主体性，支配并享有利于小学生自己的课堂教学时间。

其次，要拓展教学空间。课堂教学是学校教育最主要的手段和形式，但课堂教学不等于学校教育的全部。除课堂教学之外，丰富的课外实践活动同样是学校教育的重要教育内容。对于小学而言，遵循小学生身心发展的规律，小学课外教育教学活动的比例尤其需要占到一个比较大的比重。另外我们还需要认识到，现代课堂教学并非一定要局限于教室，教学空间完全可以根据教学的需要拓展到教室之外的学校其他教学空间，甚至可以拓展到学校之外。现代社会发展为学校教育教学提供了丰富的空间选择，这种空间可以是实体空间，也可以是虚拟空间。我们完全可以充分利用现代社会为学校教育提供的丰富空间延展条件，让我们的教学不再受教室空间的局限。小学不仅要减少教师在课堂上讲的时间，还要减少学生待在教室里的时间，让学生走出教室、走进图书馆、走进操场甚至走出校园，让学生在更广阔的世界里去认知世界、充实自我。

对教学时间的重构和教学空间的拓展不仅是物理的，还是精神的。教学时间的重构不只是时间的调整，更是师生主体性活动方式的变革，教师由控制变成引导，学生由客体转化为主体，师生在充分的交往和互动中实现教学时间的重构，发挥师生的主体性，提高教学活动的效率。教学空间的拓展不只是活动场所的扩大，更是师生、生生，乃至于更广泛教学主体间交往空间的拓展，在拓展中活动场所增大了，教学活动主体间的距离也拉近了。

2. 实现弹性化的教学时间安排

教学时间的固化似乎是我国基础教育的一个标志性特点。从学制的年限到学期的周数再到每节课的分钟数，从早上上课到中午放学再到下午上课及下午放学的时间，每一个学校都有明确的规定，而且同一地区、同一学段的学校在安排上完全一样，几乎没有弹性安排的余地。从具体教学安排来看同样如此，每一门课程，一周多少课时，分布在哪一天、哪一个时段，在每一学期期初就做了详细安排，并且要求不得"随意"更改调换。从教学活动的系统性角度看，这种固化的教学时间安排具有自身的合理性，对教学活动的统一调度、统一考核评价等都有利，却很难因地、因时，特别是因人制宜，很难因材施教，实现对学生的个性化培养，实现教师的个性化教学和学校的特色发展。统一、固化的教学时间安排可以从管理的层面提高学校工作的运行效率，但往往会阻滞个性化教学和课堂教学的改革创新。在当前，人才培养在突出全面发展的发展指向时，也格外强调人才培养的创新性和个性化。教学时间安排缺乏弹性化，无疑会成为这种培养趋势的障碍。比如刚性固化的教学时间安排能否考虑师生、学科、具体教学内容的特点？是否给予了学生更多自我展示的空间？是否有利于提高单位教学时间的活动效率？这些都需要我们去认真思考。我们可以这样大胆考虑：以小学为例，我们可否结合学生的身心发展规律和学科的特性，将目前统一的每节课 40 或 45 分钟的时间做灵活性的处理，比如在小学低段，学生注意力不容易集中的课程时间可缩短为 30~35 分钟一节，如语文和数学课等，而活动性课程可以适当延长，如体育课和手工课等。单节课时间缩短的课程，根据其学科要求，可适当增加课时，但同时注意中间用不同性质的课程进行间隔，这样既符合学生身心发展的规律，也更有利于教学效率的提高。除了调整单节课时的时间长短外，在课间活动时间和上下学时间的安排上，我们也可以根据需要灵活安排。总之，在教学时间安排上要结合学校的实际情况灵活处理，将单位时间内的活动效率提高，实现学校的特色发展和学生的个性化培养。

3. 构建多元立体的教学时空体系

教学时空是学校教学活动发生、发展和运行的场域，教学时间和教学空间对教学活动而言是客观存在的，同时教学时间和教学空间是以不可分割的一体化的形式存在，它们相互作用、彼此交织，共同构成时空场域对教学活动发挥作用。但对具体的教学活动，教学时间和教学空间以怎样的方式存在和发挥作用，人们是有一定的安排来设置空间的。如果计划得当，教学时空将以一种科学的方式存在和发挥作用，即构建起科学的教学时空场域，可以有效推动教学活动的顺利开展。举个简单例子，小学的体育课该创建一种怎样的时空场域？即小学的体育课在什么时间、什么地点上才最能实现体育课的教学目标，同时也与其他的课程相互促进和彼此补充？这个时间和空间的选择和安排就是教学时空场域的构建。当然，这是从教学时空物理场域的角度看的，教学的时空场域还包括人际关系、文化氛围等场域环境，自然也包括在教学时空场域构建内容的考虑范围之内。另外，在教学过程中，教学时空场域也处于动态变化之中，教学活动的主体，尤其是教师要关注教学时空场域的变化，因势利导，充分利用教学时空场域的积极因素，克服其消极因素，发挥其对教学活动的促进作用。对小学而言，教学时空场域的科学构建显示的不仅仅是某门课程，而是涵盖了所有的教学活动，而且这些具体的课程教学时空场域的构建也不是单独考虑的，必须用联系的观点、全局的视野予以统筹，进而营造一种整体的教学时空场域氛围，这种既包含个别，也面向整体，全面统筹、辐射整个学校教学的教学时空场域的构建就是多元立体的教学时空体系。

第八章

小学教学方法

第一节　教学方法的概述

一、教学方法的内涵

通常而言，教学方法是指教师和学生为了完成一定的教学任务而在教学活动中采用的教学活动方式的总称。

人们在开展活动时总会使用一定的方法，如果方法得当，活动往往会达到事半功倍的效果，反之则可能事倍功半，由此可见，方法的选择和使用会对活动效果产生影响。教学是公认的极具复杂性的活动，教无定法、贵在得法，教学方法的科学性将影响甚至决定着教学活动的有效性。为此，我们必须对教学方法进行全面而深入的认识。

（一）教学方法由教师的教法和学生的学法的有机组成

教学相长是教学活动的基本规律之一，教学相长说明了教师的教和学生的学是相辅相成、不可分割的密切关系。具体到教学方法上，教学方法也不是单方面教师的教法，而必须是教师的教法和学生的学法的有机组成。有些人认为教学方法就是教师的教法，这种观念是违背教学规律的。脱离了学习方法的教学方法是不可能达成好的教学效果的。相应的，学法与教法同样是不可分割的关系。

教学方法由教师的教法和学生的学法组成，但两者的地位和发挥作用的方式并不一样。在教学方法中，基于教师在教学活动中的主导地位，教师的教法在教学方法中同样居于主导地位，且是第一位的。但这并不是说学生的学法不如教师教法的地位重要，而是说学生的学法受教师教法主导。在发挥作用的方式上，教师的教法必须基于对学生学法的认识和把握，学生的学法需要教师教法的设计、引导和调整。在小学阶段，由于小学生主体性发展不成熟，再加之参与教学活动经验不足等原因，小学生的学习方法尤其需要教师在设计教学方法时予以预设和引导，小学教师要帮助小学生去探索、发现和形成适合自身的学习方法及体系，最终的目的是帮助小学生能灵活使用各种学习方法以适应不同的教学活动。

总之，教师的教法和学生的学法必须相互观照、相互适应、相生相融，如此才能构建成有机的、科学的教学方法，才能相辅相成、相互促进，达到事半功倍、提升教学效果的作用。反之，如果教师教法与学生学法毫不相涉，背离甚至相互冲突和矛盾，则会阻碍教学目标的达成，产生事倍功半的恶果。

（二）教学方法是为完成一定的教学任务服务的

方法总是为活动目的服务的，教学方法也不例外。教学方法的选择和使用必须具有指向性，必须围绕教学任务来展开。所谓"工欲善其事，必先利其器"，这里的"器"即指方法和手段，而"事"即是具体活动的目的和任务。要想很好地完成任务，就必须选择合适的方法。对于教学活动而言，总的目的和任务无疑是促进学生的全面发展，但教学是极其复杂的，为达到这个总的目的，教学活动必须构建一个极其庞杂的活动体系，这个活动体系是由无数的教学活动及教学活动任务组成的。因此具体来说，要想实现无数具体教学活动的目的任务，最终实现教学活动对学生全面发展的育人目的，就需要构建一个与复杂的教学活动相匹配的科学教学方法体系。所谓"教无定法"，正是说明了教学活动的海量工程和复杂性对教学方法在体系和灵活性上的要求。

总之，没有哪种教学方法是适应一切教学活动的，所有教学方法的选择和使用都是为完成相应的教学活动任务而服务的，因此我们必须根据具体教学活动的情况灵活选择和使用教学方法。

（三）教学方法与教师的教学个性和教学风格相关

教学方法的选择和使用受多种因素的影响，如教学方法的使用者、教学内容、教学环境和条件等。不同的教学方法有自身不同的特点，其使用的条件要求和作用发挥也有区别。人是影响教学方法选择和使用最重要的因素，在教学方法选择和使用上拥有主导地位的教师是影响教学方法最重要的人的因素。教师的自身条件，如知识、技能、观念等都会影响他们自身的教学方法。教师，尤其是拥有丰富教学经验，形成了较稳定的教学个性和教学风格的教师，往往对教学方法有自身独特的理解和运用，也更容易构建一套与自身教学个性和风格相匹配的教学方法体系，使其教学方法在促进教学任务完成的效果上也更好。

当然，教学方法也与学生的个性等自身情况密切相关。学生的学法受教师的教法影响，但并非由教师的教法决定。对于小学生而言，小学生学法受教师的影响相对较大，但小学生的学法同样会具有自己的个性和特点，这一点是毋庸置疑的。教师需要关注学生的具体情况，基于学生发展的追求，结合教学任务，引导小学生形成适合自身特点的学习方法。教师教法的选择也需要主动适应学生学法的情况，而非让学生被动地适应自己的教法，要体现学生中心的教学理念。

（四）教学方法必须建立在对教学活动要素的正确认识的基础上

教学活动既有人的要素，如教师和学生，也有物的要素，如教学内容等。在教学方法的选择和使用上，作为人的教师和学生固然是最重要的影响因素，但教学方法同样受教学内容等其他教学活动要素的影响和制约。相同的教学任务，不同的教师、学生、教学内容和教学环境等，只要教学活动的要素存在差异或变化，对教学方法的要求就可能发生变化。即使在上述各方面情况都相差不大甚至相同的情况下，教学方法对教学任务的适应情况也可能改变。如有时教学活动中人的心境发生了变化，其驾驭教学方法的情况和效果会与平常大不一样。因此教师和学生在教学方法的选择和使用上必须对教学内容、教学环境等要素进行全面、深入的认识，在此基础上再结合自身等各方面的情况，才能确定科学的教学方法。

除了上述方面外，我们还应该认识到，影响和制约教学方法的因素还有许多，如社会文化、教学活动的组织形式、教学技术和手段等等，这些都是我们在选择和使用教学方法时需要予以考虑的因素。

二、教学方法辨析

（一）教学方法与教学方式

在平时，人们往往不太能正确地区分教学方法与教学方式，有人甚至认为两者差不多，但实际上两者虽然密切相关，却存在实质上的区别。教学方式是运用各种教学方法的技术，是教师教和学生学的具体动作。"教学方式是指教学方法的活动细节，教学过程中具体的活动状态，表明教学活动实际呈现的形式。如讲授法中的讲述、讲解、讲演；练习法中的示范、摹仿等。没有独立的教学任务，服务于某一方法所要完成的任务。同一教学方式可以用于不同的教学方法，不同的教学方式也可包含于同一教学方法之中。它能使教师的工作方法形成独特风格，赋予教学方法以个人特征，也能影响学生掌握知识的个人特点。"[①] 教学方法是教学方式的上位概念，任何一种教学方法都是由一系列教学

---

① 顾明远. 教育大辞典 [M]. 上海：上海教育出版社，1998：188.

方式组成的。

（二）教学方法与教学手段

教学手段是人们在使用教学方法时经常会联系起来使用的一个词，这充分说明了教学手段与教学方法关系的密切。但两者同样是有区别的，教学手段是指在教学过程中使用某种具体的物体和工具，而教学方法不是某种东西，而是对教学手段的操作和运用。举个例子，演示法是小学教学中经常使用的一种直观形象的教学方法，演示法往往需要借助一些工具或者手段，譬如老师使用演示法在向学生讲述世界五大洲、四大洋的位置分布时往往会借助于地球仪，此时地球仪便是教师使用的教学手段。老师也可以不使用实体的地球仪，可以借助于电脑、投影仪、投影仪幕布等，使用更加形象直观的方式来对五大洲、四大洋进行介绍。上述这些材料和工具都是教师在使用教学演示法时使用的教学手段。

三、教学方法的分类

前文我们已经论述过，鉴于教学活动的复杂性，我们要想在纷繁复杂的教学活动中完成教学任务，就要根据不同情况使用不同的教学方法。事实上，教育实践中的教学方法是非常丰富而庞杂的。为了更有效地认识和使用教学方法，我们有必要将教学方法进行科学分类。依据分类标准不一样，可以将教学方法分为不同的类型：

（一）以语言表达为主的教学方法

这类教学方法主要是教学活动参与者以语言（主要是口头语言）为载体和媒介来开展教学活动的教学方法，典型的如：

1. 讲授法

讲授法主要是指讲授者（通常是教师）使用连贯的语言向学生传授系统的科学文化知识，培养和提升学生的思想政治素养，丰富学生对各类知识和技能的认识和理解，发展学生各方面能力的教学方法。这种教学方法使用时间最为悠久，即使是现在其使用也最为广泛。讲授法有突出的优点，即经济便利，可以在短时间内向学生传授大量的科学文化知识。从教的角度看，讲授法在单位时间内的教学效率很高。但这种教学方法以讲授者为主，固然充分发挥了讲授者的主体性，但讲授对象的主体性不容易被充分调动。因此，在教学实践中为弥补讲授法的不足，人们通常将之与其他的教学方法结合使用。讲授法根据教师在使用过程中出现的变式，如因为学科、内容和任务等的不同而在讲授方式上的变化，又可以具体分为讲述、讲解、讲读和讲演等不同的类型。

在教学实践中，有时会出现一些对讲授法的误解，有人甚至认为讲授法就是"填鸭式"，就是"满堂灌"，这实则是对讲授法的曲解，是对讲授法固有短板的无限放大。讲授法虽然有以讲授者为主的特点，但如果讲授者能充分发挥其主观能动性，辅助以各种方式和手段，同样可以克服讲授对象主体性不易调动的不足，甚至可以有效调动听者的主体性，积极参与和融入讲授活动之中，从而达到很好的教学效果。这就正如优秀的相声演员可以把相声讲得精彩绝伦，让观众们全情投入、乐不可支、拍案叫绝。事实上讲授法直到今天仍是教学中老师使用最多的一种教学方法，这正好说明了其突出的优点和良好的适应性。

2. 讨论法

讨论法是指"根据教学的要求，学生在教师的指导下，围绕某些问题各抒己见、展开辩论，辩明是非真伪，以此提高认识或弄清问题的方法"①。讨论法在教学实践中也运用很广，它除了具备经济便利的使用特性外，还因为讨论这种形式如果组织得当，可以有效启发学生思维，促进学生研究能力的提升和创新品质的培养。在当今社会越发重视创新能力培养的背景下，讨论法日益受到人们的青睐，在教学实践中得到广泛的使用。但讨论法的使用也需要注意一些问题，如讨论话题的选择。并非所有教学内容都适合讨论，如那些约定俗成的知识或话题，其讨论的价值就不大，而那些容易出现疑问甚至争议的，需要学生去思考和探索的教学内容则往往适合讨论。另外，讨论法还需要注意时间的有效利用，如果对讨论的内容不能科学地组织和安排讨论的过程和环节，就不能有效激发讨论者的兴趣和热情，甚至可能出现无法持续或过于拖沓和冗长等问题，从而导致教师对教学时间利用不高等问题的出现。

除了讲授法和讨论法外，以语言表达为主的教学方法还包括谈话法、读书指导法等等。我们需要说明的是，以语言表达为主的教学方法，其载体和媒介主要是口头语言，即教师和学生在教学活动中口头语言的交流。但并非独指口头语言，事实上除了口头语言外，还可以是书面语言、肢体语言等。以谈话法为例，教师与学生的对话既可以是口头语言的直接对话，也可以通过书信或其他语言载体、媒介来开展。

（二）以观察为主的教学方法

有研究者认为这类教学方法是"教学过程中教师主要通过实物、教具或带领学生进行教学性参观等方法来进行教学，而学生则主要以直观感知的方式来

---

① 王本陆. 课程与教学论 [M]. 北京：高等教育出版社，2010：202.

进行学习的教学方法"①。典型的如：

1. 演示法

"所谓演示法是指教师配合讲授和谈话，通过给学生展示实物、直观教具、示范性实验或采用现代化教学手段的方式，使学生获得知识的方法。"② 演示法的突出优点是直观形象，尤其适用于小学生身心发展的特点，在小学中使用广泛。演示法可以使学生获得直观形象的感性认知，有利于培养和训练学生的观察力，在感性认知的基础上形成理性认识。为达到由感性认知上升至理性认识的目的，在教学活动中，演示法和讲解法等往往结合在一起使用。

2. 参观法

参观法主要是指"根据教学任务，并紧密配合教学，教师组织学生到校外的一定场所进行直接的观察、调查和研究等，以此获得知识、锻炼能力的方法"③。参观法同样具有直观形象的优点，契合小学生身心发展的特点，而且使用参观法可以使学生将教学和生活密切结合，有利于学生理论联系实际，参观法理应在小学广泛使用。但因为出于对学生参加校外活动时安全问题的顾虑，目前参观法在教学实践中使用并不多，其优势未得到很好的发挥。这也从侧面反映了参观法的一些局限，如不经济、不便利。但俗话说，"读万卷书，行万里路"，参观法不仅直观形象，还有利于学生在身临其境的实践活动中将理论与实践进行结合，其虽然存在不经济、不便利的局限性，甚至在使用时还需要冒学生安全的风险，但的的确确是一种在小学教育教学中具有突出优点的教学方法。当前，许多地方推广的中小学校学生研学旅行是活用参观法的一种较好的形式，如果组织得当，将会对学校教育教学活动发挥不错的助推作用。

（三）以操作为主的教学方法

这类教学方法的特点是主要以教师和学生实际操作的方式来开展教学，借此促进学生在操作中获得知识，培养和发展学生的能力。典型的如：

1. 实验法

"实验法是在教师指导下学生运用一定仪器设备进行独立作业，观察事物和过程的发生，探索事物的规律，以获得知识和技能的方法"④。这种方法的突出优点是有助于培养学生的动手操作能力。另外，还可以培养学生从事科学研究

① 蒋蓉，李金国．小学课程与教学论［M］．北京：北京师范大学出版社，2018：215.
② 王本陆．课程与教学论［M］．北京：高等教育出版社，2010：205.
③ 王本陆．课程与教学论［M］．北京：高等教育出版社，2010：206.
④ 王本陆．课程与教学论［M］．北京：高等教育出版社，2010：205.

的兴趣和探究意识。实验法在自然科学类课程中使用较多。但实验法相对来说要求较高，实验法对如实验设备、设施、材料、场所等都具有要求，并不经济，但无论是从学科课程要求，还是学生发展需要，实验法在小学教学中的使用都是必要的。目前，总体来说，无论是从教师的教学意识还是从学校的教学条件来看，实验法在小学教学活动中的使用情况并不普遍，效果也并不太好，在农村小学尤其如此。

2. 练习法

"练习法是指教师根据教学的要求，给学生布置一定的作业，然后学生在教师的指导下，通过课内和课外完成作业的方式让学生运用所学知识反复完成一定的操作，以巩固知识，形成技能、技巧的方法。"① 这也是一种使用最为广泛的教学方法，如果练习得当，可以促进学生对所学知识或技能的理解、强化和巩固。练习法使用的时候需要明确练习的目的，在练习的数量和形式上也要合理，另外，练习的时候需要得到教师或家长的指导和帮助。当前，在小学教学活动中练习法使用非常广泛，对学生的学习起到了很大的促进作用。但也存在练习过度，从而造成学生学业负担过重的情况。另外，还有一种在小学教学实践中对练习法使用不当的典型情况，即安排布置学生的练习任务较多，但在批阅和讲解等相关环节却做得不足，有一部分教师甚至将批阅和讲解的任务转移到家长或学生干部身上，严重地降低了练习法的使用效果，有时甚至对教学质量造成了负面影响。因此教师一定要合理使用练习法，要根据学生的情况，科学设计和安排练习的题目、数量和练习时机等，更要注重练习的评价和反馈等。

第二节　三分钟课堂教学展示法

教学方法的选择和使用受多种因素的影响和制约，如学科特点、教学目标、教学内容、教学对象、教学条件以及方法本身的优势和局限等。"教无定法"，教学方法的使用是非常灵活的，要根据具体情况具体分析、灵活使用，才能达到较好的教学效果。正如前文所述，演示法、参观法等教学方法因为其直观形象的特点，符合小学生认知发展特点，理应在小学教学中广泛使用，但其他诸如讲授、讨论等教学方法也有其突出的特点，同样在小学教学活动中有重要的作用。除了上述的教学方法外，本节我们重点介绍笔者经过多年教学实践而

---

① 王本陆. 课程与教学论［M］. 北京：高等教育出版社，2010：204.

建构的三分钟课堂教学展示法，它也是一种比较适合小学的教学方法。

一、三分钟课堂教学展示法的内涵

三分钟课堂教学展示法是指学生在教学活动中在规定的时间内进行教学展示，培养和训练学生主体性和创新品质的教学方法。要想理解三分钟课堂教学展示的内涵，我们需要从以下几个方面展开：

（一）学生是课堂教学展示的主体

在课堂教学展示中，学生是展示的主体。在整个展示活动中，学生既是活动的准备者，也是展示的主体，同时也是自我评价和自我训练的主体。除了展示者本身外，其他的学生同样要以主体的身份参与到展示活动中，仔细地观看和聆听，积极地思考和认真地评价，为展示活动的改进献计献策。而教师则以另外一种主体身份发挥作用，教师既是展示活动的组织者，同时也是辅导者、评价者和监督者。同样，其他的教学活动主体，如家长等也可以间接参与到学生的三分钟课堂教学展示活动中来，如协助学生收集资料、为学生的展示活动提供建议等等。总之，学生是展示活动的主体，是所有参与人员的核心，其他教学活动主体是辅助者，也是参与者。

（二）课堂教学展示的内容要结合教学内容

总体而言，小学生课堂教学展示的内容相对较灵活，但要结合教学内容进行选择和组织，特别是要结合课程内容和教学进度情况，以及要完成的教学任务等，结合学生的生活经验和兴趣特长等进行展示主题的选择。当然，在特殊情况下，课堂教学展示的主题也可以与课程教学内容无关。但展示主题必须要有教育性，不仅对展示者本身具有意义，对其他学生也要发挥积极的教育作用，而且必须征得任课教师的同意，具体内容需要任课教师进行审核。小学生虽是展示主题和内容的主体，但限于小学生自身各方面能力的不足，成人，包括家长和教师，尤其是教师，在展示主题和内容的选择上要发挥好引导、辅助和把关的作用。

（三）展示在规定的时间内进行

课堂教学展示活动是有时间限制的。该教学方法以三分钟课堂教学展示命名，但在时间上只是一个相对的概念，具体展示的时间可以结合小学生情况、展示内容和任务进行灵活调整，但在具体展示活动开展前，必须对展示的时间提出明确的要求，让学生在规定的时间内，科学规划，把握好展示节奏，完整地进行教学展示。如小学低年级的学生可以把展示时间限定为1~2分钟，而小学中高年级则可以调整为3~5分钟。展示的时间过短或过长都不科学，过短学生无法完整地呈现展示内容，过长则小学生可能难以驾驭。

（四）以培养和训练学生的主体性和创新品质为核心

三分钟课堂教学展示要求围绕课程教学内容进行选题和组织，与课程教学任务密切相关，这无疑可以促进学生对课程内容的学习和掌握。同时，小学生走上讲台进行自我展示，对其表达和沟通的技巧和能力也能发挥很好的训练作用。该教学方法最大的作用不是以学习知识或训练技能为主，贯穿整个教学方法在使用过程中是对学生主体性的培养和训练。对展示效果进行评价时，其核心指标也是学生创造性地对知识进行加工和使用的情况。

综上所述，三分钟课堂教学法对学生的发展作用是全方位的，其既是知识的学习、技能的训练，更是对创新意识和创新能力的培养和塑造，如果使用得当，将对学生的主体性发展具有很大的促进作用。同时，三分钟课堂教学展示这种教学方法可以有效促进各类教学主体在教学活动中的协同作用，促进教学共同体的建设。小学生主体性发展的程度不高，但处于主体性快速发展时期。在小学教学活动中广泛采用三分钟课堂教学，可以充分彰显小学生在课堂教学中的主体地位，有效锻炼小学生的主体性，为其主体性的良好发展进而实现个性化的全面发展奠定扎实的基础。因此，这是一种值得在小学应用推广的教学方法。

二、三分钟课堂教学展示法的作用

总体而言，小学生身心发展处于相对较低的阶段和水平，如主体性发展较低，知识储备水平较低等。但同时小学生又处于快速发展阶段，我们应该创造条件，对小学生的主体性发展进行培养和训练，使其能得到快速的发展和提升。三分钟课堂教学展示对小学生的培养和训练是全方位的，即知识的学习、技能和能力的培养和训练，最主要是主体性的发展和促进，特别是小学生创新素养的培养，具体来说有以下几方面的作用：

（一）培养学生的勇气和胆识

小学生尤其是中低段的小学生年龄较小，学习和生活经验都相对欠缺，在教学活动中往往会表现得不太自信。通过三分钟课堂教学展示，让小学生走上讲台进行展示，并培养他们勇于上台的习惯，可以有效培养学生的勇气和胆识，让小学生更加自信。如果能将三分钟课堂教学的方法使用形成常态的教学机制，让每个小学生都能经常性地走上讲台进行教学展示，就能实现对小学生勇敢、果断、坚毅等良好性格品质群体性的培养。

（二）培养和训练学生的表达能力

小学生的表达能力相对较低，但同样处于快速发展期，采用三分钟课堂教学展示的教学方法，通过台上展示的训练，可以有效提升小学生的各种表达能力和沟通能力，如语言表达能力、肢体表达能力、面部情绪表情和眼神沟通等表达和沟通能力。此外，学生在展示的过程中还可以通过提问等形式与其他学生甚至教师进行沟通，还可以使用板书和利用其他教学手段和工具进行展示，如此等等都可以有效培养和训练小学生的表达能力和沟通技巧。

（三）培养学生的创新创造能力

三分钟课堂教学展示时间虽然短暂，但小学生若想达到较好的展示效果，必须对展示内容进行精心的准备，无论是选题还是内容组织，再到展示时的方法、手段和形式，都需要学生在教师、家长和同学等的帮助下，创造性地开展工作。如果不能创造和革新，很难达到预期的效果。这无论对展示的个体还是参与的群体都是较大的挑战，需要大家集思广益、群策群力，对小学生的创新思维品质能发挥很好的训练作用。

（四）培养学生的欣赏、鉴别和评价能力

三分钟课堂教学展示并不是展示学生的个体行为，其发挥的作用也绝对不限于对展示学生个体的培养和训练，否则的话，这种教学方法的价值和作用就会大打折扣。在三分钟课堂教学展示的开展过程中，除了少部分环节只能由展示学生本人完成，其余大部分环节和内容都要求全体学生共同参与，如学习同学的展示内容，收获知识，欣赏同学的展示活动，积极思考和讨论，对同学的展示提出意见和建议等，这些都可以有效地提升学生欣赏、鉴别和评价的能力，这种欣赏、鉴别和评价对展示的学生也同样适用。这些能力的培养都为学生主体性发展打下了坚实的基础。

（五）培养学生收集、整理信息的能力

三分钟课堂教学展示以相应的选题和内容为载体，这需要学生结合教学内容和自身的兴趣和特长，去收集、整理相关信息，在此基础上形成自己的展示内容。这对学生的信息收集和整理能力提出了较高的要求，如怎么确定展示的主题、怎样收集资料、怎样整理资料等等，这些都需要小学生去学习，去亲自动手做，并在这个过程中不断思考，不断调整自己的思路和行为，同时还要积极去与相关人员沟通协调，寻求他们的帮助，这些对学生都能发挥很好的促进作用，尤其可以提升小学生收集和整理信息的能力。

（六）培养学生的团队意识、主人翁意识、集体责任感和荣誉感

三分钟课堂教学展示既是个人行为，也是团队行为。学生展示的整个过程

和环节都需要教学活动相关人员的参与和协助。以选题为例，教师、家长和其他学生都可以发表自己的意见和建议，而且选题最后还需要教师审核通过。另外，学生的展示需要教师和学生等的欣赏、讨论和评价，需要大家提出改进的建议，以便学生在展示活动结束后针对性地进行改进、进行再次训练，为下一次更好的展示打下基础。另外，三分钟课堂教学展示可以是个人展示，也可以是团队展示，这就更需要团队合作。总体来说，教学展示需要教学活动中的相关人员共同参与，唯有如此才能取得好的展示效果。在向这个目标努力的过程中，三分钟课堂展示可以很好地培养学生的团队意识、主人翁意识、集体责任感和荣誉感。

综上所述，总体来说，三分钟课堂教学展示这种教学方法可以充分调动教学活动中各类主体的主体性，打造教学共同体，促进学生创造性思维的训练和发展，有效加快小学生主体性的发展。

三、三分钟课堂教学展示的程序

（一）准备

三分钟课堂教学展示需要进行精心的准备。首先，要确定展示的主题和内容。具体做法是由任课教师提前做出说明并提出要求，如说明展示在时间、内容和形式等方面的具体要求，让学生提前做好准备。一般来说教师应提前进行说明和要求，如提前一周，让学生有充分准备的时间。当然，如果经过较长时间的施行并取得不良好的效果，教师也可以临时在教学活动中提出展示主题，让学生即时准备并展示。通常情况下，在获取教师关于展示的安排后，学生首先根据教师发布的任务及相关要求进行展示主题的选择，提交给教师审核并获得批准。其次，是学生搜集、整理资料和信息，形成展示的文本内容，征求意见并进行调整修改，最终形成展示用的文字、图片、视频和音频以及制作展示用的幻灯片等。最后，是展示学生在熟悉展示文本的基础上做好训练和预演，如选择家长或部分同学为展示对象，多次预演，以达到较好的展示效果，这些都属于展示的准备工作。

（二）展示

在学生充分准备的基础上，第二步就是课堂上的教学展示活动，即讲的环节。为保证全体学生在三分钟课堂教学展示上的参与度，避免"搭便车"的情况出现，除非教学活动需要教师提前指定展示对象，一般情况下，确定上台展示的学生是教师在课堂上临时随机选择的。在具体方式上，教师可以先让学生自愿举手报名上台展示，根据学生的报名情况再决定是否随机选择。这种形式可以将学生主动参与和教师督促结合起来，将学生敢于展示和勇于展示变成学生的一种习惯。在学生台上展示时，台下有人（学生或教师）专门计时，在时间截止前用倒计时 30 秒的提示牌提醒学生。学生讲的时候，根据学生讲的内容，台下听讲的教师和学生要积极观察和聆听，配合学生的展示活动，同时认真记录展示学生的表现，为即将开展的讨论和评价做准备。

（三）讨论

在展示学生的展示活动结束后，在认真观察和聆听的基础上，全班学生要根据展示学生的台上展示情况进行一次简短的讨论活动。讨论的时间一般控制在 2 分钟左右，为确保在规定的时间内形成明确的讨论结论，学生在展示学生在台上展示的时候就要做好讨论内容的简要记录。在讨论前，教师可针对展示学生的展示，对讨论的内容和方式提要求并做引导，也可让学生自由讨论。在讨论方式上，鉴于时间短暂，一般不做分组，而是采用同桌讨论的方式。讨论的内容涉及展示学生的整个展示活动，如学生展示内容的科学性和启发性，展示学生的表达方式和能力，以及学生对展示节奏和时间的掌控等等。讨论的时候可以不限于展示学生本身的展示活动，可结合以前展示同学的情况进行对比讨论。学生在讨论的同时简要做好讨论的记录，为评价做好准备。值得一提的是，讨论的环节并非一定要安排在课堂教学活动之中，可以安排在课堂教学活动之后，这样可以节约课堂教学时间。但不管怎样，根据展示学生的表现进行讨论是必要的，这样既可以训练观看展示的学生群体的观察、思考和表达能力，也为对展示学生的评价提供了依据。

（四）评价

评价即是师生结合观察和讨论的情况对展示学生的展示情况进行评论。评论的时间一般也控制在 2 分钟左右，要求评论者简明扼要地对展示学生的展示活动做评价，评价一般可围绕三个方面展开，即展示的优点、展示的不足和今后努力的方向。一次展示活动一般请 1~2 名学生评论，也可采用学生主动评论和教师随机指定的形式。教师也可以对学生的展示进行评论，但一般在学生评论之后，以避免对学生的评论产生导向性影响。除了师生评价外，也可以采用展示学生自评的方式，以更好地发展评价的借鉴价值。评论不是走过场，评论对全体师生都有重要价值，除可以直接促进展示学生的后续改进工作外，还可以发挥对教师组织展示活动的促进作用，也能发挥对全体学生的借鉴作用。因此要求教师对评价情况做好记录，包括展示学生在内的全体学生也要做好评论记录。同样，评价环节也可以根据需要放在课后进行，评价的方式也可以是言语沟通和书面评价等等。

（五）反思

反思包括两个阶段。第一阶段是在学生展示期间，教师和学生在观察和聆听的同时进行的思考活动，也包括展示学生在展示过程中的即时思考。这个阶段的思考主要是针对展示学生及展示活动的，为即将开展的讨论和评价打下基础，思考的主体是全体学生。第二阶段是在学生展示结束后，全体师生在讨论和评价的环节中引发的思考和总结。这时的思考不局限于展示活动本身，可以前后结合，从更广阔的空间去总结和反思展示活动，为下一阶段的展示活动厘清思路，做好准备。对于展示的学生来说，重点则是结合教师和其他同学的反馈，以及自我认识情况，对自己的展示活动进行总结和反思，为后续的改进做好准备。反思是展示活动中非常重要的一个环节，在提升展示效果和价值方面发挥着承上启下的作用。

（六）练习

在讨论、评价和反思等环节后，教师针对展示活动存在的问题，为完善教学活动，需要开展练习活动，借此巩固和强化展示活动的优点和长处，修正和改进存在的问题和不足。对于已经展示的学生来说，这个环节的练习具有很强的针对性，即扬长避短，为下一阶段的展示夯实基础。当然，除了展示学生的后续改进性练习外，练习的环节也包括展示学生准备性的练习，他人的展示过程可以给予即将展示的学生以借鉴，也可以使其准备更具针对性。从这个角度看，练既是一个独立环节，即三分钟教学展示的总结后的巩固强化和修正阶段，同时也是下一轮三分钟课堂教学展示活动的第一环节，即准备的环节，从而使这个教学方法的活动程序进入了螺旋循环上升的程式。

需要说明的是，展示后的议论和评价环节必须事前制定明确的标准和要求，这样议论和评价才有科学依据，才有针对性，才能以评促改、以评促建，进而推动展示活动效果的作用。三分钟课堂教学展示活动的议和评的环节既可以在课堂上进行，也可以不在课上进行。但课后一定要对议和评的活动进行完善和补充，关键的是必须把议和评的结果反馈给展示的学生和教师，一则有利于展示学生针对性地改进，二则可以让教师收集信息和素材，更好地组织课堂展示活动。

总而言之，备、讲、议、评、思、练等六个环节共同构成了三分钟课堂教学展示的完整程序，六个环节相辅相成、不可或缺，共同组成了螺旋上升的训练程式，循环往复，不断强化和提升学生的主体性。这六个环节可以在一堂课上完整呈现，也可以课上课下结合，课上只呈现部分环节。一般来说，鉴于教学活动的完整性和提升教学效率的考虑，三分钟课堂教学展示可采用比较灵活的方式进行，即在课堂上只利用3~5分钟进行，在课上进行讲、议、评的环节，也可以只进行讲的环节。但不管怎样，对于三分钟课堂教学展示来说，这六大环节必须完整，这样才能最大化地发挥其促进师生，尤其是小学生主体性发展的作用。

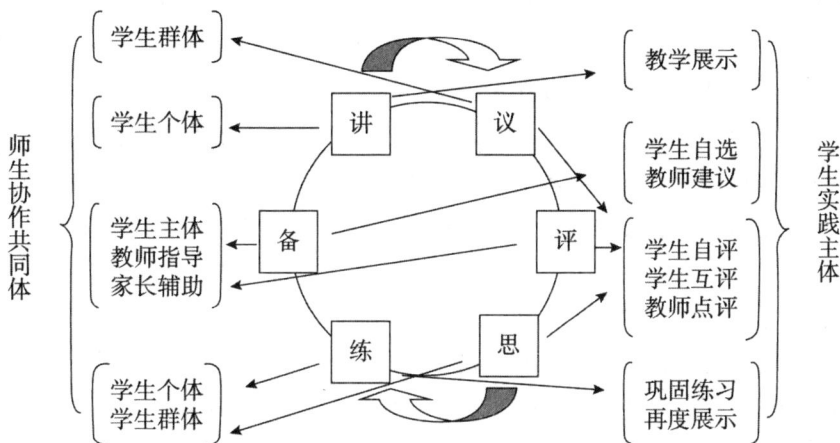

图8-1 三分钟课堂教学展示法流程示意图

总之，这种教学方法几乎可以与小学教学的各种学科的教学内容相结合，对教学环境、教学设备设施等教学条件没有特别的要求，教师和学生本身就是最主要的教学工具或手段，是一种效率高且经济便利的教学方法，非常适合小学生阶段使用。

四、使用三分钟课堂教学展示需要注意的问题

总体而言，我们认为，我们建构的三分钟课堂教学展示这种教学方法比较适合小学生阶段使用。相对而言，小学阶段的学习任务不如中学阶段，而小学阶段同时又是小学生身心发展的快速成长期，小学阶段是小学生主体性发展的最终情况的重要的奠基阶段，小学阶段尤其应该注重对小学生的主体性发展进行很好的培养和强化，而三分钟课堂教学展示则是一种很好的训练小学生主体性发展的方法，它无论对小学生个体还是群体，乃至于教学活动的其他主体，如教师、家长等，都能很好地调动他们参与其中，形成与学生主体性发展的共同体。同时，这种方法几乎适合小学教学的所有学科和内容，在具体操作上也非常便利和经济，值得在小学教学活动中推广使用。不过，在具体运用这种教学方法时，我们需要注意以下问题：

（一）与小学生的身心发展特点及知识储备情况相结合

课堂教学展示对学生的基本要求总体并不高，但要达到较好的展示效果却非常不易。初入学的小学生，就群体而言，他们总体表达能力和知识储备都相对有限，教师在组织开展三分钟课堂教学展示的时候，要适当降低展示难度，更多地给予学生展示的指导和帮助。这个阶段的展示，时间可以适当缩短，展示的形式也可适当简化，如主要是学生上台演说，省去其他的展示形式。另外，各个环节教师和家长等都可以在旁辅助，让学生尽快进入正轨。这个阶段的展示，不一定要求学生全员参与，可以选取班上部分表达能力和知识储备情况较好的学生来榜样示范，发挥辐射引领的作用。随着小学生的成长发展，当他们已经习惯了这种教学方法后，可逐渐展开，要求全员参与，并且逐渐提高展示要求，教师等成人逐渐放手，在旁边辅助，各环节都以学生为主，充分发挥学生在此教学方法运用中的主体性。总之，这种教学方法的使用要结合教学活动的具体情况，尤其是小学生的发展情况，调整各个环节的内容、方式以及活动主体参与形式等，以便充分发展其促进师生主体性发展的作用。

（二）充分调动相关教学主体的主体性，发挥其在展示中的应有作用

三分钟课堂教学展示这种教学方法最主要的作用是促进教学活动主体的主体性发展，尤其是学生的主体性发展。具体来说，在这种教学方法的使用中，各教学主体的主体性发挥方式是不一样的，通过这种教学方法各教学主体达到的促进和发展程度也是不一样的。毫无疑问，学生主体性的发挥对此教学方法的运用最为关键，备、讲、议、评、思、练等六个环节，每一个环节的主体都是学生，都要求学生在这些环节中发挥主体性作用，否则就达不到教学展示的要求和效果。当然，这种教学方法对学生的主体性发展的促进作用也是最大的，通过这种训练，学生的主体意识和主体能力，特别是沟通能力、探究能力、团队合作能力和创新能力等都会得到较大的提高。同样，学生的主体性发展与其他教学活动主体的发展休戚相关，其他教学活动主体，如教师和家长，他们通过对教学展示活动的参与，如引导、帮助和监督等，他们主体性得到了体现，同时也促进了他们主体性的发展。

（三）构建科学的评价指标体系

人主体性发展的内涵是非常广泛的，主体性的核心指标至少应该包括自觉性、自由性、创新性等。要促进学生等教学活动主体的主体性发展，就必须以主体性发展的内容为指标去衡量。因此，三分钟课堂教学展示的整个活动环节，尤其是展示评价，必须建立科学性的评价指标体系，整个教学展示的所有环节都必须依据这个评价指标体系来展开和运作，唯有如此才能真正促进教学活动

主体，尤其是学生的主体性发展。毕竟人的主体性发展不是自说自话，人主体性的发展既有内在的观念和意识，又有外显的活动和行为。科学的三分钟课堂教学展示评价指标体系的构建，可以有效发挥对教学展示活动的标准依据作用，使教学活动的主体有依据、有方向。

（四）注重各环节间的有效衔接和整体联动效用的发挥

教学展示活动是包含备、讲、议、评、思、练六个环节的完整闭环，不可或缺。每个环节既具有独立性，又是整个活动过程中的一个链条，承上启下，对整个活动过程发挥着各自独特的作用。备是教学展示的初始环节，在整个教学展示中发挥着奠基的作用，准备情况是否充分将关系到展示活动的基本走向；讲是教学展示的核心环节，是教学展示的集中成果的体现，也是教学展示活动成败的关键，体现了学生主体性训练的阶段性成果；议是教学展示的延伸，是展示活动由个体走向群体，体现了在主体性发展中群体的重要作用，是教学展示共同体建设的重要一环；评是教学展示的巩固和强化，既是对教学展示活动效果的评判，也是对展示效果的沉淀和提炼，对教学展示效果的整体性提升非常关键，具有不可取代的作用；思是教学展示的进一步提炼和内化，是教学展示理论与实践的融合，是对教学展示活动进行分析、判断和综合的成果，是实现教学展示效果质变的关键环节；练既是教学展示活动一个阶段结束的总结，又是下一个教学活动展示阶段开始的准备，在教学展示活动循环提升过程中发挥着承上启下的关键作用。六个环节相辅相成、密不可分，只有发挥好每一个环节的作用，才能提升整体教学展示的效果，真正促进教学活动主体的主体性发展。

最后需要说明的是，教学活动中的教学方法的使用往往不是单独使用，而是综合使用的。以我们提出的三分钟课堂教学展示为例，在整个程序和环节中，可能综合使用多种教学方法，如在准备环节，为收集资料，可能会使用读书指导法；在展示环节，可能会使用到讲授法、演示法；在讨论环节，可能会使用到讨论法；在评论环节，可能会使用到讲授法；在思考环节，可能会使用读书指导法、讨论法等；在练习环节，可能会使用演示法、练习法；等等。因此，对教学方法的理解要全面、深入，某种教学方法既可以是单独的教学方法，又可以是多种教学方法的集合，而且这种集合还是可以根据教学活动主体和教学任务等情况的不同进行调整和变动的，而三分钟课堂教学方法显然是属于后者。一般来说，在教学实践中，单独使用的教学方法是较少的，因为单独使用的教学方法可能因其形式单一而不能应对复杂的教学活动，进而导致教学效果不佳。

第九章

小学教学惩戒

第一节　小学教学惩戒的概述

一、教学惩戒的内涵

惩戒是人们在日常生活中经常使用的一个词语，也是人们在社会活动中经常发生的一种行为。惩戒是"惩治过错，警戒将来"①，毫无疑问，惩戒是一种方式和手段，采用这种方式和手段的目的，既是对相关人员行为过错的惩罚，同时也要达到避免其今后再犯类似错误的目的，从这个意义上看，惩戒相较于惩罚，更具有教育意义。

（一）教育惩戒

惩戒具有教育意义，如果强调它的这一特性，那么所有的惩戒都可以称之为教育惩戒，即广义上的教育惩戒。学校是从事教育活动的专门机构，在学校教育教学活动中，服务于人才培养目的的惩戒活动，我们称之为狭义的教育惩戒。那狭义的教育惩戒的内涵是什么呢？我们认为，狭义的教育惩戒指在学校教育中，教师遵循教育规律，依法对学生的不当行为进行惩罚和警戒，借此纠正学生的态度和行为，更好地促进学生发展的一种教育活动。对狭义的教育惩戒，我们可以从以下几个方面进行认识和理解：

1. 教育惩戒是学校的一种教育活动

这种教育活动的发生是有条件的，即学生在接受学校教育的过程中存在不当行为，而且这种不当行为有进行教育惩戒的必要。这告诉我们，学校的教育惩戒活动是经过系统计划和安排的对学生的教育活动，它区别于一般、常规的

---

① 辞海编辑委员会. 辞海 [M]. 上海：上海辞书出版社，1999：234.

普通惩戒活动。教育惩戒活动的发生有基本条件，即学生在学校中有不当行为，且这种不当行为达到了一定的程度，需要使用惩戒来进行制止和纠正。所谓一定程度，通常包含两个方面：其一，学生的不当行为对自己或对他人造成了负面影响甚至是伤害；其二，学生的不当行为存在主观上的故意。当然，鉴于教育活动的复杂性，教育惩戒实施的条件也具有复杂性。

2. 教师是教育惩戒活动的发起者和执行者

学校教育中的教育惩戒不是谁都可以发起和实施的，只有专门的教育者，即教师才能开展这种活动。这里的教师既指教师个体，又指教师群体。教师既是教育惩戒的发起者，即决定是否开展教育惩戒的人，又是教育惩戒的执行者，即决定如何开展教育惩戒的人。虽然在学校中，学生可能因其个人或群体行为的不当受到非教师的其他学校工作人员的惩戒，但那种惩戒只是一般意义的惩戒，并非狭义的教育惩戒。当然也存在另一种可能，如果上述人员对学生的惩戒是经过学校的授权，且符合教育惩戒的基本要求和规范，那么这种由学校其他工作人员在学校对学生实施的惩戒也可纳入教育惩戒的范围内。如学校后勤工作人员根据学校的制度惩戒在校园内乱扔垃圾的学生打扫校园卫生便是如此。但这种委托行为一定要慎之又慎，教育惩戒区别于一般惩戒的最大特性就是其惩戒活动在教育目的上的专业性。如果授权不当有可能会造成惩戒活动的滥用，不仅达不到教育惩戒的教育目的，还可能对学生造成伤害。

3. 教师教育惩戒活动的开展须遵循教育规律并得到授权

教师是教育惩戒的发起者和执行者，这并不意味着教师可以随意开展教育惩戒活动。事实上教育惩戒是一种非常审慎的教育活动，教师想要开展教育惩戒至少要满足以下几个条件：第一，学生存在与学校人才培养相悖的不当行为，且这种不当行为达到了进行教育惩戒的程度。第二，国家相关的法律法规和学校的规章制度授权教师可以开展教育惩戒活动。有人认为教师开展教育惩戒活动是教育活动的应有内容，无须授权。这种观点虽有一定道理，但却容易导致教育惩戒实践活动出现偏差，甚至出现滥用教育惩戒损害学生身心健康的情况。因此教师的教育惩戒活动必须得到授权，要依法、依规开展教育惩戒活动。这既是对学生的保护，同时又是对教师的保护，也能更好地发挥教育惩戒的作用。第三，教师开展教育惩戒活动必须遵循教育规律。除了得到授权外，教师开展教育惩戒活动还必须遵循教育规律。事实上，相关法律和规章制度授权教师开展教育惩戒本身就是教育规律的一种体现和反映，但教育惩戒对教育规律的遵循显然还有更加广泛且具体的要求，如根据学生的具体情况进行教育惩戒，教育惩戒不能损害学生的身心健康等。

4. 教育惩戒的根本目的是促进学生发展

教师开展教育惩戒活动，惩罚只是手段，警戒教育才是根本目的。惩罚是外显的，警戒是内在的；惩罚是暂时的，警戒是长远的。说到底，教师教育惩戒的目的既不是为了惩罚学生，也不是简单的教育纪律管理，更不是为了维护教师的权威，而是用惩罚来进行教育。所谓惩前毖后、小惩大戒正体现了教育惩戒教育性的目的。这种教育既是对被惩戒的学生的教育，又是对其他学生群体的教育。这种教育与其他教育活动的区别只是方法和手段的不同，根本目的是一致的，即促进学生的发展。但在实践中我们还需要警觉一种情况，即打着"为了学生""发展学生"的旗号，使用不当甚至滥用教育惩戒的行为。倘若不能正确把握行使教育惩戒的标准和尺度，任何所谓促进学生发展的教育惩戒都是伪命题。

（二）教学惩戒

一般而言，学校教育中的教师开展的教育惩戒活动人们习惯将之统称为教育惩戒，并未进行严格意义上的分类和区别。事实上，在学校教育中教师的教育惩戒是存在不同类型的，这些不同类型的教育惩戒活动，在惩戒对象、惩戒内容和惩戒方式等方面都存在区别。如依据教师的身份不同，可以将教育惩戒分为班主任的教育惩戒和学科教师的教育惩戒。前者的教育惩戒对象主要是自然班级的学生，即班主任管理班级的学生，而后者的惩戒对象主要是课堂教学活动中的学生，即学科教师授课班级里的学生；前者的惩戒内容与自然班级全部教育内容相关，即课堂内外，所有学校教育所涉及的都包含在内，而后者往往只与课堂教学相关，与学科内容相关，是发生在课堂上的相关内容；前者的惩戒方式往往具有全面性和延展性，涉及自然班级的全体学生的所有教育内容，时空上覆盖学生在校的全部时间，特殊情况下甚至可以延伸到放学后及校外，而后者往往具有学科性和即时性，一般与学科性质相关，如体育教师的惩戒往往与体育活动相关，在惩戒发生上也具有即时性，一般在课堂上发生，较少延展到课后。除了按教师身份不同进行分类外，还可以依据学生的年龄等对教育惩戒进行分类，相应的，教育惩戒在惩戒内容和形式上也存在差异性。因此，鉴于事实，学校教育惩戒在对象、内容和形式等方面的区别，为更好地开展教育惩戒活动，有必要对教育惩戒进行分类和细化。在这里，我们只分析在教育惩戒中最常见同时也是最重要的惩戒类型，即教学惩戒。我们认为，教学惩戒是在学校课堂教学活动中，教师遵循教育规律，依法对学生的不当学习行为进行惩罚和警戒，借以纠正学生的态度和行为，更好地促进学生发展的一种教育活动。显然，教学惩戒是教育惩戒的一种具体形式，与其他的学校教育惩戒相比，教学惩戒的特殊性表现在：

1. 教学惩戒的发生场域是课堂教学时空

学校教育惩戒的发生场域是学校所有的时空场域，而教学惩戒的发生场域特指课堂教学时空。两者在时空场域上可能交叉甚至相互重合，教学惩戒一定与课堂教学密切联系，即教学惩戒必须在课堂上发生，是教师课堂教学行为的一个组成部分。教学惩戒一般也在课堂上执行，即对学生的惩罚和警戒一般在课堂教学时执行，但根据需要，教学惩戒的执行也可以延展到课后，延展到课堂以外的其他场域。如小学数学教师根据某小学生在课堂上的行为表现决定对其进行教学惩戒，要求其下课后到教师办公室把某数学公式抄写十遍。另外有一点需要明确，教学惩戒的发生场域是课堂教学时空，这里的课堂教学时空场域通常是指课堂教学时间内的教室，但这并非绝对。众所周知，学校的课堂教学场域完全可以延伸到教室以外。

2. 教学惩戒针对的是学生在课堂上的不当学习行为

如前所述，教育惩戒的发生是有条件的，即学生存在不当行为。教育惩戒中学生的不当行为既可以与教学相关，发生在课堂上，又可以与教学无关，发生在课间，前者如学生扰乱课堂教学秩序的行为，后者如课间学生破坏学校公共设施的行为。教学惩戒针对的是发生在课堂上的学生的不当行为，因为课堂上发生的是教学活动，对学生而言是学习活动，因此学生的不当行为特指学生的不当学习行为。学生在课堂上的不当学习行为内容非常广泛，如从行为主体来看，既包括学生个体不当行为，又包括学生群体不当行为；从行为消极程度来看，既可能是一般的惰性行为，又可能是较恶劣的课堂破坏行为。前者如学生课堂上吃东西、睡觉等行为，后者如学生在课堂上打闹等行为。这些不当学习行为都会对学生本人或学生群体的学习造成不良影响，必须予以纠正，教学惩戒正是对较严重的学生学习不当行为的纠正。

3. 教学惩戒实现的学生发展一般与课堂教学的内容相关

教学惩戒属于教育惩戒的一种，它也是促进学生发展的一种教育手段，并且在促进学生发展上与一般的教育惩戒具有同样的性质和方向。但在促进学生发展的具体内容上，教学惩戒与教育惩戒有一定的区别，即教学惩戒促进的发展一般具有学科属性，因为教学惩戒针对的是学生在课堂上的不当学习行为，这种学习行为必然是依托一定的学科教学内容的，譬如语文、数学、音乐、美术等学科。教师针对这些不当学习行为的惩戒也具有针对性，即纠正相应学科的特定的不当学习行为相关的内容，纠正学生态度的行为，在学科学习上进行弥补和强化等。因此，这种惩戒的发展一般与学科教学内容相关，是某学科的发展。正如我们前文所举例子，数学老师的教学惩戒往往与数学相关，数学老师惩戒学生可能会命令其抄写数学公式，但通常不会命令其去抄写语文课文。无论什么学科的课堂教学，对普适的教育性都有要求，因此教学惩戒实际上也存在与一般教育惩戒无异的发展属性。而且，学校所有的教育教学活动都是为了促成学生的全面发展，那么所有学科的教学惩戒，在事实上对学生发展的促进同样是促进学生的全面发展，这与教育惩戒的追求是一致的。

总之，教学惩戒的提出并非是别出心裁的突发奇想，更非是追求创新的另类，教学惩戒的提出有其必要性和价值。学校教育惩戒的类型和内容都是非常复杂的，如果不对教育惩戒进行仔细甄别、针对性地开展教育惩戒活动，教育惩戒就可能达不到对学生教育的发展效果，极端情况下，如果在教育惩戒上存在认识上的混乱和行为上的盲目，教育惩戒不仅不能促进学生发展，反而可能对学生发展造成损害，甚至对学生的身心健康造成直接的伤害。事实上，教育实践中这种情况的出现绝非个例。课堂教学是学校教育的主要手段，同样，教学惩戒是教育惩戒的主要手段。因此，我们非常有必要厘清教学惩戒的内涵，强化对教学惩戒的认识和理解，以更好地开展教学惩戒活动，实现教学惩戒对学生的发展价值。

（三）教学惩戒权

前文已经论述，教育惩戒是教师开展的教育活动，但这种活动的开展必须依据相关法律和规章制度并遵循教育规律。换句话说，教师开展教育惩戒是经过法律授权的。《中华人民共和国教育法》第二十八条规定，学校或其他教育机构有"对受教育者进行学籍管理，实施奖励或处分"的权利。《中华人民共和国教师法》第七条也规定，教师享有"教育教学活动"的权利，"指导学生的学习和发展，评定学生的品行和学业成绩"的权利。这些法律虽然没有明确提到教育惩戒权的问题，但在内容上却是对学校、对教师进行了赋予。2019年6月23日发布的《中共中央、国务院关于深化教育教学改革全面提高义务教育质量的意见》第十四条明确提出，"制定实施细则，明确教师教育惩戒权"明确提出了教师教育惩戒权的问题。从种属关系来看，教学惩戒权显然是教师教育惩戒权的其中一种。关于教学惩戒权，我们必须予以正确的认识。

1. 教学惩戒权既是权力也是权利

首先，教学惩戒权是一种权力。"教师权力是指教师在教育教学活动中利用对教育资源的控制，使学生服从其意志的一种特殊力量或影响力"①。权力是一

① 曾庆芳.我国中小学教师惩戒权探析［D］.四川师范大学硕士学位论文，2008：13.

146

种力量，教师拥有教学惩戒权，意味着教师在课堂教学中，当学生出现学习不当行为时，教师可以对学生行使合理的惩戒，而且学生不能拒绝，因为权力是一种强制的力量。另外，权力不仅意味着力量，也代表着责任。教师拥有教学惩戒权，既不能滥用，更不能放弃，必须进行正确的行使，促进学生的发展。其次，教学惩戒权是一种权利。"教师权利指教师作为国家公民所具有的基本权利和作为特殊职业的从业者所具有的特殊权利的总和。"① 权利与利益相关，教师拥有教学惩戒权，不仅符合学生的利益，即通过惩戒促进学生个体和学生群体的发展，同时还是对教师的保护，避免教师因使用惩戒而招致无谓的责难。换句话说，教师可以行使教学惩戒，只要教学惩戒符合法律法规等规章制度赋予的内容，教师的教学惩戒便是正当的，教师不能被学生在内的其他个体或群众干扰、拒绝甚至责难。

2. 教学惩戒权有行使的标准和要求

教师拥有教学惩戒权并不意味着教师可随意使用教学惩戒，教学惩戒权的使用有相关标准和要求。首先，教师是教学惩戒权的使用主体。这意味着这种惩戒权只能由教师使用，教师能用，不能弃用，不能滥用，通常情况下也不能委托他人使用。教学实践中，就出现了不少因教师不当委托，学生行使教学惩戒权而发生的教学事故。其次，教师教学惩戒权的行使以不得损害学生身心健康为前提。教学惩戒，惩罚不是目的而是手段，警戒教育才是目的，即纠正学生的学习不当行为，根本上是为了促进学生发展。教学惩戒必须尊重学生的人格尊严和身心健康，要科学使用惩戒形式，不能滥用，更不能将惩戒粗暴地理解为体罚。2006 年新修订的《中华人民共和国义务教育法》第二十九条规定，"教师应当尊重学生的人格，不得歧视学生，不得对学生实施体罚、变相体罚，或者其他侮辱人格尊严的行为，不得侵犯学生的合法权益。"最后，教师教学惩戒权在使用上有时空范围限制。教学惩戒在课堂教学中发起，也主要在课堂教学中执行，执行可根据情况延展到课间，但仍限于学校教育教学时间范围内，不能超过学校的时空范围。也就是说，教学惩戒在课堂上开展，其他的教育惩戒也需要在学校的时空场域中进行，而学校之外的惩戒，由家庭或其他社会主体来做。

教师委托学生开展教学惩戒导致教学事故的案例：据人民网 2015 年 5 月 9 日报道，安徽省蚌埠市怀远县火星小学六年级某班的语文课代表小 J 被班主任授予检查作业和背书的权力，小 J 利用这种权力收取同学钱财，如果不给钱，

---

① 曾庆芳. 我国中小学教师惩戒权探析［D］. 四川师范大学硕士学位论文，2008：14.

就不能通过检查，甚至要被逼吃屎喝尿，给班上许多学生造成了极大的伤害。事情曝光后，怀远县教育局撤销了该班班主任的教师资格，撤销该教学点校长的职务，相关责任人均被调离该教学点。

二、教学惩戒的时代解读

（一）教学惩戒的现实困境

教学惩戒是教育惩戒的一种，虽然教育惩戒是经过国家相关法律授权的，在教育教学实践中的教育惩戒也比较常见，然而实践中的教育惩戒存在诸多问题，具体到教学惩戒上，主要表现在以下方面：

1. 教师教学惩戒无充分依据，学校教学惩戒的规定不科学

前文已经论述，我国的相关法律已经有关于学校管理、奖励和处理学生的相关条款，但目前为止，尚未通过法律的形式明确教师教育惩戒权，更不存在对教师教育惩戒权在权限、程序和形式等方面进行详细的规范和阐述，这反映出我国在教师教育惩戒权方面立法的不足，最直接的影响就是在教育实践中教师行使教育惩戒权缺乏足够的依据，进而导致教育惩戒、教学惩戒等在实践中出现诸多问题。国家在教育惩戒问题上立法不足，而教育教学实践又切实需要以教育惩戒为手段，在缺乏明确标准的情况下，基层学校在教育教学惩戒的规章制度制定上比较混乱，有些学校由于法律意识淡薄、对教育惩戒规律认识不充分等原因，制定的教育教学惩戒的规章制度不科学，无法有效发挥教育惩戒的作用，甚至与教育惩戒应有的功能和作用相背而行，这些都在教育教学实践中对师生的发展造成了消极的影响。比如有些小学在制定课堂行为规范时，明确要求学生在上课时不能饮水，上课时除举手回答问题和动手做笔记或作业之外，双手必须平放于课桌上，违反上述规定就要接受惩罚，这些教学惩戒的规定显然是不科学的。类似的情况折射出由于缺乏足够立法依据和相关标准和实施细则，导致教学惩戒在具体实施过程中出现教师权限不明、程序不明、方法手段不明等问题，这些问题都迫切需要得到解决。

教师不当使用教学惩戒的案例：某实验小学二年级三班的音乐教师特别"重视"课堂教学的纪律问题，每当上课时有学生出现讲话等违反课堂纪律的问题行为，便一律采用停课让全体学生罚站的教学惩戒方式，甚至还多次使用让学生反复上下教学楼楼梯的惩罚方式，全然未顾虑学生踩踏或从楼梯上跌落等可能出现的安全问题。一学期下来，音乐课几乎没有教多少实质性的内容，课堂教学几乎异化成了所谓的"纪律管理"和"教学惩戒"，学生只得到了伤害，未通过音乐教学得到应有的发展。

2. 教师教学惩戒的意识和观念淡薄，行使教学惩戒的能力不足

当前教学惩戒存在的问题，除了上述缺乏较完善的教育惩戒法律、规章和实施细则，以及学校自行制定的相关规章制度不科学等制度问题外，学校教师作为教学惩戒的发起者和执行者，在意识和能力上的不足也是现实教学惩戒中的重要问题。这个问题主要表现为教师对教学惩戒认识的不足，如对教学惩戒的内涵、内容、价值、标准、程序和方法等方面都缺乏足够的认识，教学惩戒的认知模糊不清，缺乏教学惩戒的正确意识。另外，许多教师缺乏足够的法律意识，特别是对未成年人保护的法律法规的认知不充分，头脑中缺乏以人为本、以生为本的基本理念，导致教师在具体开展教学惩戒时存在主观随意性的问题。再者，许多教师不能做到在行使教学惩戒时充分遵循教育教学规律，存在内容、程序和方法与教育教学规律抵触和冲突等情况，如课堂上不允许小学生饮水，明显不符合小学生身体发育的规律，为满足教师课堂纪律的管理，事实上造成了对学生身体发展的损害。总之，当前教师行使教学惩戒时还存在诸多问题，甚至有滥用教学惩戒的问题。

3. 教师行使教学惩戒的环境较为恶劣

无论是法理上还是实践中，教育教学惩戒都是教师的权力，但在教学实践中，教师教学惩戒权力的行使，外部环境还是较为恶劣的。如前所述，当前教师教学惩戒的权力和标准、内容和细则等方面都未完全明确，教师行使教学惩戒缺乏足够的依据，这是问题之一。另外，学校的教育惩戒的规章制度缺乏足够的科学性，尤其缺乏教师教育教学惩戒的督导和救济机制，当教师教学惩戒使用不当甚至滥用时，学校缺乏对教师的监督和纠正，当学生遭遇不合理教学惩戒时，学生缺少完善的救助通道和途径，只能一味承受或采用不合理的方式反抗。再者，学校和教育行政管理部门普遍未构建起较完善的教师教育惩戒的相关机制，对教师正当行使教学惩戒缺乏足够的支持，遇到问题容易处理不当，经常把"锅"丢给教师，以处理教师草率了事。许多学生家长也缺乏对教育教学规律的充分认识，对教师合理行使教学惩戒缺乏足够的支持，当孩子被教学惩戒时，容易因为宠爱孩子而失去理智，甚至有些人在利益驱使下发展为学闹等行为。这些都造成了教师行使教学惩戒的环境较为恶劣。在这种情况下，一部分教师可能会选择"明哲保身"，主动放弃行使教学惩戒权，这看起来虽属无奈，但实际上是一种教育教学责任弃用的行为，对学生的发展势必造成不良的影响。

总之，当前教学实践中的教学惩戒既存在盲目使用、不当使用和滥用的问题，同时又存在教师不敢使用和不想使用教学惩戒的主观意识问题，教学惩戒

的功能和作用还未得到有效发挥，甚至还较大程度上存在教学惩戒削减教学作用的情况，这些都需要引起我们的充分重视并予以解决。

（二）造成教学惩戒困境的原因

造成当前教学惩戒问题的原因是多方面的，其中一些原因是客观的，如相关法律和规章制度的不健全，但更多的原因是主观的，如人的认识和心理原因等。

1. 教师认识和心理等方面的原因

如前所述，教师在教学惩戒上意识淡漠、观念不正确乃至能力不足等问题的存在，从根本上是教师对教学惩戒认识不到位所致的。以教师不当使用甚至滥用教学惩戒等问题为例，背后原因往往就是教师受传统"师道尊严""教师权威"的观念影响，认为教师是课堂的主宰，学生是接受教育的对象。教师头脑中缺乏师生平等、以生为本的现代教育教学基本理念，也没有保护学生、维护学生权利的法律观念和意识。教师把教学惩戒单纯看作权力和权利，却没有将教学惩戒视作责任和义务，看重的是惩罚，却忽视了警戒，没有充分认识教学惩戒以促进学生发展为根本目的。当然，有些教师对教学惩戒的不当使用并非是认识上的故意，与他们对教育教学规律的认识不全、不准也有重要联系，导致其在教学实践中不能根据教学对象、教学内容等采用合适的教学惩戒方式和方法，从而影响了教学惩戒的效果，甚至出现教学惩戒的不当行为。除了上述教师的思想认识和专业认识外，教师教学惩戒的不当行为还与教师心理相关。教师的职业特点导致了教师工作的复杂性和工作压力较大，教师心理容易出现波动、发怒等问题，这些心理问题也容易影响到教师的教学惩戒行为，进而导致教学惩戒不当等行为。

2. 学生及学生家长认识和心理上的原因

教学惩戒是教师的权力，教师既是发起者，又是执行者。只要是正当的教学惩戒，学生就必须服从，但这并非意味着学生在教学惩戒上是完全的受动者。师生平等同样适用于教学惩戒，在教学惩戒上，学生同样拥有维护自身正当权益的权利。但对于学生来说，同样是基于传统观念的影响，学生在对待教学惩戒一事上，基本上都是被动接受的状态。尤其对于小学生而言，其主体性发展程度较低，对教师教学惩戒合理性的鉴别能力有限，一般对教师的教学惩戒均采用被动接受的态度，基本不会提出异议，更少有制止和反抗的行为，这些都在一定程度上间接促使了教师不当教学惩戒的发生。对于学生家长来说，在教学惩戒一事上在认识和心理上容易出现两种分化状态，一种是同样在传统观念的影响下，家长认可、理解和支持教师的教学惩戒行为，甚至对一些不当的教学惩戒也持容忍甚至纵容的态度。另一种则是具有现代民主和维权意识的家长，不允许自己的孩子在学校受委屈，更不能容忍自己的孩子在学校受到教师的"伤害"，一旦得知自己的孩子受到了教学惩戒，往往容易不加分析地产生过激反应。上述两种状况，对教师正确行使教学惩戒都会产生消极的影响。

学生家长对教师的不当教学惩戒行为的影响案例：在现实中经常会出现这种情况，如有些家长把孩子送去小学时就会专门找到班主任说："老师，孩子我就交给你了，不听话就给我使劲打！"这种家长的言行似乎是对教师教学惩戒的授权，有可能会导致教师的一些不当教学惩戒的发生。如果教师真的有出现打孩子的情况，持上述言行的家长也可能会质疑教师甚至采取过激行为。

3. 社会认识和社会心理方面的原因

在当今自媒体时代，社会舆论是影响学校教育的一个非常重要的因素。同样，社会认识和社会心理是造成当前教学惩戒困境的一个重要原因。在当今社会环境下，人们对学生问题，尤其是类似教学惩戒方面的问题非常敏感。辩证地说，这种敏感对学生保护和学生权益的主张是有好处的，它可以将学校教育置于社会的监督之下，使学校教育和教师教学活动更加规范。但另一方面它又可能使学校教育和教师行为背负沉重的压力，特别是当前自媒体传递的信息背后往往承载着诸多利益主体的利益诉求，从而使这些信息真伪莫辨，泥沙俱下。许多关于教学惩戒的信息一旦进入网络，往往会因为有些人不怀好意的推波助澜而使信息失真，甚至导致信息被扭曲，而一旦发生这种情况，公众往往下意识地将矛头指向学校、指向教师。而教育行政部门和学校管理者迫于压力，往往会采用惩罚和处理教师的方式来平息公众的愤怒，在类似的情况下使学校和教师遭受不公正待遇的事例不胜枚举。这种情况的存在往往导致部分教师在教学实践中为了"明哲保身"而主动放弃使用教学惩戒的权力。

因教学惩戒而导致教师被不当处理的案例：2019年4月29日，山东省日照市某县某学校杨老师因该班学生逃课用书本打了逃课学生几下，后来，杨老师体罚学生的事被曝光，很快，5月5日杨老师被该县教体局处理，处理结果是停职一个月；向当事学生和家长赔礼道歉，向学校书面检查；承担诊疗费；取消评优，师德考核不及格；党内警告、行政记过。此外，还扣发了杨老师所在学校校长一个季度的校长职级薪酬。不过这事还没完，7月2日该县教体局对杨老师进行追加处理，处理内容是扣发杨老师2019年5月至2020年4月奖励性绩效工资；责成杨老师所在学校2019年新学年不再与杨老师签订聘用合同；将杨老师自2019年7月纳入某县信用评价系统"黑名单"。事发后，社会舆论一片哗然，该县教体局最后撤回了对杨老师的追加处理，但此事的发生的确值得人们反思：杨老师体罚学生固然不对，但该县教体局的处理是否过于片面和极端了？教师究竟还能否行使教学惩戒？他们面临的是一种什么样的生存环境？

第二节　小学教学惩戒的内容

教学惩戒是教育惩戒的一种，教学惩戒发生的时空环境主要在学校课堂教学的时间和空间内，教学惩戒的发起和执行与教学内容和教学任务密切相关，这使得教学惩戒的内容比完整意义上的教育惩戒要小许多。一般来讲，教学惩戒的主要内容包括以下三个方面：

一、违反课堂纪律的惩戒

我们需要说明的是，广义上讲，只要是符合教学惩戒的行为都可以称之为违反课堂纪律的行为。我们这里指的是对违反课堂纪律的惩戒，对违反课堂纪律进行了限定，特指学生在课堂教学中发生的干扰正常教学秩序、影响教师教学和其他学生学习的行为。也就是说，对学生的课堂违纪行为的鉴别有两个标准，其一，对正常的教学秩序造成了干扰。什么是正常的教学秩序，怎样的程度才算得上干扰，这些都是有相关的依据和标准的，教师必须据此进行判断，以此作为教学惩戒的依据，而不能随意凭主观臆断来发起教学惩戒。其二，学生的违纪行为对教师的教学或其他学生的学习造成了不利的影响。学生的违纪行为可能是干扰了教师的教学，也可能是干扰了其他学生的学习，或者兼二有之。上述两个条件必须同时具备，缺一不可，才能判定为违反课堂纪律的行为，才能据此进行教学惩戒。值得我们注意的是，如果学生出现上述情况中的课堂违纪行为，教师不一定要使用教学惩戒，或者不一定马上进行教学惩戒。教师需要对学生的课堂违纪行为进行性质和程度上的判断，然后决定是否进行教学惩戒以及教学惩戒的具体方式，如学生的课堂违纪行为是否存在主观上的恶意，如果存在主观恶意，那显然适用教学惩戒，相反则可以减轻惩戒或者不用教学惩戒，另外，如果是程度较轻的课堂违纪行为，如短暂的、一次性的交头接耳行为，不一定要使用教学惩戒。相反，如果是程度较重的课堂违纪，如故意顶撞教师，甚至在课堂上与其他学生打闹等行为，就可以果断地使用教学惩戒。

二、不当学习行为的惩戒

另一种学生课堂不当行为，因为是个人行为，对教学秩序和师生教学活动的干扰性不强，我们将之归于学生的不当学习行为，并未将之纳入课堂违纪行为，但是这类行为对学生个人的发展不利，如果不加以控制和引导，也有可能转化为课堂违纪行为，因此也适用教学惩戒。典型的如学生缺乏学习兴趣，在课堂上注意力不集中，做与学习无关的事情，比如玩文具、在教科书和作业本上涂鸦、打瞌睡甚至睡觉等。这些学习不当行为很容易在小学生身上出现，如果上述不当学习行为情况较轻，教师不一定马上使用教学惩戒，可以通过说服引导，尤其是通过改变教学方式方法，提升教学活动对学生的吸引力来转变学生的不当学习行为，使之将精力专注于学习活动。如果要使用教学惩戒，教师也可以采用一些较轻的惩戒方式，比如目光注视、表情提醒、肢体语言提醒等，提示教师对学生不当学习行为的关注、传递教师明确的警示信息，以发挥教学惩戒的作用。

三、不当着装等教学礼仪的惩戒

如小学生穿着和仪表等不符合学生身份，如衣着印有与主流文化相冲突的文化标志，或者因穿着的颜色、款式或材质等会影响自身或他人身心安全等，小学生存在上述问题也是一种违纪行为，会干扰教学秩序，也会影响师生的教学活动。如果小学生穿着不当服装或配饰进入课堂学习，他们也可能受到教学惩戒。这种因着装仪表而受到的教学惩戒具有一定的特殊性，不仅因为这种违纪行为在小学生中发生的概率相对较小，且行为发生后对教学的影响相对间接，而且小学生在不当着装上一般缺少主观上的恶意，往往是受身边成人的影响，因为新奇而向身边成人学习所致。对于这类可能发生的教学惩戒行为，教师如果提前做好相关的规范和说明，可以有效避免这类教学惩戒行为的发生。

小学生不当着装受到教学惩戒的案例：在某小学三年级语文课上，王老师发现汉族学生小花佩戴了一幅造型夸张的耳环，吸引了课堂上许多学生的注意，有的同学甚至在上课时小声议论小花的耳环。王老师当即要求小花取下耳环收好，下课后到老师办公室写检查，保证今后不再配戴耳环上课。小花戴耳环虽然是个人爱美的行为，但在我国的文化环境下，汉族小学生配戴耳环不符合小学生日常行为规范的要求，小学生配戴耳环容易在课堂上对其他学生的学习行为造成干扰，因此适用教学惩戒。

如上所述，我们认为小学主要的教学惩戒在内容上大概有上述三类，但这种教学惩戒内容的分类是相对而言的，实践中的教学惩戒在内容上极具复杂性，不一定完全涵盖在这三种内容之中，而且，许多教学惩戒在内容上可能涉及上述的两种或三种。因此，教学惩戒的内容需要教师在课堂教学中根据具体情况进行具体分析，并针对性地决定是否进行教学惩戒及惩戒的具体形式。

第三节　小学教学惩戒的实施

教学惩戒的实施既要求教师有科学的理念，又需要在理念指引下的具体内容、环节和方法。我们在此主要讨论教学惩戒的理念问题。科学的教学惩戒理念是教学惩戒实施的起点，也是教学惩戒实施的依据，只有理念正确，才能为具体内容、环节和方法等选择和使用打下基础。教学惩戒的科学理念必须贯穿于教学惩戒的全程。

一、慎用教学惩戒

总体来说，小学教师在教学惩戒问题上要慎重，要慎用教学惩戒。小学生主体性发展相对不成熟，其思想认识程度和自我行为调控能力都相对不高，课堂上尤其容易出现注意力分散和与教学无关的行为，其学习行为往往与教师预设的教学活动不一致甚至相冲突。教师要充分认识到这些情况具有一定的客观性，对小学生的课堂不当行为要有一定的容忍度，不要着急使用教学惩戒，尽量采用其他办法来减少和应对小学生的课堂不当行为。

（一）用高质量的教学活动减少甚至避免学生出现课堂不当行为

高品质的教学活动是吸引小学生学习注意力、减少和避免小学生出现课堂不当行为的教学活动，是慎用甚至不用教学惩戒最有效和最高明的办法。一堂生动有趣的课，会让小学生觉得课堂时间过得如此之快，犹如转瞬即逝，学生常常会产生意犹未尽的感觉，哪里还会产生课堂不当行为，相反，一堂刻板无趣的课，会使小学生感觉度日如年，如坐针毡，注意力肯定会分散，学习不当行为也极易出现，这种情况下自然也容易导致教学惩戒的发生。因此，小学教师要不断增强自身的人格魅力，构建良好的师生关系，提高教育教学的专业能力，打造高品质的课堂教学活动，尽量减少课堂不当行为的发生，减少教学惩戒行为的发生。

（二）用高超的教学方法化解学生的课堂不当行为

我们希望用高品质的课堂教学活动来减少和尽量避免学生不当学习行为的发生，然而长期来看，学生不当学习行为的完全避免是不可能的，从某种程度来看，课堂上学生的不当学习行为是一种客观存在。当学生不当学习行为出现后我们是否就一定要采用教学惩戒呢？答案是否定的。对那些轻微的学习不当行为，尤其是对那些本身学习自觉性较好的学生的学习不当行为，教师可以通过一些巧妙的方式予以提醒，让其自醒并自我修正，这种方式不仅可以达到纠正学生学习不当行为的目的，还可以发展学生的主体性。另外，视学生学习不当行为的具体情况，教师甚至还可以采用以奖代惩的方法，用积极的奖励代替消极惩罚来纠正学生的学习不当行为，人民教育家陶行知先生用三颗糖以奖代惩教育学生的故事就是典型案例，可以给予小学教师很大的启发。对于小学生而言，积极的奖励远比消极惩罚的效果要好，如果教师能巧妙地使用以奖代惩的方法，可以在很大程度上减少教学惩戒的使用。

陶行知用三颗糖教育学生的故事：人民教育家陶行知先生有一天在操场上看到一个学生用泥块砸自己的同学，陶行知当即喝止他，并让他放学后到自己的办公室。放学后，上完课的陶行知回到办公室，发现这个学生已经在办公室门口等候了。进了办公室，陶行知并没有像那个学生想象中那样对他进行批评甚至责罚，而是掏出一颗糖送给他，并说："这是奖给你的，因为你按时来到了这里。"学生对此非常意外。没想到陶行知又掏出一颗糖递给了他，说："这块糖也是奖给你的，因为我不让你再打人时你立即住手了，这说明你很尊重老师。"那个学生更加惊讶了，然而他没想到陶行知随即又掏出第三颗糖塞到他手里，说："我调查过了，你用泥块砸那些男生，是因为他们不守游戏规则，欺负女生。你砸他们，说明你很正直善良。"违纪打人的学生感动极了，他流着泪后悔地说："陶校长，你打我两下吧！我错了，我不该用泥块砸我的同学！"

二、依法进行教学惩戒

教学惩戒是一种重要的教学方式和手段，在教育教学活动中对人才培养发挥重要的作用。但这种作用的发挥必须建立在有理可循、有据可依的前提下，教师教学惩戒的实施必须有客观的依据和标准，不能随意实施。

（一）根据法律授权实施教学惩戒

我国的教育法和教师法等法律法规都赋予了学校和教师管理学生、对学生进行奖励和惩罚的权利。这是教师实施教学惩戒的法理依据，教师必须遵照执行。这意味着教师在实施教学惩戒时必须遵循而不能违背法律的规定，否则就是滥用教学惩戒。比如我国法律规定教师对学生进行教育管理时不得对学生进行体罚或变相体罚，教师在实施教学惩戒的时候就不能逾越这条法律划定的红线。当然，目前我国的相关法律法规尚未在内容上明确教师教育惩戒权这个法律术语，在教师教育惩戒的实施上也缺乏相应的细则，这些都给教师在教育教学实践中依法实施教育教学惩戒造成了一些困惑，但好在国家相关部门已经意识到了这个问题，并积极推动相关法律法规的修订及制定教师教育惩戒的实施细则。今后，教师依法进行教育教学惩戒将得到更好的贯彻落实。

（二）依据小学生课堂行为规范实施教学惩戒

国家的法律法规是教师教学惩戒的实施依据，但国家法律法规规定的内容相对宏观和抽象，即使是今后出台了教师教育惩戒的实施细则，一般也不可能细化到具体的学段甚至相应的学科。因此，各学校要认真领会国家相关法律法规的精神，结合学校的具体情况，制定符合本校实际的学生课堂行为规范，以此作为教师课堂教学惩戒的具体依据。这不仅是对国家法律法规的具体遵照执行，而且是实事求是、因材施教的一种具体体现。以小学为例，只有制定科学的小学生课堂行为规范，教师的教学惩戒才能真正实现有据可依，教学惩戒才能做到客观公正，教学惩戒才能令学生信服，才能发挥惩戒的作用，避免教师教学惩戒的随意性，这不仅是对学生的保护，还是对教师的关心和爱护。

三、将教学惩戒作为教师权利和义务

教师是教学惩戒的主体，教师既是教学惩戒的发起者，也是教学惩戒的执行者。在课堂教学活动中，对教学惩戒，教师要慎重使用，一旦教学活动需要，教师又必须能做到对教学惩戒的果断使用。教师教学惩戒的实施，是教师不可以让渡和转移的权利，同时也是教师在教学活动中必须履行的责任和义务。

（一）教学惩戒是教师发展的需要

通过教育教学活动进行人才培养是教师的工作职责，而要履行好教师的工作职责，教师需要有履职尽责的良好环境和条件。具体来说，即必须给予教师开展教育教学活动的足够空间。法律规定，教师可以管理学生，奖励和处罚学生就是为教师创造教育教学空间的一种具体体现。如果教师未得到授权，不能采取适当形式对学生进行教学惩戒，教师的教学活动就会受到较大的束缚，教学活动的质量也会受到影响。教学活动是教师重要的生活方式，如果教师在课堂教学中的主体性得不到很好的发挥，教学质量上达不到教师的追求，教师的生活状态和质量就会受到影响。从这个角度看，教学惩戒不仅是教师履职尽责的需要，也是教师在工作上追求成功、实现人生价值的需要，对教师发展具有重要价值，符合教师的教学利益。

（二）教学惩戒是教师促进学生发展的义务

教学惩戒不仅是教师教学工作的需要，是教师的权利，还是学生发展的需要，根本上是教师为促进学生发展而必须履行的工作义务。换句话说，教学惩戒不是教师根据主观意愿而实施的一项教学活动，而是教师依据教学需要，为

促进学生发展而必须运用的一种教学手段。实事求是地说，现实教学实践中存在教师对教学惩戒不愿用、不敢用的情况，这里面有一些阻滞教师开展教学惩戒的客观原因，如部分家长的不理解、不配合，对教学惩戒社会舆论过于敏感和不当助推等，但也有许多原因是教师对教学惩戒的认识问题，即没有充分意识到教学惩戒是教师在教学活动中根据教学需要而必须履行的义务。如果教师在教学活动中，面对学生的不当学习行为，一味容忍甚至纵容，那就是教师教学的渎职，将对学生发展造成很大的损害。

四、充分发挥教学惩戒的教育作用

对于教学惩戒来说，惩罚只是手段，教育才是目的。不能发挥教育作用的教学惩戒只能叫教学惩罚，甚至根本上就只能叫作惩罚。这样的惩罚基本上对学生发展没有价值，甚至有可能发挥消极的负面作用。因此，在教学活动中如果要实施教学惩戒，首要考虑的就是教学惩戒的教育性，即怎样通过教学惩戒的惩罚来发挥警戒学生的作用，促使其修正教学不当行为，回归到正常的学习活动中，最终实现在教学活动中的高质量发展。为充分发挥教学惩戒的教育性作用，我们必须考虑以下几个方面：

（一）教学惩戒与教学内容和教学任务相结合

如前所述，教学惩戒必须依据国家的法律法规及各级的规章制度来行使，但这些是相对宏观的依据，除了这些，教师在教学活动中进行教学惩戒还需要依据具体学校、具体班级甚至具体学科的相关学生规范，以小学为例，教师教学惩戒就需要依据小学生课堂行为规范等制度来开展。光有这些还不够，教学惩戒教育性作用的发挥，还必须依据课堂教学的教学内容和教学任务，即教学惩戒的发生是因为学生在学习中出现了与完成课堂教学内容和教学任务相矛盾和冲突的学习行为，而教学惩戒的执行则必须针对这些特定的行为，促进学生进行学习行为改进，最终达到完成教学内容和教学任务的目的。只有这种有明确依据和指向性的教学惩戒，其教育性作用才能很好地发挥。相反，如果依据和指向不明，教学惩戒很可能异化为教师对学生的惩罚行为，后果往往只能是恶化师生关系，进而影响教学活动的顺利开展。

教学惩戒依据和指向不明的案例：某小学四年级一班数学老师张某因家庭矛盾而心情不佳，在学校上课时，看见学生小林面带微笑向窗外张望，顿时大发雷霆："你知不知道现在已经上课了？操场上有什么好看的？既然你这么喜欢看操场，我就让你看个够！"将小林赶出教室，让其站在教室外的走廊上，面向操场，整整站一节课。张某这种教学惩戒既无充足依据，又无明确的教育作用，是一种典型的不当惩罚行为。

（二）结合小学生的特点采用灵活的教学惩戒方法

教学惩戒是一种教育方式，要发挥教育作用，就必须根据学生特点进行因材施教。以小学生整体来看，小学生非常在意家长和教师的评价，尤其是后者，因此教师对小学生积极的表扬和奖励往往对小学生能起到很好的鼓励作用。小学生心理相对较敏感，心理承受力也相对脆弱，因此批评和惩戒容易使小学生感受到挫折，会打击其自信心，一旦处理不当，甚至可能使小学生一蹶不振。当然，小学生群体的身心发展还有其他共性的特点，同时男生与女生又存在共性之外的差异性。而从个体来看，不同的小学生个体，身心发展情况、性格特点、心理承受力等都存在差异，教师在开展教学惩戒的时候需要充分考虑小学生的具体情况，针对性地选用教学惩戒的方式方法。总体要求是在教学惩戒的同时不得损害小学生的身心健康，更高的要求则是巧用教学惩戒，将惩戒这种"坏事"变成鼓励学生、促成学生发展的好事，真正发挥教学惩戒的教育作用。

巧妙使用教学惩戒方法的案例：小学三年级一班刘老师某天在语文课上发现坐在教室后排的张然正在和同桌讲话，张然好像说了什么有趣的事情，逗得同桌捂嘴偷笑不已。张然同学性格开朗，思维活跃，学习成绩也不错，但是上课时偶尔会出现不遵守课堂纪律的情况，刘老师决定借机对张然同学实施教学惩戒，使他这种学习不当行为得到改善。略作思考，刘老师对全班同学说："同学们，张然同学好像在给同桌讲笑话呢，我们可不能让他们独乐，我建议请张然同学结合今天所学课文《惊弓之鸟》，现场编一个笑话分享给大家怎样？"刘老师既明确指出了张然同学的违纪行为，又同时结合了张然的特长和教学内容，通过要求其创作表演的形式来进行教学惩戒，既进行了教学惩戒，又照顾到了学生的情绪，同时还活跃了课堂气氛，无疑是一种高明的教学惩戒方法。

（三）在教学惩戒上将个别教育与集体教育有效结合

如果依据教学惩戒的对象进行分类，我们可以把教学惩戒分成个别惩戒和群体惩戒，前者是指在课堂教学中对学生个体进行的惩戒，而后者则是在课堂教学中对两个或两个以上的学生进行的教学惩戒，最大范围可以扩大到对课堂教学的全体学生。当然，通常教学惩戒主要是个体或较小规模的群体惩戒。若非必要，教师尤其要慎用群体惩戒，特别是较大规模的群体惩戒甚至是全班性的教学惩戒，因为群体性教学惩戒往往因为受众大而容易消解教学惩戒的作用，学生容易产生"反正我只是其中一个"的心理，不能充分认识自己的问题，更不会因此而改进自己的行为。还有一种情况也必须避免，即教师在进行教学惩戒的时候不能搞"连坐"，不能因为个别或少部分学生的错误而将大部分或者全体学生作为教学惩戒的对象，而事实上这种情况经常在小学教学实践中出现。有教师认为这种惩戒方式可以让学生之间相互监督，实际上这种惩戒方式是极其有害的，它会使学生感觉不公平而对教师失去信任，也会使学生因为受"连累"抱怨甚至怨恨犯错的同学，导致学生关系紧张。总之，教师在使用教学惩戒时，一定要严格区分惩戒对象，在教学惩戒教育作用的发挥上，一定要把个别教育和集体教育进行有效结合。即无论是对学生个体还是对学生群体的教学惩戒，都要既教育学生个体，又教育学生群体，把教育作用拓展到全班。对有学习不当行为的学生，接受教学惩戒，改善学习行为；对暂时无相应学习不当行为的学生，同样要引以为戒，强化对自身的要求，即我们通常所说的"有则改之，无则加勉"。

总之，教学惩戒是一种重要的教育方式，是教师教学活动的重要组成部分，是推进教学活动顺利进行的重要手段，也是教师促进学生发展的重要形式。对于教学活动来说，教学惩戒的存在有客观性，它的存在不以人们的主观意志为转移，现实教学活动离不开教学惩戒，教师理应拥有教学惩戒的权利。同时，教学惩戒的发起和执行又必须有科学的依据和标准，教师在教学活动中必须慎用教学惩戒，更不能滥用教学惩戒。教学惩戒的发起和执行既要依据相关法律和规定，同时又要遵循教学惩戒对象即学生的身心发展规律及其他具体特点和情况，结合教学内容和教学任务进行。教学惩戒的具体使用需注意，惩罚只是手段，警戒学生，促使学生修正学习不当行为、促进学生发展才是根本目的。教师要灵活采用教学惩戒这种方式方法，将个别教育与集体教育结合起来，充分发挥教学惩戒的教育性作用。

第十章

小学教学艺术

第一节　小学教学艺术的概述

一、教学艺术的内涵

今天，在教学究竟是科学还是艺术这一问题上，人们基本已经达成共识，即教学既是科学，又是艺术，教学活动不仅要求真，还要求善、求美。教学艺术不是伪命题，相反，在不断探寻教学规律的过程中，我们逐渐发现，要真正实现教学对人的发展，就必须去不断探究教学活动中的美，要不断去创造教学活动中的艺术。那么，何谓教学艺术？所谓教学艺术，是指"教师在一定教学思想指导下，通过综合运用各种教学技能技巧，遵循美的规律进行的创造性教学实践活动"①。要理解教学艺术的内涵，我们可以从以下几个方面进行解读：

（一）人是教学艺术的主体

教学艺术是人在教学活动中创造的，离开了人，教学艺术不可能存在。具体来说，创造教学艺术的人只能是教学活动的主体。教学活动的主体众多，教师和学生是教学活动的主要主体，师生是教学艺术的主要创造者。相对而言，因为教师在教学活动中拥有特殊的地位，是教学活动的主导者，因此，总体来说，教师是教学艺术的主要创造者。我们也要明确，教学艺术的形成离不开教学活动中的其他主体，尤其是学生，没有学生的配合和主动参与，不能有效促进学生主体性发展的教学活动上升到教学艺术的层次。在一定的情况下，学生甚至也可以成为教学艺术的主要创造者。

---

① 李森. 现代教学论纲要［M］. 北京：人民教育出版社，2007：257.

（二）教学艺术必须遵循美的规律

艺术总是让人联系到美，教学艺术也不例外。教学活动倘若能上升到艺术的高度和层次，它必然是美的。但什么是美？美的规律是什么？"每个人心中都有一个哈姆雷特"，很难给什么是美下一个标准性的定义，但我们可以从马克思的思想中去获得一些关于什么是美的灵感。"美的规律很难说清楚，但是根据马克思的思想：第一，不是异化的劳动；第二，是一种内在的精神需求；第三，是主观与客观、物质与精神能够达到一种内在的统一。"① 受此启发，关于教学艺术的美，我们至少可以这样理解：它是在教学活动中创造的；它能满足教学活动主体的精神需求；它既是物质的，又是精神的，教学艺术的美是内在的统一。因此，我们对教学艺术的美要进行正确的认识和深刻的理解。

（三）教学艺术是创新活动

艺术根本的标准和要求就是创新，教学艺术也不例外。可以确定地说，没有创新的教学实践活动绝对不能称之为教学艺术。在现实的教学实践活动中，许多课堂看似热闹，甚至被许多人视为"精彩纷呈"，但因为缺少创新性，充其量只能被称之为"教学表演"，并不能被称为教学艺术，甚至不能称为美的教学，正如有研究者所说的，"所以，美的第一条规律，就是这种劳动不是异化的，它包含着一种自由的创造，如果没有这种自由的创造空间，美是不会生长的"②。因此，教学艺术的前提是教学创新。当然，这里的创新不是标新立异，不是为了创新而创新，而是合乎教学规律、能真正推动教学实践、能有效促进学生发展的教学创新，只有这样的创新才能使教学活动上升到艺术层次。

二、教学艺术的特点

教学艺术是教学实践活动，但又不同于一般的教学实践活动，能被称为教学艺术的教学实践活动，肯定比一般的教学实践活动立意更高、形式更新、效果更好。教学艺术具有不同于一般教学实践活动的特点。

（一）个体性

教学艺术是人创造的，教学艺术具有鲜明的创造主体的特性。前文我们已经说过，教学艺术是以教师为代表的教学活动主体创造的，因此，教学艺术必然会刻下教学活动主体的个体烙印。也就是说，教学艺术是个性鲜明的，甚至是独一无二、不可复制的。那种照搬、照抄、套用的教学活动永远达不到教学

---

① 杨九俊. 什么是美的规律 [J]. 江苏教育，2010（9）：16.
② 杨九俊. 什么是美的规律 [J]. 江苏教育，2010（9）：16.

艺术的层次。魏书生的班主任管理艺术永远只可能是魏书生的班主任管理艺术，其他人固然可以学习和借鉴，但倘若不能结合自身各方面的情况进行创新升级，最终的结果只能是东施效颦，不可能上升为新的教学管理艺术。当然，这里的个体性主要是指教学艺术带有创造者的个体特点，并非与群体对应的个体。当然，教学艺术的个体性并非独指个体的个体性，个体性既可以是个体教学艺术的个体性，又可以是群体教学艺术的个体性。这就正如一支乐队，乐队的每个成员在音乐素养上都可能具有自己的个体性，同时该乐队与其他乐队相比，其也可能拥有自身独特的个体性。

（二）审美性

美育本身就是教学活动的基本目的之一，这是教学活动的应然要求。但并非所有的教学活动都能实现美育的效果，对于教学艺术来说，审美性不是应然而是基本前提，是一种确确实实的实然状态，否则就不能称其为教学艺术。美国学者柯伦（Curren，C. E.）认为，"当教师更多地懂得了美的素质怎样深入人心的生活，当他们能有意识地来完善、扩展这种美的方法时，他们也就踏上了教学艺术之路"①。有研究者认为，教学艺术的审美性突出地表现在以下一些方面：教学设计美、教学过程美、教学语言美、教态美、教学板书美、教学方法美、教学内容美等②。当然，教学艺术的审美性并不局限于这些内容，它体现在教学活动的全程，渗透在教学活动中的一切内容中。能达到教学艺术层次的教学活动，必然具有美的特点。

（三）形象性

形象性是艺术活动的一个典型特点，形象性意味着艺术活动要便于艺术活动的对象感知和理解。当然，也不排除某些艺术活动或艺术形式是晦涩艰深、难以理解的，但这主要是指的是想要传递的艺术理念和观点，教学艺术在表现形式上还是形象性，就如毕加索的画。相对于一般的艺术活动，教学艺术对形象性的要求更高，它不仅在表现形式上要形象性，而且这种形象性的要求具有明确的传递性和获得性。也就是说，教学艺术不仅要便于学生感知，而且要利于学生在感知的基础上理解和内化。形象性不仅是对教学艺术在活动形式上的外在要求，更以此为媒介，还将教学内容转化为学生的收获和发展。以教学活动中的板书为例，教学板书颜色、线条、结构的美固然是教学艺术形象性的体现，但通过这种形象性传递给学生对板书承载的教学内容才是板书这种形象性

---

① ［美］柯伦. 教学中的美学［J］. 教育研究，1985（3）.
② 李森. 现代教学论纲要［M］. 北京：人民教育出版社，2007：259.

的内在追求。

（四）情感性

情感性是艺术活动的基本特性之一，没有情感的艺术活动毫无感染力，甚至根本就不能称其为艺术活动。有情感的教学是现代教学的基本理念之一，就教学活动的有效性而言，情感性是衡量教学活动有效性及程度的标准之一，即在教学活动中，教学活动主体只有在教学活动过程中才产生与教学内容、教学任务和教学目的相一致的情绪情感，这样的教学活动往往才更加高效。当然，不具备教学情感的教学活动也可以让学生获得知识、技能和能力上的提升，但这种无情感的教学活动对学生的促进作用是有限的，是一种机械的、冰冷的教学状态，与现代教学的情感要求也是相违背的，根本不可能上升到教学艺术的层次。

（五）创造性

创造永远是艺术活动的灵魂，是艺术生命力的根本所在，没有创造的"艺术活动"严格意义上根本不能称之为艺术。教学原本就是文化传承和创新的活动，创造性是教学活动的根本追求。创造性是教学艺术的核心标准，有创造的教学活动不一定能上升到艺术层次，教学艺术必然有创造，而且，创造性是衡量教学艺术质量层次的关键指标。具体来说，教师的教学活动要上升到教学艺术的高度，就要求教师的教学内容、教学方法、教学时空、教学管理、教学评价等在教学活动的各个环节和内容中去积极地开展变革和创新，而不能因循守旧、不思进取。当然，这种变革和创新必须符合教学规律，能切实提升教学效果和质量，而不是盲目的创新，更不是为了创新的"创新"。

教学艺术的各特点之间是相辅相成、不可分割的整体性关系。教学活动要达到教学艺术的层次，就必须具备以上所有的教学活动的特性，缺一不可。

三、教学艺术的功能

教学活动为什么要追求上升到教学艺术的层次？答案非常简单，与普通教学活动相比，能达到教学艺术层次的教学活动在育人成效上具有更显著的功能，主要表现在以下方面：

（一）陶冶学生情操

艺术活动往往能产生这样一种作用，即营造一种艺术氛围，这种艺术氛围能让身处其中的人受到感染，进而产生与该艺术活动所传达理念相一致的认识、情感和行为。这就是艺术活动的感染力，即是艺术活动对人的陶冶。短期的艺术活动，它的感染力会影响人并使人产生与艺术活动相应的情绪、情感及行为，如果这种艺术活动是长期的，在艺术活动的环境和氛围熏陶下，人的心境、性格甚至人生观、世界观和价值观都会受到影响，进而彻底转变人的行为方式。短期的艺术活动如一场高质量的演唱会，长期的艺术活动如长时间进行书法或绘画创作。教学艺术同样具有这种功能，即时性的教学艺术活动能感染师生的情绪、情感，让师生更加主动地投入到教学活动中去，长期教学艺术的陶冶，则能培养和塑造学生的美好情操和人格修养。教学艺术的这种陶冶功能主要是通过营造积极的教育环境和氛围来实现的，这虽然是一种外在的功能，但教育环境对学生的影响是客观存在的。小学生尤其容易受外在环境的影响，通过教学艺术营造的积极教学氛围，对陶冶小学生的情操具有重要价值和意义。

（二）提升教学效果

同样的活动，艺术的形式和常规的形式往往效果迥异。相对于常规形式，艺术形式往往能提升活动的效果，使活动更加高效。这种情况在我们的身边屡见不鲜，就如民间对一些民众规约的宣传，如果采用传统说教式的活动方式，效果往往不佳，相反，如果采用一些老百姓喜闻乐见的艺术形式，这样宣传更容易深入人心。同样，这种方式也适用于教育活动。就如我国古代《三字经》《弟子规》的文字结构和韵律就符合艺术的特点，进而提升了其宣传和教育的效果。在现代教学中，教师如果能将教学活动上升到教学艺术的层次，势必能极大地促进教学效果的提升。教学艺术能使师生心情愉悦地开展教学活动，在这种氛围下，师生关系和谐，师生的认知兴趣将得到调动和激发，认知行为将得到强化和巩固，师生交往将变得通畅而有效，教学活动也将变得鲜活、生动而有趣，教学效果必将得到极大提升。

（三）促进学生发展

教学活动是为促进师生发展，尤其是为学生全面发展服务的。教学艺术作为更高层次的教学活动，在促进学生发展上的作用更大。陶冶学生情操和提升教学效果也是服务于教学目的的，前者主要基于教学环境的营造，后者主要是对教学活动提质增效，这两个功能主要是从外围服务于教学目的的，教学艺术还具有直接促进学生发展的功能，这种直接促进不是片面的，而是促进学生德、智、体、美、劳等方面的全面发展。从德育来看，教学艺术具有直接的德育功能。常规的德育活动往往囿于说教、流于形式，而艺术化的德育活动却往往能达到事半功倍的作用。如超燃的一部征兵影片往往能唤起青少年参军的热情，这往往是说教式的爱国主义教育所达不到的。从智育来看，常规的教学活动强调教学的科学性，强调在活动中求真，而教学艺术不仅求真、求善而且求美，能更加深刻地发挥智育的作用。"教学艺术以其丰富而深刻的内容、亲切自然的教态、风趣出众的语言和严密科学的论证吸引学生的注意力和观察力，提高学习兴趣，减少学习干扰，使学生在较少的时间内学到较多的知识，并能发展其能力。"① 不仅是德育、智育，教学艺术以科学的实质、艺术和形式，也对学生的体育、美育和劳动教育同样发挥着重要的直接促进作用。

第二节　小学教学艺术的实现

一、小学教学艺术的内容

艺术无固定的内容和形式，教学艺术亦是如此，教学艺术可贯穿于教学活动的始终，体现和反映在教学活动的各项内容和环节上，据此，我们认为小学教学艺术大致可以从以下内容得以体现：

（一）小学教学环境的艺术

教学活动的开展需要一定的教学环境，不同的教学环境对教学活动的开展发挥着不同的影响作用，因此，为促进教学活动的顺利开展、提升教学活动的效果，我们必须营造良好的教学环境。环境本身无艺术，营造环境却是艺术，从这个角度看，教学环境也是教学艺术的内容之一，它看似在教学活动之外，实则在教学活动之内，教学环境的营造是所有教学活动的基本内容之一。教学环境除了物理环境外，还包括心理环境，小学教学环境的艺术可以从以下两个方面去营造。

1. 小学教学物理环境的艺术

教学物理环境影响教学活动开展的效果。干净、整洁、明亮的教室及安静的周边环境显然有利于教学活动的开展，相反，脏乱、拥挤、嘈杂的教室及周边环境肯定会干扰正常的教学活动。孟母三迁的故事是环境育人的经典案例，启发着我们为学生营造良好的物理环境。我们需要注意的是，教学的物理环境必须通过人发挥作用，从这个意义上看，如果教学活动的主体能主动克服物理环境的影响，教学的物理环境对教学的影响作用就会降低。但是，在追求教学艺术的过程中，我们必须同样重视教学物理环境建设的重要性，尤其对小学生而言，他们更容易受教学物理环境的影响，不良的教学物理环境容易对他们造成教学干扰。因此，在小学教学活动中，要想将教学活动上升到教学艺术的层

---

① 李森. 现代教学论纲要［M］. 北京：人民教育出版社，2007：265.

次，教师必须重视教学物理环境的建设，为小学生打造一个容易将其注意力集中到教学活动中的物理环境，这是小学教学艺术的基本要求。

2. 小学教学精神环境的艺术

通常而言，我们将精神与物理相对应，因此对应小学教学物理环境的便是小学教学精神环境。不过对于教学环境来说，我们习惯性地将精神环境称之为心理环境。相对于物理环境，心理环境对师生的影响更直接也更大，毕竟环境对人的影响要通过人才能发挥作用，而心理环境已经是人的心理感受，已经是环境产生作用甚至过滤后的一种结果。教学心理环境的内容较多，"主要包括学校环境下的人际关系、集体气氛、教学气氛、个体心理因素、教师的心理状态等"①。教学心理环境对教学活动的影响是巨大的，首先，它会影响小学生的学习动机，良好的教学心理环境会激发和强化小学生的学习动机，反之则会削弱甚至阻滞小学生的学习动机。其次，它会影响小学生的课堂行为。如果教学心理环境良好，小学生更容易产生积极的课堂行为，如积极的师生互动，反之小学生的课堂行为将向不利于教学活动顺利开展的方向发展，如产生与课堂教学无关的行为，甚至出现违反课堂纪律的行为。最后，教学心理环境会影响小学教学效果。良好的教学心理环境能激发小学生的学习动机，使之产生积极的课堂教学行为，必然有利于小学教学效果的提高，反之则会干扰甚至降低小学教学效果。综上所述，小学教学心理环境在小学教学活动中发挥着重要作用，打造良好的小学教学心理环境理应成为小学教学艺术的一项重要内容。

严格意义上看，教学的物理环境和精神环境不能截然分开，两者相互影响，如教学的物理环境会对精神环境造成影响，使身处物理环境中的人产生与物理环境相应的情绪和情感等，同样，教学的精神环境会反作用于教学的物理环境，提高或降低教学物理环境作用发挥的程度，甚至改变教学物理环境的性质。如良好的师生关系容易使教学产生积极的心理氛围，在这种情况下，即使教室小一点、旧一点也没什么关系，教学的物理环境似乎对教学的影响也不那么重要了。

（二）小学教学准备的艺术

有人认为，即时性也是教学艺术的基本特点之一，即认为教学艺术是一种即兴发挥的、高超的教学实践活动，我们并不完全认同这个观点。我们承认在教学活动中存在大量即兴发挥的教学艺术，而且这种即兴式教学艺术往往效果

---

① 李新，雷青明. 教学心理环境对小学生学习活动的影响及其优化策略［J］. 教学与管理，2016（14）.

更好。我们认为更多的教学艺术不是即兴式的，而是通过精心准备和组织起来的。即使是即兴式的教学艺术，其也是师生，特别是教师教学经验长期积累沉淀，由量变到质变的一种自然转化，严格意义上说也不是日常生活中所理解的随意性较强的即兴发挥。因此，我们认为，教学艺术必须经过精心的准备，试图随意性地发挥便能将教学活动上升到教学艺术的层次，这种想法在教学实践活动中基本是行不通的。需要明确一下，我们这里说的教学准备，既指课前的准备，又指课上在正式教学内容展开前的准备。教学准备的主体主要是教师和学生。通常意义上，许多人认为教学准备是教师的事，对此我们并不赞同，我们认为教学准备是教学活动主体开展的工作，主要是教师和学生，虽然教师在教学活动中居于主导地位，理应在教学准备中发挥更重要的作用，但教学准备绝对不能只是教师的事，学生等主体也应该在教学准备中发挥应有的作用。我们认为，小学教学准备的艺术大致包含下列内容：

1. 对教学活动主体的准备

教学活动主体的准备包括两个方面的内容，教师对小学生的准备，小学生对教师的准备。教学相长，这一点对教学艺术特别适用，不能将教和学有效结合的教学活动不可能成为教学艺术。一般人们通常会重视教学准备中教师对学生的准备，将之作为教师备课的内容之一，即"备学生"。从教师的角度来看，这种观点肯定是正确的，教师如果不了解学生，如学生的身心发展特点、学生的学业情况、学生的家庭情况等等，很难做到因材施教，更难将教学活动发展为教学艺术。教师对学生的准备，既是备学生个体，同时又要备学生群体。但是基于教学活动之交往性的本质和规律，从学生的角度看，备教师也是教学活动对人准备的一项重要内容。但教学实践中我们却容易忽略这个方面，因为人们在潜意识里会把教学看成是教师的工作，而学生只需要接受教师的安排即可。另外一个方面，人们，甚至是教师本身都会忽视甚至轻视学生在教学活动中的主体地位和主体性作用，认为他们在整体性的教学活动设计、准备和实施中的作用有限，他们只需"好好学习即可"，年龄较小、身心发展较不成熟的小学生尤其会给人们留下这种刻板印象。事实上，教学活动的有效开展，甚至能上升至教学艺术的层次，不仅需要教师充分地准备学生，同样需要学生充分地准备教师。

案例：期中考试后，小学四年级三班的同学们发现 A 老师连续几天情绪都比较低落，上课时多次出现知识错误的情况。同学们非常关心 A 老师，课后多方了解情况，知道是因为本次班级期中考试成绩不理想，导致 A 老师着急烦闷，进而影响了自己的教学状态。同学们商量了一下，委托学习委员写了一张小卡片悄悄送到了 A 老师的办公桌上，上面写着："加油！我们不会让您失望的！"接下来的课上，同学们高兴地发现，A 老师又恢复了往昔的风采，教学风趣幽默，活力四射。

上述案例充分说明了学生对教师的教学准备对教学活动的影响。试想如果案例中的同学们不关注教师，不认识和了解教师，不去采取相应的措施激发和唤醒教师的教学热情，教师低迷的教学状态可能会持续下去。这些关注、认识和行动都属于学生教学准备中对教师的准备，是在教学活动中对活动主体准备的重要组成部分。而在当前教学实践中学生对教师的准备是不充分的，我们还需要强化这方面的观念和认识，加强对学生、对教师做好充分教学准备的激发和指导。

2. 对教学内容的准备

关于对教学内容的准备，人们一般称其为教师备课中的"备教材"，这种说法同样是将教学内容的准备窄化了。首先，教材只是教学内容的主要载体，教师备教学内容，教材只是其中最重要的一个方面，并非教学内容的全部。其次，对教学内容的准备，不仅要求教师，同样要求学生。当然，教师和学生对教学内容的准备，两者在准备的广度和深度上是有差异的，在准备过程中的地位和主体性发挥的方式也是不同的，两相比较，教师对教学内容的准备更具有全局性、范围更广、程度更深，教师的准备对学生的准备具有指引性。需要注意的是，小学生由于主体性发展的程度相对较低，在教学准备中尤其需要得到教师、家长等的指导和帮助，如教师可以通过布置家庭预习作业的形式让学生实现对教学内容的准备，而家长则可以给予学生需要时的帮助。但同时我们也要相信小学生有足够的能力可以主动且高质量地完成对教学内容的准备。总之，教师和学生都是教学内容准备的主体，也是教学艺术达成的前提。有效教学活动要求师生要在教学内容上认知同步、思维共振，如果教师和学生不对教学内容进行充分的准备，在教学过程中无法做到认知同步和思维共振，连教学的有效性都做不到，何谈教学艺术？

案例：名师于永正说自己总是把课程标准中各年级的教学目标复印下来，贴在备课本的首页，作为"教学指南"经常翻看，"温故而知新"。可见课前学习是非常必要的，只有在学习基础上的备课，才能更好地理解教材、把握知识、定位目标、融通教学等。[①]

于永正之所以能成为"名师"，是因为教学工作中的努力，如精心的教学准

---

① 余淑娥. 小学数学教学中的教学准备与课堂组织 [J]. 福建教育学院学报，2016 (11).

备是最基本的要求。唯有精心准备、不断打磨，教学活动才能上升到艺术的层次，教师才能成为名师，学生才能成为优生。

3. 对教学条件的准备

教学艺术的实现固然是最重要的因素，但人对外物的借助同样是教学艺术实现的重要辅助。因此，教师和学生必须对教学环境、教学设备设施、教学工具和手段、教学材料等进行精心的准备。细节决定成败，外在的教学条件虽然不是教学艺术的决定因素，但如果不高度重视，也可能使教学艺术的实现功败垂成。以教学工具和手段为例，"工欲善其事，必先利其器"，要实现教学艺术，有必要的、合适的教学工具或手段是非常重要的。如在小学科学课上，在讲述《花的构造》时，教师可以使用花的图片、实物的花、放大镜、显微镜、投影仪等工具和手段，让学生形成感性融合理性的认识，既全面又深刻。又如在相对抽象的小学数学课的教学中，我们可以多借助一些教学手段，将抽象的教学变得生动形象，借以实现教学艺术的达成。

例子：在讲解"体积"这一节的知识时，利用多媒体课件动画展示不同物体的图片，让学生直观理解什么是长方体的长、宽、高，什么是梯形的腰、上底和下底以及高的含义，进而为学生理解体积的概念和计算公式做了铺垫。在这一过程中，学生的认知技能得到了提升，个性特长得到有效发挥，能够轻松地掌握知识，提高思维能力。多媒体课件的科学使用，利于学生体会到数学就在生活中，利于学生个性化学习方式的培养，培养学生初步的问题意识，用已有经验和知识水平解决简单问题。[1]

同时，我们对教学条件的准备要辩证地看待，既要看到教学条件对教学艺术实现的重要性，又要认识到教学条件最终是通过人发挥作用的，教学条件不是教学艺术的决定因素。而且，精心准备教学条件并非要求教学条件如何"优质"，而是一切从教学需要出发，要实现教学条件与教学主体的相互适应、相互融合，否则所谓"好的教学条件"只会成为无用的摆设，这是教学资源的闲置和浪费，不仅不能实现教学艺术，反而会损害教学活动，损害师生教学利益。这样的例子在教学实践中比比皆是，如有的地方不考虑教学的实际需求，尤其是教师和学生的基本情况，如师生的数量、教师的素养和学生的知识储备状况，在学校建设时一味追求"高大上"，美其名曰"长远考虑"，最后造成校舍、教学设备设施的空置和浪费。这种教学条件的准备脱离实际的教学活动，更与教学艺术无关，实则是相关教学管理和决策者的庸政行为。

---

[1] 王艳娜. 多媒体在小学数学教学中的应用 [J]. 学周刊, 2013 (1).

4. 对教学方法的准备

人活动的开展需要借助一定的方法，方法对活动开展的进程和结果都会产生重要影响，方法得当，事半功倍，方法不当，事倍功半，两相比较，方法的重要性毋庸置疑。教学活动也需要采用相应的方法，关于教学方法，在前文我们已有专门的论述。对于教学活动来说，教无定法，要结合教学活动的实际情况选择和使用不同的方法，也就是说，方法没有绝对的好坏之分，只存在是否合适的问题。教学艺术的达成，自然要求教学方法合适，这里的合适，不是指简单的适用，而是要巧妙，要发挥类似于"四两拨千斤"的功效。另外，教学方法的准备，既包括教师的教法，又包括学生的学法。教师准备教法时须考虑学生的学法，反之亦然，即对教法和学法的准备上，师生间要达到共识，这种共识就是教法和学法共同服务于教学任务的完成。教师的教法和学生的学法都不能我行我素，也不能一成不变。许多不成功的教学活动，究其原因，就在于教学方法的不适合。显然，教学艺术要求教师有高超的教学方法，即对师生和教学任务完成都具有高度适切性的教学方法。

例子：小学五年级学生小徐问同桌小刘："为什么我在学习上用的时间比你多得多，但成绩却远远不如你？"小刘回答说："我每天晚上睡觉前都会闭上眼睛把老师白天讲的知识在脑袋里过一遍，这样做后学到的东西便很难忘掉了。"

睡觉前在头脑里将知识过一遍，这说明小刘同学白天已经认真学习并掌握了相关知识，更重要的是，这些知识已经结构化，否则他很难将碎片化的知识点做到完整地过一遍。而且他在睡前将知识过一遍，符合记忆的规律，可以避免记忆的"倒摄抑制"①，这种学习方法是比较科学的。小刘同学的学习方法不一定适合小徐同学，但他对学习方法的巧用肯定是值得其他同学学习和借鉴的。

我们需要说明的是，教学准备涉及教学活动的各个方面和环节，在此不可能一一列举阐述，如关于人的准备，我们重点谈了小学师生的准备，但实践中可能还涉及其他教学主体的准备，如家长也是教学活动的间接参与者之一，将家长因素考虑进去，采取措施使家长能协助教学活动的开展，这也是在教学活动中对人准备的内容之一。

（三）小学教学过程的艺术

小学教学过程涉及课堂教学的全程，内容非常丰富，依据不同的分类标准，

---

① 倒摄抑制亦称倒摄干扰，指后来学习内容对先前学习内容的干扰，这种干扰可能是导致遗忘的重要原因之一。小刘同学在睡觉前复习，入睡后不存在新知识的学习，不会对睡觉前复习的内容造成干扰，因此记忆效果较好。

可以分为不同的类型。如根据教师和学生的课堂教学活动，教学过程的艺术可以分为教的艺术和学的艺术；依据教学艺术的内容和形式可以分为语言的艺术、非语言艺术、板书的艺术、提问的艺术、教学工具和手段使用的艺术等等。我们从教学活动的完整性出发，将课堂教学分为三个阶段，即导入阶段、中间阶段和结尾阶段，按阶段来讨论一下小学教学过程的艺术。

1. 小学教学导入艺术

课堂导入对整个教学过程发挥着重要的作用，许多教师认为成功的教学导入意味着整节课成功了百分之五十。好的教学导入对小学课堂尤其重要。小学生的注意力不容易集中，精彩的教学导入容易将小学生的注意力迅速吸引到课堂教学上，可以为教学活动的顺利开展奠定基础，因此，精彩的教学导入是小学教学艺术的基础和前提。要想将普通的教学活动升级成教学艺术，精彩的教学导入是好的开端。小学教学导入的方法有许多，如问题导入、歌曲导入、故事导入、历史导入、典故导入等等。不管采用怎样的导入方式，教师要想提高导入效果，为小学教学艺术打下基础，就需要达到以下要求：

（1）要激发学生的好奇心和求知欲

兴趣是最好的老师，如果通过教学导入成功地激发了学生的学习兴趣，学生在教学过程中的主体性就更容易体现，教学效果就自然会得到提升。

（2）要注意新旧知识的联系

导入时注意新旧知识的联系符合人的认知规律，如果在导入时成功地将新旧知识建立起联系，既可以复习旧知识，又可以自然过渡到新知识，关键是通过新旧知识的联系，使学生对原有知识产生新的认识，所谓"温故而知新"①，正是这个道理。

（3）要培养学生积极的学习情绪和情感②

学生在学习活动中的情绪和情感对学习活动有重要的影响，积极的情绪情感可以促进教学，反之则会阻碍教学。好的教学导入可以激发学生的兴趣，进而产生愉悦的情绪情感，有利于教学活动的顺利推进。小学生由于年龄较小，自我的情绪情感调控能力相对较弱，通过教学导入从教学活动之初就使其形成积极的情绪情感的意义重大。

---

① 《论语》。
② 情绪一般较为短暂，情感则相对持久。教学导入形成的多为情绪，但也可能转入为相应的情感。学生在教学活动中积极情感的形成和维持，除了教学导入外，还需要教学活动其他环节的协力推动。

（4）要创设良好的教学情境和氛围

良好的学习情境和学习氛围对身处其中的教学活动主体产生积极的感染力，可以把教学活动由个体进化为更有张力的共同体行为，对课堂教学将发挥有力的辅助作用，进而提升教学效果。教师通过教学导入创设良好的教学情境和氛围，可以为整个教学活动定下成功的基调。

总之，小学的教学导入要符合小学教学的要求，尤其要符合小学生的认知规律，在教学导入时，在呈现方式上要尽量形象生动，在内容上要密切联系小学生的生活，使之更容易被小学生接受和理解。此外有一点必须强调，教学导入必须与即将展开的教学内容密切相关，是为下一阶段教学服务的，不能为了导而导，不能为了趣而趣，否则导入就会成为一种纯粹的形式，空有其表，失去了教学导入的灵魂。

2. 小学教学中间艺术①

这里的教学中间艺术通常所指的是教学过程艺术，特指排除教学导入和教学结尾后的以讲授新课为主的中间过程，是教学活动的主体，其开展情况对教学活动的成败发挥着关键作用。因此，小学教学中间艺术的状况将决定着小学教学艺术的总体质量，是小学教学艺术的关键过程和主要环节。在这里，我们着重分析一下在小学教学中间最常使用的一些教学艺术形式。

（1）语言的艺术

这里的语言主要指口头语言。语言在教学中具有特别重要的地位，教学活动发展到今天，讲授法仍是最常见的一种教学方法，这充分说明了语言在教学活动中的作用和价值。小学教学中的大部分信息仍是通过语言来传导的。在小学教学活动中，语言使用要达到艺术的层次，要求教师的教学语言具有以下一些特点：

第一，要准确清晰。这是基本要求，教师语言要准确清晰才能准确传递教学信息。小学教学要求使用普通话，教师的普通话不仅要标准，而且声音要洪亮。

第二，要生动形象。语言使用要便于小学生的理解和接受，可以多使用贴近小学生生活的表达方式并多用小学生熟悉的事物作比。另外，教师在语音、语调上要富有变化，抑扬顿挫，富有感染力。

---

① 这种表述方式似乎有点奇怪，但更符合教学活动运行阶段的分类标准。关于教学过程的一般性的表述是导入阶段、过程阶段和结尾阶段，我们并未使用这一习惯性的表述方式。

第三，要幽默风趣。幽默风趣的语言极易激发学生的学习兴趣，在教学的语言艺术中是一种非常有效的语言形式，是实现师生乐教、乐学的一种有效手段。如偶尔结合教学需要，使用方言表达教学内容能达到这种效果。

第四，要机智且富有启发性。这是对教学语言的高层次要求，也是语言能否达到语言艺术的关键。语言是传递信息的手段，相对于准确、生动和有趣，机智且富有启发性是语言功效的升华，在教学中往往能达到化腐朽为神奇的效果。

小学语言艺术的案例：有些学生有吹大的毛病，回答问题或者解释现象，总觉得高人一头，经常与同学和老师顶牛、抬杠。教师针对课堂教学中的这种状况，要是当场指出学生的缺点，就会使学生的自尊心受到严重的伤害；如果不及时纠正学生的缺点、放任自流，对学生今后的人格培养和身心的健康成长极为不利。因此，教师要采用机智的语言艺术，解决教学中的矛盾。面对学生的吹大行为，教师一方面安抚其他同学的争执，一面不动声色地讲故事，就讲古时候，有个人喜欢吹大，说他家种的高粱长势很好，今年的高粱颗粒大的跟乒乓球一样；别人都不信；只有族长说那是真的，别人都疑惑不解，族长说，那天去吹大者的家中串门子，不想他家的狗跑出来追着咬我，我无处躲藏，就蹦上他家的石磨台，钻进磨眼儿里，逃避了一劫。这时爱吹大的学生可能也露出不信的态度，说磨粮食的石磨眼儿盛不下一个人，教师就告诉大家说，族长说没那么大的石磨眼儿就能磨那么大的高粱了吗？在学生的哄堂大笑中，对爱吹大的毛病进行了纠正，又使学生不觉得难堪，下不了台。[①]

关于小学教学活动中语言的艺术，我们有必要专门谈一下提问的艺术。提问是小学教学过程中使用较多的一种教学方式，是教师教学语言的重要组成部分。提问可以帮助教师了解学生的学习情况，针对性地改进教学，对提高教学质量具有重要作用。关于提问的重要性，许多人认为好的提问甚至比解决问题更重要。但在现实的教学实践中，教师要做到好的提问不容易，要做到提问的艺术性更是难上加难。事实上，教学实践中充斥着大量的低效甚至是无效提问，如提问过于频繁、提问缺乏针对性、问题烦琐不明确等等。要想提高提问的效果，进而将提问上升为教学艺术，我们至少应该做到以下方面：

第一，把握提问时机。课堂提问不是想提就提，教师要把握好提问的时机。合适的提问时机，是指师生，尤其是学生在该问题所涉知识上已有相当准备，但又非完全明确，在心理上处于一种待明了、待突破的张力状态，此时提问

---

①　王莹. 小学语文课堂教学中的语言艺术研究［J］. 教育现代化，2017（25）.

最能激发学生的兴趣，引导其积极思考，问题不会突兀反而具有启发性，就能发挥"开而弗达"①的作用，能达成"拨开云雾见青天"的效果，有令学生茅塞顿开的作用。

第二，针对性地提问。好的提问一定不是不加区别的提问，而是根据不同的教学情境、提问对象和提问内容等有针对性地提问。如在结合提问的对象上，在教学提问时就要考虑被提问者原有的经验和心理状态等，最好能结合被提问者的生活经验和兴趣爱好等来提问，使提问能达到因材施教的效果。又如在提问内容上，要考虑提问的层次性，要由易到难循序渐进式地提问，使提问能达到类似"抽丝剥茧"的功效。

第三，科学性地提问。教学活动既是科学，又是艺术。与其他艺术活动相比，教学艺术必须以科学为基础。不能保证科学性的教学绝对不可能达到教学艺术的层次。因此，在教学中艺术性地提问首先是科学性地提问。所谓科学性地提问，就是必须确保问题的正确性和合理性。除此之外，教师在提问时要简明扼要，切忌语义模糊、含混不清，问题的表达要严谨，同时也要充分考虑小学生的认知特点，结构清晰，重点明确，便于小学生把握问题的关键和实质。

（2）非语言的艺术

教学不仅仅是语言的艺术，教学中还存在非语言的艺术。在教学活动中存在大量非语言的教学传递方式，如师生的表情、仪表仪态和举止行为等都可以传递教学信息，若能有效利用，便能成为非语言艺术，在教学艺术中有重要的地位和作用。以表情为例，在教学活动中，教师不同的面部表情承载和传递着不同的教学信息，营造着不同的教学氛围，进而会产生不同的教学效果。教师和颜悦色、面带微笑，眼神中流露着鼓励和信任，时而轻轻点头，表示肯定和赞许，这样的面部表情会让学生感到放松和愉悦，拉近师生间的心理距离，创造一种积极活跃的教学氛围。相反，如果教师冷若冰霜，甚至对学生横眉冷对，学生应对稍不如意教师便面露嘲讽之色，只会令学生对教师心生恐惧，课堂氛围势必紧张压抑，对教学活动的顺利开展极为不利。又如教师的仪表在教学中传递着教学信息。对小学生而言，教师是最受其信任的榜样，教师仪表对小学生影响很大，对教学活动产生着不容忽视的影响作用。"教师端庄的仪表、高雅的风度、得体的服装、自然的发式、饱满的精神等外在形象，对学生具有较为强烈的感应作用，它能拉近师生间的距离，有利于良好课堂氛围的形成，有助

---

① 出自《礼记·学记》，这里借指教师通过问题引导学生通过思考去获取答案，而不是把答案直接告诉学生。

于教育教学的成功。"① 可见，得体的教师仪表在小学教学活动中往往能发挥"亲其师，信其道"的教学效果。

（3）板书的艺术

严格来说板书也是语言的一种，是书面语言，属于语言艺术的范畴，但鉴于我们将语言的艺术主要定位于教师的口头语言，再加之板书在小学教学中的特殊性，我们将板书单独提出来，与语言和非语言艺术并列叙述。我们之所以强调板书在小学教学中的特殊性，不仅因为板书是教学活动中的一种重要的教学手段和形式，还因为小学生，特别是低年级的小学生处于文字学习阶段，习字规范对小学生具有重要意义，对小学生文字的书写和使用影响深远。教师的板书能上升至艺术层次，与教学的内容和形式都有密切的关系。汉字书写本身就是世界公认的一种最重要的艺术内容，而且板书对文字、数字、线条和图形等的安排和结构浓缩地反映了教师对教学内容的匠心独运，完全堪称教学活动中的艺术。也就是说，高超的教师板书完全可以实现文字美、图形美、结构美、意境美等艺术效果，在教学艺术中具有不可替代的地位。对于小学教师而言，板书的艺术是追求教学艺术的必要路径。对于小学板书艺术而言，科学性和规范性是基本前提，在此基础之上才是对笔画、笔顺、字形、间距、布局等的艺术要求。小学教师是小学生书写和文字教育的重要启蒙者，这要求小学教师对板书艺术不仅要高度重视，更要不断提高自身在板书艺术上的造诣和素养。

3. 小学教学结尾艺术

人们常用虎头蛇尾来比喻做事前声势浩大，但不能始终如一，最终草草收场。教学活动中也常常有这种情况，高质量的教学活动肯定是不允许出现虎头蛇尾的情况的，教学艺术不仅要有艺术的导入、艺术的过程，还要求有艺术的结尾。这正如古人对文章的要求，"结句当如撞钟，清音有余"，艺术性的教学结尾也要达到余音绕梁、韵味无穷的效果。要达到这样的教学结尾艺术，教师至少要做到以下几个方面：

第一，重视结尾，周密计划。教学结尾的时间不长，但意义重大。教师必须高度重视，要摒弃"内容讲述是王道，结尾只是形式"的错误观念，对教学结尾进行周密计划，要避免盲目和随意性的结尾，结尾要有针对性，要具有启发效果，同时也要避免结尾仓促或时间过于冗长。

第二，合理安排，注重整体。教学活动的结尾既是教学活动全过程中的一

① 杨薇. "此处无声胜有声"——略论课堂教学中的非语言艺术［J］. 烟台教育学院学报，2005（3）.

个独立环节，又与其他教学环节具有密切的联系。因此在准备教学结尾时教师必须有联系的思维，立足于全局和整体的高度对教学结尾的内容和形式进行合理安排，只有这样才能有效发挥教学结尾的艺术效果。

第三，形式灵活，方法多元。教学结尾要达到艺术的层次、高效地发挥教学结尾的效果，就必须结合教学内容、师生特点、教学环境、教学条件等进行科学设计，形式要灵活，方法要多元，并且要避免单一的教师语言总结式结尾，避免作业布置式的简单粗暴式教学结尾。综上，具体到小学教学活动，我们主要可以采用下列教学结尾艺术：

（1）总结式结尾。这是小学教学中常用的一种结尾方式，即在课堂结束时，教师和学生对本节学习内容进行梳理、归纳和总结，从而进一步理清思路、加深对所学内容的理解，达到教学巩固和强化的效果。需要强调的是总结式结尾要达到好的效果，就要避免教师总结，学生听得俗套和窠臼，而应该由教师和学生共同完成结尾的总结，尤其要发挥学生在结尾总结中的主体作用，这既是对学生学习情况的检验，又是对学生学习结果的巩固和强化。另外，总结的形式也要避免单一的语言总结，还可采用思维导图等形式。

总结式结尾案例：有教师对小学科学课"昼夜交替现象"的结尾是如此设计的：

师：同学们，通过本课的学习，大家有什么收获？

生1：我懂得了昼夜交替是由地球的自转引起的。

生2：我明白了地球自转一周为一天，公转一周为一年。

……①

这种总结结尾方式便避免了教师的"独白"，让师生合作，共同完成了教学内容的梳理、归纳和总结。

（2）设疑式结尾。顾名思义，设疑式结尾就是教师在教学结尾时，通过设置疑问的方式进行结尾，这种"欲知后事如何，且听下回分解"的结尾方式往往能激发小学生的好奇心和求知欲，使学生主动在课下进行预习，为下次上课做好准备。设疑式结尾的使用情境往往是相关教学内容需要两节或两节以上的课时才能完成，而这些不同课时之间的内容又是密切联系的，在这些课时之间使用设疑式结尾就可以利用教学内容的连续性和学生的好奇心理，达到前后衔接、张而不弛的效果。因此，设疑式结尾一定要对相关的教学内容进行深入的

---

① 章建红. 曲终收拨当心画 余音绕梁久不绝——浅谈科学课堂教学结尾的艺术 [J]. 小学教学参考，2014（36）.

思考，要找准彼此间的联系，进而精准地设置问题，才能达到设疑的效果。另外，鉴于小学生的理解力和执行力，必要的时候在设疑的同时还要为学生提供解决问题的线索，达到既激发学生的兴趣，又能将兴趣转化为行动的问题驱动效果。

（3）探究式结尾。这种结尾就是把教学中的重点、难点或在认识上容易有分歧的内容放到教学结尾，由教师组织学生共同讨论，在讨论中得出结论，统一思想的教学结尾方式。该方式要求很高，但却对学生发展，尤其是对学生的创新意识和创新思维的发展具有重大价值。使用探究式结尾，前提是学生对要探究的问题已经具有相当的认识，即已经具备探究的基础，但同时对要探索问题的问题却又存在疑虑，处于一种"开而弗达"①的认知状态，此时采用探究式结尾往往能达到很好的效果。我们需要注意的是，这种认知状态指的是大多数的学生群体，而非较少的学生个体，因为教学结尾是针对全体学生的。探究式的结尾方式可采用不同的方式，比如教师可精心组织序列性的递进式问题，通过教师提问，学生回答，抽丝剥茧，直至到达真相。也可由教师抛出问题，学生开展课堂讨论，集思广益，头脑风暴，最终寻获真相。探究活动往往充满变数且困难重重，因此探究式结尾对教师和学生都有较高的要求，尤其要求教师要精心设计，且对学生知识有精准认知和把握。另外，探究式结尾要解决的问题不能太大，难度也不宜过高，问题太大则不容易聚焦反而容易扩散，问题太难则会超出学生的最近发展区，学生即使努力也无法解决，探究不成反而挫伤了学生探究的积极性，这些都容易影响探究式结尾目标的达成。

（4）延伸式结尾。教学结尾只是某个阶段、某个部分教学内容的结束，教学结尾不是教学的终止，也不是学习的终止。教学既来自生活，又要回归生活。高明的教学结尾往往能达到让学生举一反三、触类旁通的效果，若能如此，则是学生对教师教学的反哺，是教、学、做合一的一种明证。具体来说，延伸式教学结尾是要"根据教学内容，引导学生由课内向课外延伸、扩展，使之成为联系第二课堂的纽带。这样，既能使学生对本节课内容有更深层次的理解，又能使学生所阅读的课外读物与本课内容密切相连，拓宽知识，扩大视野"②。延伸式结尾与设疑式结尾有区别，它们往往都以问题的形式开展，但前者是要求学生将所学延伸到课外，去验证和解决相关问题；而后者则是要求学生在课外

---

① 出自《礼记·学记》，意思是要启发引导学生，但是不和盘托出，让学生自己去探究发现，自己去得出结论。此时学生在相关内容的认识上达到了一个临界点，即将知而未知，只差捅穿一层窗户纸。

② 徐启春. 数学课堂教学结尾的艺术［J］. 数学学习与研究，2016（22）.

去搜集资料，预习相关内容，为下一次相关内容的学习做好准备。前者重验证和应用，后者重学习和准备。

延伸式结尾教学案例：在小学科学课"种子的萌发"的教学中，学生通过观察，了解了种子由种皮、子叶、胚根、胚芽组成，胚根和胚芽可以发育成新的植物体，在教学的后段，教师开展了延伸性的教学结尾。

师：到底哪部分会先长出来呢？我们现在还没有结论，怎么办？

生1：把种子种下去，仔细观察，就会有结果。

师：这是个好办法，但是马上要下课了，如何把你们的发现用最快的方式，让更多人知道呢？

生2：把发现传到网上。

师：主意不错，老师期待你们的发现。一节课结束了，还有很多问题没解决，怎么办？

生3：到图书室查资料；动手做实验；去询问老师和家长；上网查资料……

师：同学们的方法真多呀！相信同学们一定会把这些问题解决的。①

（5）操作式结尾。操作式结尾指根据课堂教学内容，特别是教学内容中的重点和难点，通过学生实际操作的方式，达到对教学效果的检查验证、巩固和强化教学效果的一种教学结尾方式。这种教学结尾方式强调学生的活动操作，通过学生或动口，或动手，或动口、动手与动脑相结合，采用或个体，或集体，或解题，或诵读，或演示，或竞赛等灵活多样的形式进行活动操作。需要注意的是，操作式教学结尾不同于教学中一般的课堂练习，"与一般的课堂练习比较，它的艺术性体现在具有很强的情境性，是教与学双边活动的有机组成部分，因而能充分调动学生的积极性、主动性"②。除了情境的创设外，因为教、学、做合一，操作式结尾能以综合化的结尾方式来充分调动学生的各种认知手段，构建多维立体的认知通道，因此，操作式结尾虽然是验证和巩固学生所学，若能运用得当，其往往能促进学生实现对知识的迁移，能促进学生将感性知识升华为理性认识。

当然，除了上述几种教学结尾方式外，实践中的教学结尾方式还有许多，如回应式教学结尾、浸润式教学结尾、对比式教学结尾等等，如若运用得当，都能上升为艺术化的教学结尾方式，都能极大地促进教学效果的提升。另外，

---

① 章建红. 曲终收拨当心画 余音绕梁久不绝——浅谈科学课堂教学结尾的艺术［J］. 小学教学参考，2014（36）.

② 叶存铃. 课堂教学结尾的艺术［J］. 小学教学参考，1999（10）.

教学结尾方式虽具有相对独立性，但在实践中却存在大量的联系和交叉，往往是多种教学结尾方式结合使用。总之，要想实现教学结尾的艺术化效果，就要更高效地发挥教学结尾的教学作用，就必须实事求是、巧妙变通、灵活使用。

（四）小学教学管理的艺术

1. 小学教学管理的内涵

我们在这里讲的小学教学管理的艺术，主要是指在小学课堂教学活动中，围绕课堂教学的目标，遵循教学活动的规律，由师生共同协作，对教学活动中的人、事、物等进行组织和协调，为实现教学目的服务的管理活动。为厘清这个概念，我们需要认清以下几个问题：

（1）教学管理和班级管理既有区别又有联系

从区别来看，班级管理的范围更大，其管理内容包含教学管理。简单地说，任课教师的课堂管理主要是教学管理。而班主任的班级管理，无论班主任是否担任教学工作，教学管理都是班主任班级管理的重要内容，是班级管理的核心。从联系来看，两者的管理方向和性质是一致的，都是为人才培养服务，教学管理是班级管理的核心内容。

（2）教学管理包含了教学组织活动

一般来说，管理的基本职能包含了计划、组织、领导和控制，组织只是管理的其中一项内容。因此，我们这里论述的小学教学管理的艺术，也包含了小学教学组织的艺术。

（3）教学管理并不仅限于课堂上的管理

我们论述的教学管理主要是课堂教学管理，即在教学活动中发生的教学管理。我们知道，教学活动是系统工程，课堂教学活动在时空上具有延展性，课堂教学管理与课前和课后的班级管理密切相关，对此我们必须辩证地认识。也就是说，任课教师的教学管理可以延伸到课堂之外，但与班级管理相区别的是，任课教师延伸至课外的教学管理，仍然是围绕课堂教学活动而展开的，是对课堂教学的丰富和补充。而课外的班级管理则具有更为丰富的内涵和外延。

（4）教学管理要充分调动师生的主体性

教学管理不是教师对学生的控制，而是师生共同构建的服务教学活动，是促进师生发展的活动。教师和学生都是教学管理的主体，同时也是教学管理的对象，在教学管理过程中，师生是民主平等的人格关系。鉴于师生主体性发展情况的不同和在教学活动中的任务不同，教师在教学管理中是主导，但这种主导是基于对学生发展的引导、帮助和促进。学生是管理的主体，在教师帮助下最终实现自我管理和自我发展。

2. 小学教学管理的内容

教学管理涉及课堂教学活动的所有要素、结构及过程，在此我们主要论述以下内容：

（1）明确小学教学管理的目标

没有目标的管理是伪管理，目标具有导向、激励和标准功能，要想进行科学的小学教学管理，首要解决的就是明确小学教学活动的目标，唯有如此，小学教学管理才有方向，师生教学管理才有动力，小学教学管理才有评判的标准。值得我们注意的是，教学管理的目标不能等同于班级管理的目标，教学管理的目标是班级管理目标的组成部分，是依托教学活动，为实现教学目的服务的。要明确小学教学管理目标，必须基于教学内容和目的，充分考虑师生的具体情况，目标内容要清晰明确，这样才能充分调动师生在教学活动中的主体性。

（2）营造民主和谐的教学管理氛围

在教学管理中，创设良好的教学管理氛围具有重要的价值和意义。民主和谐的教学管理氛围是教学管理的优良环境，能对教学活动中的师生行为发挥约束、感染、熏陶、激励等管理作用，能促进教学目标的实现。教学是师生交往活动，要营造良好的教学管理氛围，最重要的是构建起和谐的教学人际关系，如师生关系、生生关系等，师生之间、生生之间在教学活动中相互尊重、彼此信任。教师要理解学生，要多与学生交流，对学生充满耐心，善于倾听学生的声音。学生则要充分相信教师，主动协助教师。学生之间团结友好，共建学习共同体。

（3）构建科学的小学教学管理制度

没有规矩不成方圆，管理的成败在很大程度上受相关管理制度的制约，以及管理制度的科学性的影响。小学教学管理必须依托系统全面的科学管理制度。在理念上，小学教学管理制度必须以人为本，服务于师生发展，尤其是小学生发展。在内容上，小学教学管理制度建设要覆盖教学活动的全程和所有内容，要完整地建设如课堂纪律制度、教学奖惩制度、教学评价制度等等。在运作上，小学教学管理制度必须公开、公平、公正，要向教学活动中的师生公开，让所有教学活动主体明晰，并在具体执行中要一视同仁，要落地落实，切实发挥制度的执行力和育人效果。

（4）建立科学的教学管理结构

科学的管理必须对管理活动的要素进行结构优化。在小学教学管理中，人是最重要的因素，因此，如何对小学师生进行管理任务和内容的结构优化就是我们必须解决的问题。应该在教师的主导下，对教学管理中教师和学生各自的任务和职责进行明确分工，在教学活动中各司其职、各尽其责。对于学生来说，可以将其分成不同的小组，每个小组设小组长、副组长等职，小组长和成员在教学活动中各自承担不同的管理责任，结合教学需要和师生特点安排教学管理任务，充分发挥师生在教学管理中的主体性，共同管理，提高管理效率。除了人之外，其他的教学管理要素和内容也应该根据需要进行结构优化以实现高效管理，如对课堂教学的时间和空间都可以进行优化组合。

人员结构优化和自我管理的案例：某小学语文教师根据学生的个性特点、管理能力、语文素养和能力发展情况等，将任课班上的同学进行了分组，对小组成员在语文教学中的管理职责和任务进行了明确，要求大家在认真完成自身学习任务的同时守望相助，建构学习共同体。这种人员结构的优化在语文教学管理中发挥了积极的作用，大家在学习上互促共进，取得了很好的管理效果。有一次某小组长生病请假在家休养，康复回校后做的第一件事就是到语文老师的办公室，询问小组同学们在她不在的这两天里语文课堂上的表现情况，这种责任心让语文老师感动不已，也进一步认识到了教学管理上人员结构优化的作用。

3. 小学教学管理艺术的方法

管理是一门大学问，在不同的管理活动中，管理主体、管理内容和管理对象等管理要素及结构的复杂作用和组合都对管理提出了很高的要求，要达到理想的管理目标，需要实事求是、针对性地采用科学的管理办法。对于小学教学活动而言，因为小学生是未成年人，其身心发展具有不成熟性，同时又处于快速发展期，再加之教学活动本身的复杂性，对小学教学管理办法的要求就提出了更高的标准。在小学教学活动中，要使管理方法具有艺术层次，尤其需要活用管理方法，在此我们以三种方法为例进行论述。

（1）善用提醒

"提醒是教师对学生在教学中学习注意的唤醒、加强与改变。"① 提醒是一个中性词，提醒可以是批评和警告，也可以是表扬和鼓励，在教学管理中灵活使用提醒，可以达到很好的教学效果。在教学管理中正确使用提醒，基于一种师生主体的教学理念，不仅反映了教师对学生的关注、关心和关爱，还体现了教师对学生主体性的尊重和培养。提醒是唤醒，也是提示，使用提醒这个方法要求教师对学生进行周密的观察，当学生的行为需要提醒的时候，教师就需要

---

① 王升，赵双玉．关于课堂教学管理艺术形成内容的思考［J］．石家庄学院学报，2007（4）．

及时予以唤醒和提示。需要注意的是，需要提醒并不意味着学生的行为偏离了教学活动的正常轨道，虽然大多数教学管理中提醒的产生是基于这个原因，但有时学生积极的教学表现也需要提醒，教师借以对学生的该行为表示支持和鼓励。另外，教学管理中的提醒不仅指教师对学生的提醒，也包括学生对教师的提醒。只不过当前教学活动中这类提醒还相对较少，这也告诉我们，师生地位的平等、学生主体性的提升还有很长的路要走。在教学活动中，无论师生，要善用提醒，都需要做到以下要求：第一，积极观察。要仔细观察师（生）的行为，判断是否有提醒的必要。第二，适切的提醒方式。根据教学活动中的具体情况，使用合适的方式进行提醒，如话语、面部表情、肢体运作等。第三，明确的提示信息。无论使用何种提醒方式，传递的提醒信息必须明确，要求具有明确的指向性。唯有如此，被提醒者才可能有相应的反馈和反应。

（2）科学指导

前文说过，管理不是控制，更不是压服。在教学管理中，以人为本、以生为本更是基本理念，因此，教学管理是帮助，是服务，是指导，这一点对教师来说尤其如此。教师是教学专业人员，在教学管理中同样具有专业性，而学生虽然也是教学管理的主体，也应该积极地参与教学管理，但学生作为教学对象，未成年人的特性决定了他们在教学管理中更多是作为被帮助和被指导的对象，这一点对小学生尤其适用。在小学的教学活动中，当小学生出现认知障碍和行为障碍等影响教学活动顺利推进的时候，教师就应该给予帮助和指导。具体来说，要提高小学教学活动中教师指导的效果，教师需要注意以下方面：第一，及时指导。当学生在教学中出现问题要及时发现，及时予以解决。许多问题如果教师发现不及时，或者发现后未及时帮助指导，可能会进一步恶化，若出现这种情况再想解决就会增加无谓的困难和成本。第二，讲究指导的方式。教师在管理中使用指导的方法，关键在于导，即指明问题解决的方向和方法，但问题的解决还需要学生发挥自身主体性，这样的问题解决才会彻底，才能真正促进学生的主体性发展。所谓"道而弗牵"① 正是这个道理，教师应该指引方向，而非拉着学生往前走。第三，启发性的指导。探究式教学已经成为现代教学的一种基本理念，这种理念基于对学生主体性发展的承认和主张。启发性的指导是教师指导的艺术，是高水平的指导，"开而弗达"可以充分唤醒学生的主体性，是教学管理中教师对学生指导上应该坚持的一项基本原则。

----

① 出自《礼记·学记》，意思是在教学活动中教师必须充分发挥学生的主体性，在学生需要帮助时应该给予引导，但不能牵着学生走。

（3）合理维持

教学是一项耗心费神的活动，它需要教师和学生调动积极情绪，将注意力集中到教学任务的完成上，但人的注意力不可能长期保持高度集中，这不符合人的生理特性。无论是教师和学生，在教学活动中都会出现注意力分散、未能完全集中到教学活动中的情况。相较之下，教师是成人，且是教学专业人员，教师可以对自身进行调控，进而实现在教学活动中精力和注意力的专注，虽然如此，教师还是需要外部力量的介入，实现在教学中对教学活动高质量的精力的维持。这种外部力量可以是学校的相关教学管理制度，这些管理制度都会有相关内容要求教师在教学活动中不得做与教学无关的事情，这属于教学管理的外部延伸，同时这种外部力量也可能是来自教学活动内部，来自教师之外的其他人员，比如学生。前文我们论述过，教学活动中的提醒不仅是教师对学生的提醒，同时也包括学生对教师的提醒。当然，学生对教师维系教学活动中的精力的手段不仅仅只有提醒，有时甚至可以是适当的惩罚，如当教师出现相关的不当行为时，学生可以要求教师接受教学相关制度的惩罚，当然，这种情况在教学实践中较少出现，但事实上却是可行的，学校应该提供相关通道。在教学活动中更需要保持精力维持学习的是学生，学生是未成年人，其教学活动中的精力维持时间较成人更短，维持的强度也更小，而且与教师相比，学生自我管理和自我调节的能力更弱，这些都不利于学生在教学活动中的精力维持，这种情况在小学生身上体现得更为明显，因此尤其需要在教学活动中加强对小学生的教学精力进行妥善管理。为此，我们可以从以下方面予以解决：

第一，创设有利于小学师生教学精力集中的环境和氛围。一般来说，轻松舒适的物理环境和心理氛围有利于小学师生在教学活动中的精力集中。如宽敞、明亮、整洁的教室，民主和谐的师生关系等，可以使小学师生，尤其是小学生在教学活动中的精力更为集中。当然，外部环境对师生教学精力影响的认识不能绝对化。有时，条件较差的教学物理环境、适当的教学压力也能促进师生在教学中的精力维持。顺境和逆境对教学中人的影响究竟是要通过人发生作用的，我们对此要辩证地认识。

第二，采用合适的教学方法和教学手段。在小学教学活动中，维持师生，尤其是小学生学习精力的一个有效措施就是结合小学生的认知特点，采用多元的、灵活的教学方法和手段，使教学内容的呈现更加生动、形象和富有趣味，以此吸引小学生的注意力，使其在教学活动中的学习精力长时间维持在一种较好的状态，提升教学效果。小学生，尤其是中低年级的小学生，其认知特点以形象思维为主，因此怎样设计和实施教学过程，使教学内容符合小学生的认知特点就是教师必须考虑的问题。教师完全可以凭借对教学方法和教学手段的合理使用达到这一目的。如在教学方法上，教师可以多使用一些直观形象的教学方法，如演示法、参观法，通过生动形象的呈现方式来进行教学，即使在采用讲授等教学方法时，也可通过生动的比喻等方法将语言形象化，来达到使教学更加直观的目的。另外，在教学方法的选用上要更加多元，结合内容需要交替使用，避免单一的教学方法引发学生的学习倦怠。除了教学方法外，教学手段也可在实现直观化教学中发挥重要作用，如教师可以利用现代化的教学技术和手段，通过幻灯和投影，将教学内容以图片、音频和视频等形象直观的方式呈现给学生，通过互联网，让学生实现人机对话，搜寻更丰富和多元的教学资源，提升教学的形象性和趣味性，使小学生在教学活动中的学习精力可以很好地维持。合适的教学方法和手段的采用适应了小学生的认知特点，可以激发小学生的学习兴趣，有利于小学生的认识和理解，进而提高小学生的学习效果。教师对教学方法和教学手段的灵活采用也有利于其更好地对教学内容进行深入的理解，这个过程本身就是教师教学精力有效维持的一种体现。

第三，激发和调动小学师生在教学活动中主体性的发挥。由外而内，将外部要求转变为自我追求，这是管理的最高境界。教学管理也是如此，怎样将对教学精力的高效保持变成小学师生在教学活动中的自我追求和主体行为，这是小学教学管理的根本目的，即小学师生在教学活动中的主体性管理。对于小学教师来说，教学活动中的主体性管理是小学教师专业成长的重要部分，既是专业成长的目标，又是专业成长的手段。小学教师在教学活动中的教学精力的高度集中要从外部规约转化为自我追求，需要强化小学教师的师德建设，强化小学教师对教育教学的热爱，强化小学教师对学生发展的责任和义务，要让教学活动成为小学教师实现人生价值的重要内容，要让教育教学不仅是教师的职业，还是教师幸福生活的重要内容。对于小学生来说，其主体性的发展是由低到高的循序渐进的过程，要在教师的引导和帮助下，逐步实现小学生教学精力维持的主体性。教师对学生在自我管理上要有合理的要求，通过这种要求去形成小学生自我管理的意识和行为习惯。教师要注意这种要求的科学性，要"强而弗抑"①，既要结合小学生的实际情况提明确要求，但又不能压抑学生。引导小学生采用合适办法实现在教学活动中对精力的自我管理，比如精力分散时的自我调节，最终逐渐形成自身管理的主体意识和行为方式。

小学生在教学活动中维持教学精力的自我调节案例：在小学教学活动中，

① 出自《礼记·学记》，意指要鼓励学生而不要压抑他们。

如果小学生出现犯困等精力分散的情况，学生可主动向教师举手示意，经教师批准后站在不影响后面同学的位置听讲。这与教师惩罚教学精力分散的同学，让其站起来听讲是完全不同的性质。前者是主动的自我管理，是小学生主体性发展的体现，后者是被动地接受管理，是教师对小学生的教学不当行为的惩罚。

小学师生在教学活动中精力的合理维持是相对而言的，人的精力毕竟是有限的。在教学实践中，要想使教师和学生完全将精力高效地维持在教学活动中是不现实的。因此对于教学管理来说，在教学活动中采取科学的方式让师生的教学精力能得到合理的分配和调适，使师生的教学活动能够张弛有度，这也属于重要的教学管理艺术的范畴和内容。

（五）小学教学评价的艺术

评价是管理的一种重要手段，对教学管理同样如此。在教学活动中，正确地使用教学评价，不仅可以依据教学目标对教学活动的运行情况进行诊断，还能通过评价对参与教学活动的相关主体在观念、意识和行为上进行激励和强化，促进其在教学活动中调控相关行为，进而更有效地开展教学活动。同时，教学评价本身也是一种重要的教学活动，师生等教学主体在评价他人或接受他们评价的过程中获取知识，形成相关能力，得到成长和进步。当然，上述教学评价作用的发挥，需要的评价必须是科学的，最好是科学性与艺术性的有效结合，评价者与被评价者在相互尊重和信任、彼此友好理解的坦诚的氛围中开展评价活动。具体来说，教师可以从以下几个方面去努力：

1. 鼓励与批评相结合，以积极评价为主

评价是价值判断的过程。评价的基本要求是客观、公正。教学活动中的评价必须是准确的，这是评价的基本底线。在保有这个底线的基础上，在教学过程中，为了更好地发挥评价在教学管理中的作用，我们要合理地采用评价的方式，譬如鼓励和批评相结合，既不能一味地使用鼓励，也不能一味地使用批评，而应该将两者结合起来。而且，从青少年的认知发展特点和行为特性来看，教学管理中的评价应该是以积极评价为主。法国教育家第斯多惠曾说过，"教学艺术的本质不在于传授，而在于激励、唤醒和鼓舞。"以积极评价为主，这样的评价尤其适用于小学生，相对于中学生甚至更高阶段的学生，小学生更需要在成人，尤其是在教师的鼓励下去获取信息，能不断地兑现自己的潜能。当然以积极评价为主并非让教师在教学评价中滥用表扬，积极评价的前提是善于发现学生的闪光点。教师如果不加鉴别，滥用表扬和奖励，不仅可能弱化积极评价的作用，还可能将积极评价的功能带向消极的反面。另外，以积极评价为主并非在教学评价中不使用批评，事实上，批评使用得当，同样可以发挥积极的强化作用。学生如果犯了错误教师视而不见，只会纵容和加剧学生的错误行为，而且还会产生消极的辐射效应，学生将这种问题行为放大和增强。

积极评价的案例：美国教师 Rita Pierson 在 TED 演讲时讲了一个案例，她有一次给学生们做了一个包含20道题的测试，有一个学生错了18道，仅正确了2道，Rita Pierson 在这个孩子的卷子上写了"+2"和一个大大的笑脸。这个学生问："Pierson 小姐，这是不及格吗？"老师回答说："是的。"学生又问："那你为什么给我一个笑脸？"Pierson 老师回答说："没错，因为你在学习上正渐入佳境，你没有全错，你还对了两个呢！你今后能不能做得更好呢？"这个学生深受鼓舞，挺直胸膛，大声地向老师保证："是的，老师，我今后可以做得更好！"

2. 评价主体多元，鼓励学生评价

教学评价必须客观、公正和准确，只有这样，才能充分发挥教学评价的功能和作用。要想上述标准在教学评价中得以践行，教学评价主体的全面和多元是基本保障之一。所有教学活动的主体，无论是直接主体还是间接主体，都可以通过一定的形式参与教学评价，在教学评价中发挥重要的作用。然而从教学实践来看，目前的教学评价主体仍然是以教学活动的直接主体为主，而且在教学活动的直接主体中，又以教师为主，从某种程度来说，多元化的教学评价主体被简单化为教师评价其他的评价主体，学生、家长等在教学评价中的应有作用未得到有效发挥，这使得现有的教学评价很难做到客观公平，很难充分发挥教学评价的应有功能。要改变这一局面，在教学评价中，我们应该多鼓励学生评价，因为学生是教学活动的主体，是教师教学活动的对象，也是人才培养的对象和最终受益者，学生在教学评价上理应拥有重要的话语权。在学生参与教学评价的具体的方式上，学生不仅可以自评，还可以互评，即对同学进行教学评价，更需要强化的是，学生还应该积极参与对教师的评价，这不仅是师生关系民主平等的具体体现，而且学生评教可以促进教师的教学改进，提升教学质量。除了作为直接主体的学生应该更加全面和深入地参与教学评价外，教学的间接主体，如教师同行①、学生家长、教材编制者等教学活动的间接主体也应该通过合适的方式参与到教学评价中。以学生家长为例，家长是教学活动的利益相关者，同时他们也是学校教学活动的协助者和参与者，家校共育才能保证人才培养的顺利进行。因此，将家长请进学校、请进课堂，听取家长的意见和建

---

① 教师同行在这里指的是特定教学活动的任课教师之外同校的及其他学校的教师，相对于任课教师，他们并不是教学活动的直接主体，但他们作为同行的评价主体同样在教学评价中具有重要的价值。

议，对教学改进意义重大。总之，教学评价主体多元化，从不同角度和层次去丰富和完善对教学活动的评价，才能更好地推进教学评价功能的完整实现。

3. 立足教情和学情，以学为主

教学评价不是想当然的活动，教学标准不仅要有多元的主体和客观的标准，还必须要有评价的内容。教学评价是对教学活动的评价，是对教学活动中的人、事、物等要素及其结构和运行状况的评价，教学评价必须基于教学活动实践，评价要实践化，具体来说就是立足教情和学情，而且必须以学为主。所谓立足教情，即指教学评价的重要内容之一是教师的教学情况，当然，这里的教学特指教师的教授活动，并不包含学生的学习活动。而后文中的学情也特指学生的学习活动，不包含教师的教授活动。教师的教授活动往往是教学活动的发起点，是学生学习活动的基础和前提，是教学活动的重要构成内容，也是教学评价的重要评价内容。任何教学评价活动，不可能抛开教师的教授活动，必须把教师的教情作为重要的评价内容。相对于教情，学生的学情在教学评价的内容中具有更加重要的地位。学生的学习是教学活动存在的目标指向，教师的教授是为学生的学习服务的，毕竟学生的学习具有不可替代性，教学活动根本上是学生主体性发展的活动，只有通过学生的学习，教学活动的人才培养目标才能实现。当然，教情和学情是相对而言的，在现实的教学实践和教学评价中，我们不可能离开学情谈教情，同样也不可能离开教情谈学情，教学评价肯定是对完整的教学活动的评价。我们之所以强调教情和学情，强调以学生的学习活动为主，是要让教学评价的相关评价主体对教学评价的内容具有清晰的认识，能够在具体的教学评价活动中针对性地开展工作，避免眉毛胡子一把抓式的糊涂评价。

4. 多元评价，因人、因事评价

教学管理中的评价要达到好的效果，在方式上就必须多元，要因人、因事而异。教学活动是非常复杂的过程，教学评价的方法如果单一或者程式化，不可能对教学活动中众多复杂的内容做出客观和准确的判断，难以发挥评价的应有价值和作用。教无定法，教学评价也是如此，具体的多元评价方式在教学评价实践中不胜枚举，我们在此可以列举一些具有代表性的内容进行讨论：

（1）差异性评价方法。在教学评价中，对评价对象和评价内容，要仔细甄别，特别是要结合具体情境，进行灵活化的处理，在必要的情况下，要进行差异化的评价，实事求是，更好地发挥评价的作用。我们需要注意的是，差异性评价不是随意的、无标准、不公正的评价，而是实事求是、因材施教的评价。

差异性评价案例：在语文课上，小学二年级学生小英和小刚都积极举手回答问题，小英得到了唐老师的表扬和鼓励，而小刚却被唐老师委婉地批评了。

为什么同样是举手回答问题，唐老师对两个学生的评价却截然相反呢？原来唐老师在小英和小刚发言后发现，小英是对老师的提问进行了认真的思考后才举手回答的，虽然回答并不完全正确，但唐老师非常肯定小英认真思考并勇于分享的态度和行为。唐老师发现小刚根本没有对问题进行认真思考，甚至连问题都没有听清楚，只是想得到老师的表扬，便盲目地举手回答问题，因此唐老师对小刚进行委婉的批评，要求他今后要认真听讲、积极思考。

（2）留白式的评价方法。总体来说，教学评价在评价内容表达上要清晰、准确，这样有利于评价主体与评价对象之间的反馈和沟通，发挥评价的作用。但在教学实践中，在一定的情境下，教学评价采用"留白"的方法，即不给出明确的评价结论，通过创造引导性的评价环境和条件，让被评价者去体会和反思，在此基础上使教学活动得到丰富和拓展，反而能提升教学评价的效果，甚至达到"无声胜有声""无画处皆成妙境"的艺术意境。留白的教学评价告诉我们，有些时候评价者不要着急下评价结论，在有些情况下教学评价的结论不是确定无疑的，是可以无限拓展的，凡此种种，都适合使用留白式的教学评价。

（3）幽默式的评价方法。严格意义上讲，幽默并不是一种单独的教学评价方式，它只是人们传递和表达某种信息时所附带的有趣、可笑且意味深长的特性，比如语言幽默、表情幽默等。幽默具有非常重要的作用，它能激发人们积极的情感，比如轻松、愉快，而且幽默还有助于消除人与众之间的敌意，缓解摩擦，防止矛盾升级，幽默还能激励士气，提高活动效率等。幽默是如此重要，然而在现实生活中，人要做到幽默并不容易，因为幽默既需要丰富的学识涵养，又需要智慧。因此，幽默式的评价方法实际上是指我们在教学评价的时候，充分发挥评价者的智慧，通过语言、表情和肢体等的协调配合，达到一种幽默的效果，进而创造轻松快乐的评价氛围，发挥意味深长的评价效应。这种充满智慧的评价方式已经超出了评价活动本身，是一种颇具人格魅力的教学主体风格的展现，对学生影响极大。

幽默评价的案例：于永正老师教学《我爱故乡的杨梅》一课中有一精彩片段。于老师请一位学生朗读课文，让其他学生边听边想象情节。学生声情并茂地朗读，仿佛把大家带入果实累累的果园。这位学生读完后，于老师煞有介事地说："这位同学读得多好，我发现某某同学听得都入迷了，他边看边听的过程中使劲咽过两次口水。"回过味来的学生们都会心地笑了起来。①

---

① 朱庆华. 浅谈小学语文阅读教学评价的艺术化 [J]. 语文学刊，2010（10）.

5. 全面评价，重在发展

教学管理中的评价，本身不是目的，也不是为了管理，而是为了达到教学活动的根本目的，即促进人的发展，尤其是促进学生的全面发展。这是教学评价的灵魂，是所有教学评价的出发点。但在实践中要做到这一点并不容易，评价的全面、客观和准确都是教学评价的难点，但只有做到这几个方面，评价才能有效地实现对人的发展。关于评价的客观和准确，前文我们已有探讨，在此不再进一步论述。我们在此想讨论一下关于全面评价的问题。这其实也是一个很难充分列举的内容，什么才是全面评价？是评价的主体还是评价的内容？或者兼而有之？评价的主体我们前文已经有阐述，全面评价体现在主体上，应该表现为所有教学的相关主体都要积极地参与教学评价，教学评价的全面性自然要将所有相关主体的评价进行科学的评估。关于教学评价的内容，它涉及教学活动中的一切要素及结构和运行，从某种角度看，教学评价的内容就是教学活动本身，就是教学活动的一切，包括教学评价主体在内。说到这里，似乎根本没解决教学评价的内容问题，我们至少要清楚一点，即为了教学活动主体的发展，特别是学生的全面发展，教学评价要关注教学活动的一切内容和环节。另外还有一个问题也值得我们强调，教学评价中容易出现这样一种问题，即重视教学却忽视指导，这与评价的发展功能是严重相悖的。教学评价必须与教学指导相结合，既重评，又重导，既要发现问题，指出问题，又要提出解决问题的建议。不同的教学评价，其表现形式具有差异性，但不论是哪种形式的教学评价，哪怕是"留白"，都应该将评价与指导结合起来，唯有如此才能发挥评价促管理、评价促发展的作用。如果教学评价不能实现对学生发展的有效促进，再"好"的教学评价也不能称之为教学评价艺术。

二、小学教师教学艺术的形成

教学艺术是教学活动品质提升的追求，教学艺术的实现需要多种条件，但教学艺术实现的关键在人，因为其他教学艺术实现的条件都必须通过人才能发挥作用，比如教学环境，教学环境不仅需要人去创设，更重要的是，环境终究要通过人才能发挥作用，因此，对教学艺术实现发挥决定因素的是人。教学艺术既是一种教学实践活动，同时又可外化为一种教学活动主体的教学风格。教学艺术的实现依赖于人教学艺术的形成。师生是教学活动的直接主体，是教学活动中最为重要的人的因素。师生都是教学艺术实现的重要因素，但相比较而言，教师对教学艺术的实现比学生更为关键。因为教师是教学活动的主导者，学生虽然也是教学活动的主体，但学生主体性的发挥基于教师的主导，需要得到教师的帮助和指导。对于小学生来说，对教师的主导更为倚助，教师主导作用的发挥也更为全面和细致。因此，小学教师对小学教学艺术的实现是关键中的关键。小学教学艺术的实现依赖于小学教师教学艺术的形成。我们认为，小学教师教学艺术形成大致可以从以下途径入手。

（一）立德树人，热爱教育事业

立德树人是我国发展教育的根本任务，是贯穿我国一切教育工作的灵魂。教学艺术根本上是服务于立德树人的根本任务的，教师要形成自身的教学艺术，首先要对立德树人有深刻的认识和理解，并把立德树人作为自身教育教学工作的基本理念，并转化为教育教学实践的活动。立德树人不仅是我国教育的根本任务，是教师的教育信念，更是教师必须拥有的深厚的教育情感。教师不仅要胸怀立德树人的理想，还要拥有立德树人的情感，只有这样，教师才可能在教育教学实践中形成自己的教学艺术。没有信念和情感的艺术是没有灵魂的，甚至根本就不能称之为艺术。没有对国家、对社会、对学生、对生命的爱，没有立德树人的深厚情感，教学艺术是不可能形成的。因为教学艺术不仅建立在教育科学的基础上，同时还建立在教学情感的基础上，教学艺术既是智慧的艺术，又是情感的艺术，是爱的艺术。只有智慧，没有情感，最多是教育科学，只有"智慧+爱"，才能形成教学艺术。

1. 热爱教育，服务社会

立德树人，教师首先要热爱教育，要有传道、授业，传承和创新文化，服务国家和社会的职业理想。教师是特殊的职业，教师也是光荣的职业，教师职业的特殊性不仅在于人才培养的复杂性和艰巨性，还在于人才培养对国家发展和民族崛起的重要性。教师职业的光荣性不仅在于它对社会发展的重要价值，更因为教师职业需要极大的努力和付出。因此，教师没有对国家、对社会、对民族的爱和责任感，就不可能爱教育，就不可能成为一个合格的教师，更不能成为一个优秀的教师。立德树人，教师必须热爱教育。因为爱，教育活动中的创造才能有不竭的源泉，教学艺术之花才能常开不败。

2. 热爱学生，服务学生

人才培养的对象是有生命、有思想的人。教师的工作不同于工厂里工人的工作，因为教师的对象是充满生命活力、具有主体性的学生。教师的工作要想取得成功，就必须对自己的工作对象即学生有爱。对学生没有爱的教师，很难想象其能成为一个优秀的教师，甚至根本就不可能成为一个合格的教师。教学艺术的一个突出特点就是艺术性，对学生没有爱的教师根本不可以将自己的教学活动上升到艺术的层次。为什么教师要对学生要有爱？首先，爱是一种社会责任。教师是成年的，是成年公民，每个公民都要服务社会，为社会发展进步贡献自己的力量，这既是社会进步的需要，也是个人发展的需要。而青少年学生是国家和社会的明天，每一个社会公民都要关心爱护青少年，这是公民的社会责任。因此，教师必须对学生有爱，为社会培养人才。其次，对于教师来说，对学生有爱还是一种职业追求。"得天下英才而教育之"，被孟子视为人生三大乐事之一，对学生有爱，乐于培养学生，是每一个有职业追求的教师的精神信仰。最后，对学生有爱还源于爱是人作为智慧生命的内在传承。所有高级动物，基于种族延续的本能冲动，都会对后代进行照顾。人是智慧生命，关心、关爱后代由种族繁衍的生物进化本能转变为人的自觉内在传承，这正反映了人类文明发展的历史进程。

3. 热爱生命，服务理想

教育教学不仅是教师的工作职责和工作内容，还是教师的生活方式和生命存在形态。对于教师来说，要点亮自己的生命形态，就应该自觉把立德树人作为自身的人生追求和理想信念，唯有如此，教师的生命才能释放出光辉和热度。因此，立德树人是教师热爱生命、服务理想的内在选择。它的内涵是既热爱学生的生命，又热爱自己的生命，二者是辩证统一的关系。教师对自己生命的热爱表现为对职业的热爱，热爱学生生命、呵护学生生命是其基本内容，是教师热爱自己生命的承载方式。教师热爱学生的生命是教师的职业追求，是教师职业理想实现的必须要求，点亮学生的生命形态是教师热爱生命的具体体现，学生的生命亮度会反哺教师的生命质量，因此，教师和学生的生命质量是一体的。热爱生命，胸怀理想，教师的教学艺术才会具有持续的动力。教学艺术不仅是智慧，还是爱。因为爱，教学艺术才有生命力；因为爱，教学艺术才有价值。

（二）终身学习，掌握教育规律

现代社会早已进入了终身学习的时代，终身学习不仅是人应对社会发展、学会生存的客观要求，还是人类在不断发展进步过程中的内在选择。我们可以下这样的结论，现代人如果停下学习的脚步，最后的命运只能是被社会无情淘汰。教师是与人类文化传承和创新相关度最高的一个职业，教师职业特性必然对教师的学习提出了更高的要求。如果说专业培养让教师具备了职业资质，那么在职业岗位上不断学习的自觉性和学习质量将决定教师职业发展的广度和深度。具体来说，教师如果不通过终身学习去了解、认识、尊重和遵循教育教学规律并据此开展教育教学活动，教师的教学艺术就不可能形成。

1. 他者学习，自我反思

教师的终身学习是社会发展和教师职业的必然要求，那么教师该向谁学习？

教师本身不就是教育者吗？教师是教育者固然没错，但要成为一个好的教育者，首先要做一个优秀的学习者。甚至可以这样说，教师首先应该是一个合格的学习者，其次才可能成为一个合格的教育者。三人行，必有我师，教师的学习对象是所有能给予教师个人成长和专业发展帮助的人。

（1）教师的学习对象是学生。这样的观点或许会令人疑惑，然而事实就是这样。学生是教师教育教学的对象，是教师教育教学活动中接触最频繁的人，如果教师不认识、不了解学生，教师的教学就会缺乏针对性和实效性，教师的教学就会归于失败。对学生的认识和了解就是教师的一种基本的学习。不仅如此，即使是小学生，无论是课程知识还是个人经历，抑或是生活感悟，他们在与教师的交往过程中都可能随时转化身份，成为教师的"教师"。

（2）向学生之外的他者学习。除了与教师密切相关的学生外，学生之外的他者，如同行、家长等个体或群体，凡是能给予教师个人发展和专业成长帮助的人也都可以成为教师学习的对象。教师的职业特性决定了教师理应成为世界上最成功的学习者。因为合格的教师不仅应该有精深的专业知识，而且还必须具备广博的其他知识。人类进入信息社会以后，人们学习的资源和通道都海量丰富，这也对教师的职业素养提出了更高的要求，教师学习的迫切性、广度和深度等都在增加，因此教师必须抓紧一切可利用的时间，向所有可能提供帮助的人学习。

（3）向自我学习。向自我学习不是通常所说的自学。自学是一种学习的方式，强调的是学习的主动性和学习过程的独立性，而向自我学习则是以自我为学习对象。人们常说，"人贵有自知之明"，这里的"自知"即是自我认识，自我学习之意。"贵"则反映了"自知"对人的重要性和价值。每个人都有必要对自己进行充分认识和准确定位，充分的"自知"，才能正确地"自为"，否则就是无知的莽撞，就会在现实生活中碰得头破血流。教师要学习，除向他者外，还必须不断地"自知"，认识自己，了解自己，反思自己。他者学习与自我反思有效结合，教师才能成为成功的学习者。

2. 终身学习，不断成长

终身学习，顾名思义，是一种贯穿人的生命全程的学习。人们生活中常说的"活到老，学到老"，其内在意蕴与终身学习异曲同工。教师的终身学习，我们可以从两个层次去解读：

（1）作为人的终身学习。教师首先是人，其次才是教师。教师的终身学习的内生动力首先是人生命完善的需要和本能冲动，其次才是职业的需要和生涯的规划。人自出生以来，对外界、对自我、对未知就有天生的好奇，这种对未知的好奇在本质上与人饥饿时对食物的渴求无异，都是人的本能使然。随着主体性的发展，人对未知会由无意识的好奇转化为有意识、自觉的探索，这就是学习。这种学习同样是人的本能冲动，虽然这种冲动在不同的个体和群体上存在内容、程度等方面的差异，而且随着后天的发展，人学习的本能会逐渐聚焦、定向和分野，但人始终有探索未知的学习欲望。生命不止，学习不息，人只能在学习中成长，人也必然要在学习中成长。

（2）作为教师的终身学习。人的学习起始于本能，随着人主体性的发展，这种本能会逐渐转化为一种自觉选择和学习行为，虽然学习的意识和行为会贯穿人的一生，但不同的人，对学习的需求程度和具体行为上都存在差异。对于教师来说，当其选择了教师职业，终身学习就必须成为一种强烈的学习意向，持续的学习行为必须贯穿教师职业生涯的始终。也就是说，终身学习是教师的职业特性，是教师的职业要求。教师只有保持强烈的学习动机，学习并持续地提高，才能胜任教育教学工作。教师只有高质量的学习效果，才能提升教学效果，才能将常规教学上升到艺术的层次。人的学习本能与教师职业的学习要求，与人饥饿状态对食物的渴求及美食评论者对食物的品鉴相似，吃食物是人饥饿的本能反应，不同的人，这种渴求度因饥饿程度不同而有所差异，在具体食物的要求上也有差异，有人要求高，而有人要求低或者无所谓。美食评论者则不同，工作要求他随时保持对食物的关注度，而且必须随时认真品鉴各种食物，唯有如此，他才能对食物进行客观、准确的评价。当然，教师的学习是为人才培养服务的，教师的学习显然比美食评论者对食物的认识有更高的要求。

我们需要说明的是，作为人和作为教师的终身学习只是基于人身份的不同解读，是认识的需要，这对于教师的终身学习具有理论明晰和实践指导的意义，但在教师具体的学习实践中并不一定有明显的分野。

3. 学习借鉴，融会贯通

一般来说，学习本身不是目的，而是一种实现自我完善和发展、在提高自身修养的同时改善自己的行为的途径或手段。通常对人来说，学习不是对未知的好奇或恐惧，而是试图获得思想的平衡和行为上的从容应对。当然，学习本身也可能成为人的活动目的，特别是当人们在学习中感受到乐趣时，学习就可能成为一种与其他目的中介兼而有之的活动。这正如通常意义上的吃是基于生存的需要，而品尝美食则能在享受美食与生存满足上取得完美的平衡。有过学习经历的人都知道，唯有那些高效的学习才能令人感到愉悦，所谓高效，指单位时间内学习产出高，而且学习产出能学以致用。提到高效学习，人们马上会想到诸如"举一反三""触类旁通"这些词汇。高效学习不仅能使人在学习的时候充满成功感，而且学习的成果能充盈学习者的内心，解决学习者在生活和工作中的问题。一个烹饪学校的学生，即使他在很短的时间内记下了大量的菜谱，如果他不能把这些菜谱转化为真正的美味佳肴，他的学习不能称为成功，更不能称为高效，除了应付理论考试外，他也不能感受到学习获得的快乐。那些机械的、复制式的学习往往不能令人感受愉悦，相反，这种学习的过程很可能是痛苦的煎熬和折磨。因此，教师若想将自己的教学上升至教学艺术，教师的学习应该是高效的，是融会贯通的，是能解决教学问题的学习。

总之，教师要想形成自己的教学艺术，终身学习是基础和前提。唯有不断地学习，提升自身素养，在学习中关照实践，在实践中印证学习成果，如此循环往复，才能为自己的教学艺术打下坚实的基础。

（三）探究创新，形成教学风格

今天，关于教师的教育教学工作究竟是否应该具有创新性，学界早已有了定论。人们普遍认为，教师不仅仅要担负起文化传承的重要职责，还要肩负起文化创新的重任。事实上，文化传承与创新是一体的，文化传承是文化创新的基础，文化创新则会进一步推进文化的传承。在教育教学活动中，教师不能只做文化的复制者和文化的搬运工，如果教师以这种观念和行为去从事教育教学，其效果势必是低效的，对学生的发展非常有限，通常我们将这类教师称为"教书匠"，即不懂创新，只会复制。合格的教师、优秀的教师乃至追求成为教育家式的教师，肯定以文化创新为己任，在教学活动中不断探究、不断创造。小学教师想形成自身的教学艺术，创新是基本要求，没有创新的教学活动根本不可能形成教学艺术。

1. 在教学中探究

教学是文化传承与创新的活动，因此，教师必须在教学活动中去探究、去创新。教学实践中有许多教师对探究创新非常疑惑，不知道什么是探究创新，也不知道怎样去探究创新。这些教师往往将创新与宏大的理论发现或者与科技发明等同起来，这种观点在小学教师中非常常见。其实创新不是他们想象的那样，固然，理论创造、科技发明是创新，但教学中的创新并不是想象中的遥不可及，甚至可以这样说，教学中的探究创新随处可见。只要教师用心地去探索、去实践、去提炼，教学创新对每一个教师都是可能的。就像一个厨师做出一道新菜是创新一样，在小学教学活动中，一个知识点的新的解读、一道数学题的新的解法、一种新的教学方法等等都是创新。教学活动中的创新是新思想、新发现、新方法、新课程，如此等等。教师只要在教学活动中有一双善于发现的眼睛，愿意在教学活动中去探究、去实践，就能得到创新的回报。

2. 在生活中探究

教师的创新活动不仅限于教学活动，事实上，教师如果在生活中没有创新的意识和习惯，试图在教学活动中做出创新是很难实现的。也就是说，人的创新能力是融于工作和生活的，善于在教学中创新的教师，在生活中同样善于发现，反之亦然。以此观之，对教师创新能力的培养和训练，既要体现在教学活动中，同样又要反映在生活中，这样的例子比比皆是，比如人们所熟知的古希腊学者阿基米德在浴缸洗澡时突然发现浮力定律。我国著名的幼儿教育家陈鹤琴以自己的孩子为观察对象研究儿童的一般发展，同样是在生活中去探究教育规律。对于小学教师来说，要想在教学活动中创新，就必须在生活中去探究和发现。就像一个厨师，若想做出菜品上的创新，光在厨房里冥思苦想往往是行不通的，他需要在菜市场中去寻找新的原材料，需要去工厂和作坊去寻找新的厨具，需要到田间地头去观察、去发现、去询问……事实上，生活的空间远比教学活动的空间更为广大，教师只有善于在生活中去探究和发现，才能为教学中的创新夯实基础。

3. 实现教学和科研的有效融合

有些教师有这样一种观点，认为自己只需要做好教学就可以了，科研应该让那些有兴趣、有时间、有能力的人去做。有些小学教师甚至认为，让小学教师做科研是"不务正业"，会影响教育教学活动，因为小学教师做科研，既"没必要"，又"没时间"。有上述观点的小学教师不在少数，而这显然是错误的。事实上，教师的教学和科研是不可分割的。

（1）所有教师都应该做科研。科研的目的是什么？是创新。前文我们已经说过，教学就是文化传承和创新的活动。之所以有教师认为可以不用科研，甚至认为科研影响工作，根源在于没有对教学活动进行正确的认知，没有将教学中的文化传承和创新统一起来，不能深刻认识文化传承与创新的辩证关系。事实上，"不会科研的教师不是好教师"，这种观点看起来比较极端，却是符合教育教学规律的。如果教师不懂创新、不愿创新，甚至根本就不认可创新，这样的教师很难在教学活动中做出好的成绩。

（2）正确看待教师科研。客观地说，有着上述错误观点的教师，并非都在教学活动中不会创新，事实上持有上述观点的许多教师在教学活动中甚至称得上善于创新。他们之所以有上述观点，是因为他们没有正确看待教师科研。有许多小学教师在对科研的认识上，把科研等同于做课题，没有做课题，就是没有做科研；在科研成果上，把科研等同于写作并发表科研论文，或者是编写教材、出版著作等，事实上他们是严重地把教师科研活动窄化了。如前所述，教学创新就是教学科研，教师科研的形式、过程和成果都是多元化的，只要在教学活动中积极探索并获得新的发现，就是教师的科研活动，所谓的做课题、发表文章和著作只是教师做科研的一些典型形式而已。如果教师能够正确认识这些，就不会对科研形成无谓的抵触，相反，教师还可以采用更合理的措施，改进自身的科研行为，提升自己的科研能力和水平，产出更多、更好的科研成果。另外，国家在各级各类的教育管理中也要建立促进教师科研的科学机制，避免对教师科研放任不管或者粗放管理的极端做法，为教师实现教学与科研的高效融合搭建良好的平台。

综上所述，创新是教学艺术的核心特点。小学教师教学艺术的形成，要求教师在教学和生活中不断探究、不断创新，实现教学和科研的有效融合，创造性地形成自己的教学风格，唯有如此，才可能形成自己的教学艺术。

（四）修身养性，追求幸福人生

教师教学艺术的形成，需要教师具有较高的修养，需要教师有美好的生活体验和幸福的人生。教学艺术是教师综合素养的集中体现，教学艺术体现的不仅是严谨的治学态度、高超的教学智慧，还反映的是教师满满的人生态度和情感体验。教师如果不具备较高的人格修养，不具备幸福美好的人生，很难想象教师能在教学活动中传递美好甚至将常规教学上升到教学艺术的层次。为此，我们可以从以下方面去做些努力。

1. 实现教师职业的普通化

一直以来，我们都在宣传教师职业的特殊性，我们一直在宣传教师职业的特殊价值，即教师对人和社会发展的重要性。特别是国家和政府，它们在推动教师职业发展上做了许多工作，每年都在开展许多关于教师的宣传活动。如像教师这样有专门的以职业命名的法律和法定节日的职业寥寥无几。在教师培养上，国家还专门推行了免费师范生培养工作。近几年，我国关于教师支持的文件也屡屡出台且要求层层跟进。政府做的这些都在强调教师职业的重要性，都在推动教师职业的发展。从民间来看，我国历来有尊师重教的传统，在封建时代，教师甚至享有与"天地君亲"相近的地位。这些年官方对教师职业的宣传，虽然不能称之为将教师职业神圣化，但却有将教师职业特殊化的事实。然而近些年来，在民间人们关于教师的争议却日益激烈，关于教师待遇、教师补课、教师体罚等新闻屡屡见诸各类新闻媒体，而且这些报道对公众眼球都颇具吸引力。我们经常可以看到，一旦有人在媒体上提出要提高教师的地位和待遇，如落实法律规定的不低于公务员平均收入的待遇要求，网络上经常是骂声一片，认为教师收入不低，补课屡禁不绝，且有假期享受，凭什么总在提要求？凭什么教师职业就这么特殊？民间甚至有一种将教师"妖魔化"的倾向，一时间，教师仿佛成了过街老鼠，人人喊打。事实上对于教师自身来说，近年来中国的教师成了压力过大的高危职业。一方面是收入微薄，关于这一点不用借用其他数据作为佐证，从这些年师范生报考的数量和质量，以及基础教育日益失衡的男女教师性别比例就可以轻易得出结论，教师职业并没有太大的吸引力和热度，且不说与高收入无关，甚至连"养家糊口"都成问题，这就是为什么男性不愿意当教师的一个重要原因。另一方面，教师职业需要承担巨大的精神压力。教师职业的艰巨性人所共知，多年以来，在教育教学活动中基础教育的升学压力，对学生的安全压力，过多与教育教学不相关的其他负担，如此等等都让教师们不堪重负。总之，在教师职业的光环下却是教师的疲惫和折磨，我们是时候让教师职业普通化和正常化了。特殊化并不利于教师职业的发展，相反还容易使教师职业被"道德绑架"，将教师职业归于普通、让教师归于普通，有利于教师个体及群体释放职业的压力，有利于营造一种正常的教师职业和个人发展的社会氛围，让社会以一种正常的视角和心态审视教师，也可以让教师以一种普通人的心态对待自己的职业和自己。

2. 正确看待教师的教学利益

"天下熙熙皆为利来，天下攘攘皆为利往"，一切社会活动皆有利益，这是马克思辩证唯物主义的观点。一切社会活动皆有利益，这是社会活动存在的内在规律，不管人们是否愿意承认，它都不会以人们的主观意愿为转移。一切社会活动都有利益，不是让人们利字当头、凡事利益驱动，而是要求我们正视社会活动的利益特性，按利益规律办事，特别是要满足人正当的利益诉求，推动社会活动向有利人的方向发展。所谓"君子爱财，取之有道"，这里的道，既是取财于活动的道，即利益活动的规律，也是人的道，即取财于"君子"的道。再如社会主义中国的分配原则，"按劳分配，多劳多得"，这也是对利益的承认，是符合规律的利益之道。对于教学活动来说，其作为社会活动的一种，必然也存在利益，对于教师而言，就是教师的教学利益。按照马克思主义的观点，教师的教学利益也理应得到主张和保障，只有这样，才能推动教学活动的发展。但我们对教学利益必须有正确的认识，教学利益，并非一般人想象的那般狭窄，即教师通过教学活动获得的各种经济收入，如工资和其他薪酬及福利待遇。这些固然属于教师教学利益的范畴，是教师利益的一个组成部分，但并非教学利益的全部，甚至不能称之为教学利益的主体。"教学利益是教学活动中客体的存在和属性满足师生生存和发展需要的关系。"① 显然，教师生存和发展的需要既包括物质需要，又包括精神需要，也就是说，教师的教学利益既有物质利益，如经济待遇，又有精神利益，如荣誉、如自我价值的实现等等。当教师的经济待遇达到一个较高的层次后，这种物质利益的重要性会在教学利益的结构中下降，更高层次精神方面的利益的重要性会更加凸现。这就如马斯洛的需要层次理论，物质是基础，基本的物质需要满足后，尊重、自我实现等精神需要会成为人更重要的选择。显然，要让教师拥有幸福人生，教师正当的教学利益必须得到保护和主张，这里面不仅仅是物质利益，还包括精神利益。当前，就我国教师教学利益的整体情况而言，教师基本层面的物质教学利益尚未得到有效保障，教师更高层次的精神教学利益更是不尽如人意，这是导致我国教师发展困境的一个重要原因，亟须得到关注并予以解决。

3. 找准教学与生活的平衡点

美好的人生需要处理好工作和生活的关系，对于教师来说同样如此。教师的幸福不仅体现为教学的成功，还体现为生活的成功。因此，教师的幸福人生需要在工作和生活中去寻找平衡，使教学和生活相辅相成、相得益彰。然而事实上，教师在处理教学和生活关系上似乎并不成功，其突出表现是教师难以保持教学和生活的相对独立性，教师的生活被工作严重影响，许多教师的生活质量因此而降低。这似乎与一般人的认知相悖，许多人认为教师不值得拥有较高的薪酬待遇，认为教师是轻松的职业，不仅有周末，而且还有寒暑假，关键还是带薪，教师简直不要太轻松！然而事实真是如此吗？在我国的教育实践环境中，教师基本上难以将工作和生活很好地独立开来，除了在学校工作外，教师回到家后还需要批改学生作业，需要备课，需要与家长在辅导家庭作业上进行沟通。这些工作内容同样会延伸到假期，且不说假期还安排有各类学习和培训，更不用说这些年来愈演愈烈的各种充斥于校园的非教学负担，许多与教育教学不相关的内容甚至已经将教师的工作内容和工作属性严重异化！对教师，特别是基础教育的教师，如小学和中学教师，有了解的人通常会发现，中小学教师，特别是那些"成功"的中小学教师往往都会遇到以下的尴尬问题：他们在照顾家庭上表现得很糟糕，他们有周末，有寒暑假，但这些假期却往往不属于他们自己，也不属于他们的家庭，而是属于工作，属于学生。同样，他们在教育子女上表现得很糟糕，"成功"的教师会教别人的孩子，却不会教自己的孩子，他们往往能给予班上学生无微不至的关怀，却往往没有时间检查自己孩子的作业。

---

① 刘伟. 教学利益研究——基于师生主体性发展的追求 [D]. 西南大学博士论文, 2012: 26.

这样的教师真的是成功的教师吗？他们的人生会幸福吗？我们认为，教师职业与教师生活的相对独立是教师幸福人生的基本保障，而且，我们也坚定地认为，教师的教育教学与教师的生活可以有相对独立的空间。正如我们前面论述的，师生关系是有时空边界的，不能用所谓教师职业的特殊性去搅扰教师的生活，教学和生活不分、不能平衡工作与生活的教师不能称之为好教师，没有幸福人生的教师不可能创造属于自己风格的教学艺术，甚至不可能真正向学生传递幸福。

综上所述，教学艺术是高层次的教学活动，是高效的教学活动，对教学目的的实现、对师生主体性发展具有重大价值和意义。教学艺术是智慧的、富有情感和创造性的教学活动，是充满美感的教学活动；同样，教学艺术也是复杂的、艰难和未知性的教学活动，是变动不居的教学活动。小学教学艺术的实现需要包括小学师生在内的众多教学主体的共同努力，小学教学艺术的实现将为包括小学师生在内的众多教学主体创造美好的人生。

第十一章

小学教学反思

第一节　小学教学反思的概述

一、教学反思的内涵

教学反思同样是一个众说纷纭的概念，有学者曾对教学反思进行概括，对教学反思大概有以下三种理解，一是认为"教学反思是分析教学技能的一种技术"；二是认为教学反思是"对教育观念、教学背景的深入思考"；三是认为"教学反思是对教学经验的重新建构"①。当然，这种对教学反思的概括并不全面，特别是随着人们对教学反思认识的进一步深入，人们对教学反思的理解也更加多元，同时也进一步加剧了人们在教学反思概念认识上的差异甚至是争论。人们可以站在不同的角度进行认识和理解教学反思，如基于教师心理活动的教学反思、基于教师专业发展的教学反思、基于教学环节的教学反思等，但无论如何，教学反思显然是师生教学活动中一个必不可少的重要环节。

综上所述，我们认为，教学反思是教师和学生在教学活动中，充分发挥主观能动性，通过回顾和检视已发生的教学行为，调整和修正后续教学行为来提升教学效能的教学活动。

教学反思需要结合教学活动中具体的人、事、物等要素、内容和结构等来具体开展，不同学段的教学反思活动既具有教学反思的共性，又具有该学段自身所具有的一些独特属性。因此，小学教学反思需要根据小学的具体情况，如小学师生、小学教学目的和任务、小学教学内容、小学教学的环境和条件等实

---

① GRIMMETT P. P ERICKSON G. L. Reflection in Teacher Education ［M］. Teacher College Press, Columbia University, 1988.

事求是地开展教学活动。

二、教学反思内涵解析

要想全面而深入地理解教学反思的内涵，我们还需要着重理解以下内容：

（一）教学反思应该成为不可或缺的教学活动

教学是复杂的人类活动，要想提升教学活动的有效性，需要从事教学活动的人对教学活动进行持续不断的回顾和检视，借此发现已发生的教学行为的优缺点，扬长避短，为后续教学活动更有效的开展打下基础，更好地提升教学品质。因此，教学反思类似象棋和围棋等棋类比赛结束后选手的"复盘"，是对已经进行的教学活动信息的收集、归类、综合、分析、判断、总结和提炼。所谓"学而不思则罔"，教学过程如果缺少教学反思，教学活动便不能得到检视和审思，教学活动的主体可能犯错而不自知，教学中累积的经验也难以得到梳理和总结，教学活动的质量也难以得到持续性的改进和提升。因此，教学活动中任何一项内容和环节都应该在实施后进行教学反思。当然，教学反思是否真正在教学实践中落实，还需要教学主体的自觉和自律。

（二）教学反思是教学主体主观能动性的集中体现

教学活动是提升人主体性的重要社会活动，同时教学活动也是需要活动主体充分发挥其主体性的活动。反思是一种特殊的人类活动，它的发起者只能是活动主体自身，虽然反思的方向、过程等可以得到其他主体的帮助，但决定反思活动质量的只能是活动主体自身。教学反思同样如此，无论是教师还是学生，教学反思的实质性发起以及最终质量如何，在根本上都取决于教学主体自身主观能动性的发挥情况。我们需要注意的是，教学主体在教学反思中主体性作用的发挥，这里的教学主体既是单个的师生主体，又是师生群体，特别是群体性的主体教学反思能充分地发挥交互主体在教学活动中的整体效应，更能提升教学反思的质量。总体而言，师生在教学活动中是否进行教学反思，以及教学反思的质量如何，是衡量师生在教学活动中主体性发挥情况好坏的一个重要标志，同样师生教学反思开展的情况也会反作用于师生的主体性发展，高质量的教学反思将会不断提升师生教学的效果，进而有效提升师生主体性发展的程度和水平。

（三）教学反思对提升教学质量具有重要价值和意义

教学是促进师生发展的活动，影响教学质量提升的因素很多，师生的发展，特别是学生的全面发展需要教学活动的各种因素、各个环节和过程进行有效整合、发挥合力。师生如果在教学活动中不积极地进行教学反思，很可能就会陷人不能明晰知识而迷茫的困境。如何才能有效地教学（学习）？古人早有经典的答案，"博学之，审问之，慎思之，明辨之，笃行之"，五个环节都严格要求学习者主体性的充分发挥。"慎思之"正属于教学反思，是五个环节中的中间环节，也是前后衔接的关键环节，教学反思是最能体现教学活动主体主观能动性的活动，是教学活动主体的主体性的集中体现和反映，是对整个教学过程、教学环节、教学要素等集中的回顾和检视，是以教学活动主体为中心的，是对已发生的教学活动的全面梳理，对后续教学活动发挥着重要的承上启下的作用，在教学质量的提升过程中发挥着关键性的作用，对学生的发展具有重要的价值。更进一步看，所谓"思而不学则殆"，教学反思不是终极目的，教学反思的结果需要运用于后续的教学活动中，这样才能达到不断改进教学和优化教学的效果，教学质量正是在这种反思、改进，再反思、再改进的教学循环中得到了持续的提升。

（四）教学反思应该发生在教学过程中的任何一个阶段

从教学时空的角度看，教学活动总是发生在一定的教学时间和教学空间内，但这并不意味着教学反思只能发生在特定的教学时空节点上。一般而言，从专门的活动组织的角度看，教师和学生大多是在课后进行教学反思，但事实上，师生的教学反思应该发生在教学活动中的任意一个节点，也就是说，只要是对已发生的教学行为进行回顾和检视，都可以称之为教学反思，它既可以发生在课前，又可以发生在课中和课后。因此，那种认为教学反思只能在一个完整的教学活动结束后再进行的观点是片面的，这种观点实际上是把教学反思视同于师生在课后对教学活动的一种自我评价，这种教学反思观严重地将教学反思内涵的范畴窄化了，在实践中会严重削弱教学反思的价值和作用。

（五）学生是教学反思的重要主体

师生都是教学反思的主体，这从人才能成为教学活动主体的角度来看很容易理解。关于教学反思在认识和实践中有一点需要引起我们的注意，那就是学生的教学反思主体地位往往被忽视。说到教学反思，许多人很自然地会将其与教师联系起来，比如在实践中要开展教学考核，评价教师的课堂教学效果，其中有一项内容便是教学反思及教学反思的质量。但对学生的学习活动的教学反思，以及学生的教学反思质量，人们往往关注不多，或者说关注得不够深入。这实际上还是教师是教学活动主宰的错误教学观念在作祟。教学是教师的教和学生的学的完整统一体，教学要取得好的效果，好的教学和好的学习是基本条件，具体到教学反思的问题上，教师的教学反思和学生的教学反思同等重要，两者都需要得到好的开展，彼此不能相互替代。有的教师或许会想：我在教学时一直在强调学生要积极思考，这难道不是对学生开展教学反思吗？这种想法有一定的合理性，但并不完全正确。教师要求学生在教学活动中跟随教师的教学内容和教学节奏积极思考，这肯定属于学生教学反思的一种表现，但这并不等于学生教学反思的全部，甚至这都算不上高质量的学生教学反思。因为这种教学反思是即时性的、是碎片化的，更是条件反射式的，是学生在教学活动中对教师教学要求的一种反馈和回应。而我们所追求的学生的教学反思，应该是系统而深入的，更重要的是，它应该是自觉和理性的。教师要求学生在教学中进行思考，与学生自觉自为地对自己的学习活动进行系统反思，两者在思考的性质、程度和成效等方面均有显著差异，而后者显然更有利于提升教学活动的质量。综上，作为教学活动中最为重要的主体，学生的教学反思在整个教学反思活动中居有重要的地位，它直接影响甚至决定着教学反思的整体质量，毕竟教师的教学反思从根本上说也是为促进学生发展服务的，而学生教学反思的质量正是教师衡量学生在教学中获得发展的一个重要标准。因此，学生的教学反思是整个教学反思活动的关键，学生的教学反思不仅不能被忽视，还必须成为考察教学反思的重点。

三、教学反思与反思性教学辨析

在教育实践中，人们有时会出现将教学反思和反思性教学混为一谈的情况，虽然教学反思与反思性教学有密切的联系，但教学反思与反思性教学是两个完全不同的概念。

关于反思性教学，有学者的界定是，"反思性教学是教学主体借助行动研究，不断探索与解决自身和教学目的以及教学工具等方面的问题，将'学会教学'与'学会学习'统一起来，努力提升教学实践合理性，使自己成为学者型教师的过程"[1]。从这个概念我们可以发现，这里的反思性教学指的是一种教学模式，这种教学模式具有以下特点：其一，教师是反思性教学的主导者；其二，教学途径主要是行动研究；其三，教学活动要解决的主要问题是实现学会教学与学会学习的统一；其四，这种教学模式的目的是不断改进教学实践的合理性，提升教学活动的质量。反思性教学同时也是一种教师专业发展的模式，通过这种教学模式，教师可以在行动研究中检视自身在教学实践与其他教学活动要素中的关系及相互作用，不断修正以提高教学实践的成效，同时实现教师的专业成长和发展，即成为"学者型教师"。

---

① 熊川武.论反思性教学［J］.教育研究，2002（7）.

我们本章论述的教学反思，是从教学活动过程的角度出发，指的是在教学过程中教学主体，主要是师生对已经发生的教学活动进行回顾、检视，借以修正自身教学行为，使后续教学活动更加科学和有效的一种教学活动和行为，是教学活动的一个组成部分。与反思性教学相比，两者虽然在目的、内容等方面具有相似性甚至一致性，但两者的视角不一样，立场和出发点也不一样。总体来说，反思性教学的范畴更大，是站在整个教学活动的角度来考虑的，而教学反思是从教学活动的特定环节来考虑的。按照反思性教学的观点，教学反思应该贯穿教学过程的始终，这一点与我们认为教学反思可以发生在教学活动的任何一个阶段的观点是不谋而合的。如果教师主导的教学活动能形成反思性教学的教学模式和教学状态，前提必然是师生在教学活动中的教学反思已经成为常态且已经达到了较高的质量。

第二节　小学教学反思的主体和内容

一、教学反思的主体

教学反思的主体无疑就是教学活动的主体。正如我们在前文中提到的那样，小学师生是小学教学活动的直接主体，因此小学师生同样是教学反思最为重要的主体。当然，教学反思的主体如同教学主体一样，除了师生外，还有其他许多主体也可以成为教学反思的主体，只不过他们大多以一种间接的方式进行教学反思或者参与师生的教学反思活动。如学校经常开展的教研活动，在许多时候也是一种教学反思活动，在教研活动中，除了任课教师可以结合自身教学实践进行教学反思外，学校领导、教研机构和部门的教研员，有时课程专家、教材编制者、家长等也可以参与到教师的教学反思活动中，他们同样是教学反思的主体。

（一）教师

教师无疑是教学反思的第一主体。从教学活动的角度看，教师是教学活动的直接发起者和参与者，同时在教学活动中又属于居于优势地位的一方，无论是教学目的、教学内容、教学方式和手段、教学评价等过程、内容和环节，教师都是主导者。这种在教学活动中的地位和作用决定了教师在教学反思中同样居于首席地位。也就是说，教学活动的教学反思在大多数情况下由教师发起，不仅如此，在所有教学主体的教学反思中，教师都应该发挥主导的作用，不仅主导自身的教学反思，还要对其他相关的教学主体，尤其是学生的教学反思发挥激发、引导、维持、修正、总结等作用。从某种程度上我们可以这样认为，教师在整个教学活动中的教学反思作用的发挥程度，直接影响甚至决定了在整个教学活动中教学主体教学反思的质量，进而对后续的教学活动开展产生了重要的作用，影响着后续教学活动行进的方向。如果教师充分意识到教学反思对教学的重要价值，在教学活动中有计划地、系统地且有效地激发和调动了包括自己在内的相关教学主体开展教学反思活动并取得了积极的效果，这样的教学就可以称之为反思性教学。

当然，教师在整个教学反思活动中发挥的作用，与其他教学主体，尤其是学生的状态，特别是主体性发展程度密切相关。一般来说，学生的主体性发展程度越高，学生在教学反思中的主体性就越高，教师教学反思就越偏重于辅助的作用。除了受其他教学主体的主体性发展情况的影响外，具体的教学任务、教学内容、教学方式和手段等也会对教师教学反思作用的发挥产生影响。因为小学生主体性发展相对有限，小学生的教学反思尤其需要小学教师的引导和帮助，因此小学教师的教学反思在整个教学主体教学反思中的地位和作用更为重要。小学教师在自我教学反思的同时，必须随时关注小学生的教学反思状态，采取措施激发、维持和调控小学生的教学反思行为，使小学生的教学反思充分发挥促进教学活动顺利开展、进而促进小学生主体性发展的作用。

（二）学生

学生的教学反思在现实的教学实践中往往容易被忽视。这种情况在小学的中低年级尤为明显。因为教师在教学活动中的优势地位，在很长一段时间内人们通常将教师视为教学的掌控者，受这种观念的影响，许多人，甚至许多研究者往往都从教师的角度去探索教学反思的问题，甚至干脆就将教学反思视为教师的教学行为。时至今日，学生主体的教学理念逐渐深得人心，教师虽是教学活动的主导者，但学生是教学活动最为重要的主体，学生是教学活动目的的根本指向，是教学的主要发展对象，教师的教学根本上是为学生的发展服务的，而学生的发展本质上必须通过自身在教学活动中的主体行为才能得以实现。因此，学生不仅应该，而且必须是教学反思的重要主体，学生的教学反思对整个教学活动具有重要价值和作用。从某种程度来看，没有学生的教学反思，或者学生的教学反思质量不高，整个教学活动的教学反思是有问题的。如前所述，教师教学反思的一项重要内容，就是引导和帮助学生开展教学反思活动。教师的教学反思或者反思性教学都必须得到学生教学反思的有力支撑。

教学反思对小学生的发展非常重要，虽然小学生的知识储备相对有限，主观性发展程度相对较低，但这并不意味着小学生缺乏进行教学反思的能力，更不意味着小学生没有开展教学反思的必要。事实上，进行教学反思同样是小学生学习活动的一个必须环节，而且对小学生主体性的发展具有重要的促进作用，尤其需要在小学教学活动中予以足够的重视。以小学教师为首的小学生之外的其他教学主体应该高度重视小学生的教学反思问题，共同协助小学生的教学反思逐步发展成小学生学习活动中的自觉行为，并且帮助他们建立起一套适合自身的教学反思方法、程序甚至是模式，提升小学生教学反思的质量和效果。

（三）学校管理者

教师和学生是教学反思的直接主体，他们从根本上决定了教学活动过程中的教学反思环节的质量，但这并不意味着教师和学生就是教学反思的唯一主体。事实上教师和学生只是教学反思的直接主体，因为师生是教学活动的直接发起者和参与者。在学校，各级管理者，如学校领导，特别是分管教学的校领导、年级组长（主任）、学科组长等，他们都是教学反思的重要主体。他们既是教师，是自身任课活动教学反思的直接主体，同时因为在教学管理中承担了相应职责，他们同样又是其他教师教学反思的间接主体，对其他教师和学生的教学反思发挥必要的辅助作用，推动其他教师和学生的教学反思有好的效果和质量。

学校管理者也是教学反思主体，体现了教学活动的系统性和整体性，教师和学生的教学反思只是整个教学反思的一个组成部分，必须把其他教学主体，如学校各级管理者的教学反思纳入整体教学反思中去考量，这样才能更好地提高整个教学反思的质量。同时这也提醒我们，必须注重教学反思过程中的交流和沟通，师生，尤其是教师要特别注重与教学管理者间的沟通，特别是关于教学反思的沟通。在此有必要特别强调，学校各级管理者通过组织各级各类教研活动使自身具有统筹和促进教学反思的作用。学校以人才培养为第一要务，而教学则是学校人才培养最基本同时也是最重要的活动形式和途径。学校教育工作者的基本工作职责就是开展教育教学活动或者为教育教学活动服务。对于学校各级管理者来说，重视和服务教学的一项重要内容就是组织各级各类教研工作，这正是学校管理者作为教学反思主体的典型形式，通过这种组织，不仅体现了学校以教学为中心的理念，还可以切实发挥教学管促教学发展的作用，实现学校整体育人、协同育人的教育功能。

（四）家长

家长同样是教学反思的一个重要的间接主体。家长是教学活动最为重要的一个利益相关者，家长非常关心教学活动，通过学生，他们对教学活动有基本的认识，并且对教学活动有自己的见解，有时会通过各种不同的形式参与到教学活动中。家长的教学反思具有独特的特点：首先，家长的教学反思往往是通过教师和学生来获取的，他们获取信息的通道相对单一，有时会降低其教学反思的质量甚至是正确性；其次，家长的教学反思往往具有个人立场，即家长的教学反思主要站到自己孩子的角度看待问题，有时会具有局限性甚至是狭隘性；最后，家长的教学反思往往通过教师来体现。一般而言，家长的教学反思大多通过与教师进行沟通，表达自己对学校教学活动的看法和意见。当然，家长也有其他的通道，如家长会、家长信箱、家长学校等等。

家长的教学反思大多具有一定的局限性，但对教学反思同样能发挥参考和借鉴价值。而且随着现代社会人们对教育的普遍重视，家长对子女教育投入越来越多的时间和精力，许多家长参与学校教育的热情不仅日益高涨，且对学校教育教学也不乏真知灼见，家长的教学反思对学校教育教学活动具有重要的参考价值。人才培养是系统工作，学生的发展不可能由学校单方面完成，协同育人、构建学生培养共同体是现代教育的基本要求，因此必须高度重视家校沟通和家校共育。我们必须吸纳家长教学反思中的合理因素，借以提升教学反思的整体质量。

其他与教学活动相关的教学主体同样可以成为教学反思的主体，他们的教学反思对教学活动同样有着重要作用。如课程建设者、教材编制者、各种教研人员等等，他们中的大部分虽然不直接参与教学活动，但他们都间接参与了教学活动，在事实上影响着教学活动的开展。特别是各类教学研究者，他们对教学反思发挥着极其重要的作用，根据其参与教学活动的形式，教学研究者大致可以分为两类，即直接参与教学活动的研究者和间接参与教学活动的研究者。直接参与教学活动的研究者如教师和学生，他们如果把教学反思进行系统化和理论化，他们就成为教学研究者。我们为什么强调教师必须进行研究？因为教学反思是教师进行教学的必备环节，教学反思就是一种教学研究。学生，特别是中小学生的教学反思，可能会囿于学生主体性发展的局限而无法达到真正研究的层次，但同样具有探索和研究的性质，至于大学生甚至研究生，他们的教学反思完全具备了转化为教学研究的条件。另一类教学研究者不直接参与教学活动，如各级各类教研机构的教学研究人员，他们虽然不直接参与教学活动，但他们通过各种形式间接参与了教学活动，对教学活动形成了自身的认识和理解。教学研究是他们的专职工作，他们对教学实践活动认识的客观性、准确性将决定其教学研究的质量，同时也会以研究成果的形式反作用于教学实践，对教学活动的人才培养发挥相应的作用。他们的教学研究就是基于教学实践的一种教学反思，专职的教研人员对教学活动的反思活动是推动教学活动不断前进的重要智力支撑。这些人对实践中的教学活动进行关注、检视并将反思的结果反馈给教学活动的直接主体（师生），可以有效提高整个教学反思的质量，他们同样是教学反思主体的重要构成部分，需要我们在教学实践中予以充分重视。

综上，教学反思的主体是众多的，不局限于教学活动的直接主体——教师和学生。但教学反思的众多主体又在主体类型、地位和发挥作用方式等方面存在差异，对此我们必须要有清醒的认识。要发挥教学反思在教学活动中的关键作用，就需要我们针对性地促进这些主体教学反思作用的发挥，形成交互式的教学反思主体共同体。

二、小学教学反思的内容

人是教学反思的主体，如前所述，在教学活动中，教师、学生、教学管理者甚至家长都可能是教学反思的主体，在现实教育教学实践中，人们习惯性地认为教师才是教学反思的主体，甚至有人将教师视为教学反思的唯一主体，这种观点显然是有所偏颇的。事实上，教学活动的主体都是教学反思的主体，只不过因为不同的教学主体在教学活动中所处地位和发挥的作用不同，其教学反思的内容也存在差异而已。比如教师，因为其是教学活动的主导者，其教学反思的内容最为全面、细致和具体，涉及教学过程的各类要素、结构及环节。而学生，其教学反思主要是从学习者的角度、从个体的角度出发，教学反思的内容往往是教学内容。又如教学管理者，其教学反思相对更为宏观，其反思的重点往往在教学效果和质量上。再如家长，其教学反思往往与学生具有同向性，通常聚集于学生个体的学习行为上等等。因此，教学反思的内容因为教学反思主体的不同而呈现一定的差异性。下面，我们主要从教师的角度，同时兼顾其他教学反思主体，探讨一下教学反思的内容。

（一）对教学理念的反思

教学理念或教学观念是教师对教学活动的规律性认识，而且这种规律性认识会指引教师的具体教学行为。因此，教学理念正确与否，将直接影响教师的教学行为是否契合教学活动的规律，是否能达到预期的教学效果。显然，在教学实践活动中，教师必须经常对自身的教学理念进行反思，审视自己的教学理念是否正确，是否能对自己的教学行为发挥科学的指导作用。如果发现自身的教学理念存在问题，就必须进行及时的调整和更新，使之契合教学活动的规律，以适应教学活动的需要，提高教学活动的效果。有研究者认为，教学观念（理念）的转变通常基于以下三种情况的发生，"一是理论上理解并转变了教学观念，并以转变了的新教学观念指导新的教学实践；二是理论上理解并转变了教学观念，但迫于诸多内外部因素的障碍，不能以转变了的新教学观念指导新教学实践，而是继续原有的观念与行为；三是理论上不理解或没有真正理解新教学观念，也不可能以新教学观念指导教学实践"①。三种情况虽然各不相同，但通常都与教师的教学反思密切相关。一般情况下，我们提教学理念（观念）通常指的是教师的教学理念（观念），其他教学反思的主体，同样涉及对教学理念的反思问题。如教学管理者对课堂教学活动的参与虽然通常是间接的，但鉴于其对教师有着重要的影响作用，他们的教学理念往往会影响着教师的教学理念，因此教学管理者更应经常性地对自己的教学理念进行反思，并将这种反思的结果与教师进行有效的交流和沟通，既要保证反思的正确性，同时又要发挥正确反思后的价值和效益。如学生，即使是低年级的小学生，其对教学活动（主要是自己的学习活动），也存在一定程度的理性认识和判断，作为教师，要重视并引导学生对自己的学习理念（观念）进行反思，使学生进而及时调整自身的学习行为，提高学习的效果。

（二）对教学内容的反思

教学内容是教学主体开展教学活动依据的基本材料，是达成教学活动目的的基本依据。教学内容是否科学、是否适合教学活动的需要，对教学活动的质量高低发挥着极其关键的作用。对教学内容的反思是教学主体教学反思的一项重要内容。

对教学内容的反思首要解决的是教学内容的科学性问题。师生在教学交往中作用的教学内容必须是科学的，是客观规律的揭示和反映。教材是教学内容的重要载体，要保证教学内容的科学性，师生必须选择正确的教材，这是教学内容正确的基本保证。对于我国来说，国家规定的相关教材已经为教学内容的正确性打下了坚实的基础，但教材转变为教学活动中师生的教学内容还必须经过师生在教学活动中的处理。对教学内容的反思要求师生认真思考自己是否真正领悟了教材等教学内容载体的精神内核并将其转化为了实践中的教学内容。对于小学阶段而言，鉴于小学生在认知方面的局限，小学教师在教学内容的反思上，尤其是在教材科学性的贯彻和执行上应该承担起更大的责任。小学教师在教学反思中必须吃透教材，特别是国家教材的精神，在具体教学活动中最大限度地保证教学内容的思想性和科学性。我们需要注意一点，对教学内容科学性的认识要避免绝对化的倾向。在教学实践中，有教师经常向学生强调，自己传授的知识是真理，是经前人反复验证的，是无可辩驳的，容不得学生质疑。

---

①　杨启亮. 转变教学观念的问题与思考［J］. 教育科学，2000（2）.

固然，教学内容，尤其是教材中精心选择的教学内容基本都是符合客观规律的正确认知材料，但事物是变动不居的，过去有些曾经被人们奉为经典的知识也可能随着社会的发展，尤其是随着人们认识水平的不断提升而被革新甚至彻底推翻，因此师生在对教学内容反思时要避免绝对化的思维倾向。我们要敢于质疑，要用发展、辩证的目光和视野去审视教学内容，不断促进教学内容的优化和提升。

对教学内容进行教学反思，我们还有一点必须重点考虑，即教学主体与教学内容作用问题上的适切性问题。前面已经强调了在教学内容的选择上必须保证其正确性和科学性，这是教学内容发挥其预期作用的基本前提。但教学内容最终是否能达成预期目的，还必须看教学内容在教学活动中与教学主体作用时是否适切。换句话说，再好的教学内容，如果其不与教学主体的实际情况相匹配，也达不到促进教学主体发展的效果。在教学实践中容易出现这样一种情况，许多教师过于强调教学内容的高大上，忽略了教学内容与学生甚至是教师自身的契合性，经常出现在教学活动中师生心有余而力不足，最终导致出现教学效果不佳的情况。对于教学活动来说，最适合教学主体的教学内容才是最正确的教学内容，教学主体在与教学内容的作用上要充分考虑契合度问题，要考虑学生的年龄特点，要考虑适当的教学方法和手段等，特别是要准确把握学生的最近发展区，这正如人们日常的饮食，不一定最有营养的食物才是最好的，关键要看哪些食材，选用何种烹饪方式才最适合进食者，同样，也不是所有的厨师都能烹饪所有的食材，厨师在食材的选择和加工上都要结合自身的实际情况，这样才能烹制出既美味又营养的食物。教学内容的适切性同样是这样的道理，虽然"菜单"是有要求的，但在"食材""佐料"和"烹饪技法"等的选择和处理上，教师可以与学生充分互动，结合各种因素的实际情况，制作出最适合师生的"菜品"，只有真正做到这一点，才能将正确与合适相结合，真正贯彻落实因材施教的教学规律和原则，将国家规定的教学内容转化为师生发展的成果。

（三）对教学行为的反思

教学行为是教学主体的具体教学活动，是教学主体以完成教学任务为目的，与各类教学活动要素相互作用的具体活动。教学行为在教学实践活动中发挥着关键的作用，没有教学行为，再先进的教学理念和教学材料都无法发挥作用，教学活动也失去了最基本的支撑。这正如在生活中，无论你头脑中存有多少绝妙的食谱，无论你面前有多少充足的、顶级的食材，如果你不去做，或者你缺乏具体去做的行动力和执行力，你都无法将这些食谱和食材转化为一道道美味的菜肴。我们对教学行为的反思，就是对教学主体在教学活动中教学的行动力和执行力的反思。教学行动力和教学执行力是反映师生教学行为的两个关键指标，直接决定着师生教学行为的质量和水平。

教学行动力是指师生开展教学活动的基本能力，而教学执行力则是指师生完成预期教学目标的活动能力。两者既有一致性，也具有一定的差异，一致性表现为两者都是对师生教学行为能力的体现，在性质和方向上是相同的；差异性则表现为教学行动力是表现教学行为的基本能力，主要考量的是师生开展教学活动的基本条件，而教学执行力则是师生具体教学行为的运行状态，其考量的主要是师生开展教学活动的效果状况。打个比方，在某道菜品的烹饪活动中，行动力是厨师做这道菜品的基本能力，即能否做出这道菜品；而执行力则主要衡量厨师烹饪该道菜品的具体过程和结果，即该菜品最终是否得到了满意的呈现。因此，我们对教学行为的反思，是对师生教学基本能力的反思，即师生是否具备开展某项教学活动的能力，不能盲目地开展不切合师生实际的教学活动，这种反思有利于我们更科学地启动或中止具体的教学活动。同时，我们也需要考量具体教学活动的开展过程和结果，通过反思活动过程和结果，审视师生的教学行为是否按预期执行并达到了目的，借此实现对师生后续教学行为的调整和修正，达到改进教学行为、提高教学效果的目的。对教学行为的反思是整个教学反思中的核心环节，因为行为是教学理论转化为教学实践的具体化，是实现师生教学发展的关键，所谓思想的巨人，行动的矮子，这样的情况绝对不能发生在教学活动中。只有不断反思并改善师生的教学行为，教学质量才能日益提升。我们需要注意的是，对教学行为的反思绝对不能仅限于自身，也就是说，师生对教学行为的反思不仅包括自己，还包括其他的教学主体。所谓教学相长，师生的教学行为既是单独的，更是整体的，对教学行为的反思既要对自身教学行为的反思，又要对相关的教学主体的教学行为进行反思。正如厨师，其对烹饪行为的反思不仅要考虑自身，也必须考虑食客的喜好和偏爱，具体到教学活动更应如此，因为教师既是教学活动的主体，又是教学活动的主导者，不仅要对自身教学行为负责，还要对学生的教学行为负责。对于小学阶段而言，鉴于小学生主体意识和能力的不足，小学教师对教学行为的反思更应关注小学生教学行为的具体情况，引导并帮助小学生形成反思教学行为的习惯和能力。

（四）对教学主体的反思

对教学主体的反思不等同于教学主体的反思，从某种意义上说，教学反思是教学主体的反思，或者说主要是教学主体的反思，也就是说，教学反思是以教学主体为主，特别是以师生为主的人对教学活动开展情况的反思活动。这种反思活动的对象和内容很多，其中一项即是对教学主体的反思，即对教学活动中作为主体的人的反思，这里的人，主要指的是直接参与课堂教学活动的人，即教师和学生，这正是对教学主体反思的主要意蕴。一句话，对教学主体的反思是师生对作为教学主体的师生自身和彼此还有其在教学活动中作为活动主体的反思，是对教学活动中人的主体性的反思。

对教学主体的反思是作为教学主体的师生对自身在教学活动中的活动过程和结果的反思。教学活动根本上是人的活动，教学活动是由师生发起、执行和结束的，因此，对教学主体的反思涉及教学活动的全过程，与对其他教学活动要素和结构的反思都有千丝万缕的关系。在这里，我们只特别强调其中的一个方面，也是对教学主体反思的一个最为重要的内容，即对教学主体在教学活动中主体性发展情况的反思。师生是教学活动的直接主体，也是所有教学主体中最为重要，决定着教学活动性质、方向和结果的主体。师生在教学活动中主体性发展的性质和程度对教学活动发挥着至关重要的作用。因此，教学反思的一个重要内容即是教学主体对其在教学活动中主体性发挥情况的反思，具体到课堂教学活动中，即师生对其在教学活动中主体性发展情况的反思。这种反思在内容上是丰富的，但最重要的无疑是四个方面：其一，在教学活动中的主体地位和作用是什么？其二，在教学活动中的主体性发展情况是否达成了预期？其三，在教学活动中主体活动成功的经验和存在的问题是什么？其四，为更好地发挥主体作用，下一步的改进措施是什么？上述四个方面，要求以师生为主的教学主体要结合具体的教学活动予以反思，以第一个方面的内容为例，总体来说，教学活动中的师生主体地位和关系是学生主体、教师主导，学生主体接受并超越教师主导，但在具体在教学活动中，师生的主体地位，尤其是主体作用的发挥是存在差异的。对教学主体地位和作用的反思，必须结合具体的教学活动，特别是结合具体的教学活动的任务和内容等进行具体的考虑和分析，切不可简单化和一刀切，更不能以偏概全。总之，对教学主体的反思，根本上要落在教学主体的主体性发展情况上，也就是说，师生对教学主体的反思，就是要在教学活动中经常审视师生作为教学活动主体的主体性是否得到了充分的体现，是否在教学活动中得到了应有的促进和发展。对教学主体的反思的目的在于提升教学主体的主体性，特别是自觉性、自由性和创造性，毕竟教学活动是促进人主体性发展的活动，而且教学活动也是人最为复杂的主体性活动，只有不断在教学活动中对教学主体进行反思，才能促进教学主体行为的调整和变革，更好地适应教学活动的需要，不断提升教学活动的质量，并最终真正促进师生主体性的成长和发展。

（五）对教学效果的反思

人的社会活动总是带有目的的，教学活动是一种目的性很强的活动，教学活动总的目的就是促进人和社会的发展。对教学活动的反思离不开对教学效果的反思，教学效果是对教学目的的反映，即反映教学活动对教学目的的达成度。我们需要注意的是，教学效果不等同于教学结果，教学效果不仅注意教学结果，还注重教学过程，是教学过程与教学结果的统一体。这正如人们吃饭，高品质的吃饭除了要吃饱外，还要吃好。吃饱是满足人生存的基本需要，是吃饭的结果；而吃好则是享受吃饭的过程，如吃饭的环境和氛围，饭菜的色、香、味、形等。教学对人的发展同样是过程与结果兼具，因此对教学效果的反思必须考虑过程和结果的辩证统一。

对教学效果的反思反映在教学过程上要求反思者对教学过程的各个环节的教学预期及其程度进行全面的审视。教学是目的性很强的活动，同时也是复杂且充满变数的活动。对教学效果的反思必须关注教学过程的所有环节及环节间的衔接，这种关注不是形式上的检查，而是以教学主体为聚焦点，审视教学主体在教学各环节及其衔接中的主体性地位和作用按教学预期得以体现及体现的程度。正如前文我们在论述师生主体性时提到的那样，在教学过程中师生做到认知同步、思维共振和情感共鸣以及达到这些标准的程度，这些都是对教学效果进行反思时在教学过程上需要认真审视的。

对教学过程的反思是教学反思之于教学效果的一项非常重要的内容，我们必须摒弃过去在教学反思上重结果甚至唯结果的思想、观念和行为。对于教学效果来说，教学过程具有极强的显示度，不关注教学过程就不可能了解教学效果的全貌，对教学效果的反思就只可能是以管窥豹。这正如我们对一道菜品的评判，如果简单化处理，就是对呈现的菜品观其形、闻其香、尝其味，这种只注重结果的评判方式并不科学和完善。如果是科学全面的评鉴，除了上述的结果评判外，还从菜品材料的选择和搭配、烹饪工具和手段的选择与使用、烹饪程序的组织和操作等烹饪过程进行评判，这些过程和环节是最终呈现的菜品本身所难以体现和反映的，但它却是决定菜品的关键因素，而且更真实和全面地体现了厨师对烹饪的态度和烹饪的水平。

对教学效果的反思当然也要重视教学的结果。在教学过程和教学结果对教学效果的反映问题上，我们必须避免简单的思维方式，不能非此即彼，要坚持辩证统一的认识和行为。对于教学效果而言，教学结果，即师生的主体性发展在教学活动中的实现程度无疑是极具显示度和说服力的。所谓只重过程、不重结果的思想和行为同样是不可取的。教学活动开展的目的最终必须落实到师生主体性的发展上，尤其是学生的主体性发展结果上。不以这个目的为指向的教学活动都是伪教学活动。事实上，所谓重过程不重结果，过程本身就是一种追求的结果，只不过是表述方式的变化而已。无疑，在反思教学效果问题上，我们也必须既重过程又重结果，二者不可偏废。正如前文作比的菜品品鉴一样，无论菜品材料的选择、工具和手段的使用、过程的组织和管理多么科学有效，如果最终呈现的菜品难看、难闻、难吃，甚至其营养结构不科学、不合理或者已经被破坏，这种菜品都不可能被评鉴为真正的美食。

　　总之，上述关于教学反思的内容不可能囊括教学反思的全部，其只不过是教学反思中一些比较重要的内容和环节而已。事实上，教学主体，尤其是师生对教学活动的反思涉及教学活动的所有内容、环节及其结构和要素间的相互作用等等。要想持续不断推进教学活动，使教学精益求精，各类教学主体，尤其是教师和学生必须结合教学活动不断强化教学反思的理念和行为。

参考文献

一、著作类

[1] ［德］马克思,恩格斯.马克思恩格斯全集（第1卷）［M］.北京：人民出版社,1956.

[2] ［法］霍尔巴赫.自然的体系［M］.上海：商务印书馆,1964.

[3] 南京师范大学教育系.教育学［M］.北京：人民教育出版社,1984.

[4] 王策三.教学论稿［M］.北京：人民教育出版社,1985.

[5] 叶澜.教育概论［M］.北京：人民教育出版社,1991.

[6] 李秉德.教学论［M］.北京：人民教育出版社,1991.

[7] 施良方.课程理论——课程是基础、原理与问题［M］.北京：教育科学出版社,1996.

[8] 李森.教学动力论［M］.重庆：西南师范大学出版社,1998.

[9] 胡伟.政府过程［M］.杭州：浙江人民出版社,1998.

[10] 辞海编辑委员会.辞海［M］.上海：上海辞书出版社,1999.

[11] ［德］斐迪南滕尼斯.共同体与社会［M］.上海：商务印书馆,1999.

[12] 康德.实践理性批判［M］.韩永法,译.上海：商务印书馆出版,1999.

[13] 顾明远.教育大辞典（简编本）［M］.上海：上海教育出版社.1999.

[14] 施良方,崔允漷.教学理论：课堂教学的原理、策略与研究［M］.上海：华东师范大学出版社,1999.

[15] 丛立新.课程论问题［M］.北京：教育科学出版社,2000.

[16] 扈中平.现代教育学［M］.北京：高等教育出版社,2000.

[17] 张华,石伟平,马庆发.课程流派研究［M］.济南：山东教育出版社,2000.

[18] 沃建中.走向心理健康：发展篇［M］.北京：华文出版社,2002.

[19] 靳玉乐,于泽元.后现代主义课程理论［M］.北京：人民教育出版

社，2005.

　　[20] 邓艳红. 课程与教学论 [M]. 北京：首都师范大学出版社，2007.

　　[21] 李森. 现代教学论纲要 [M]. 北京：人民教育出版社，2007.

　　[22] 余源培. 哲学词典 [M]. 上海：上海辞书出版社，2007.

　　[23] 钟启泉，张华. 课程与教学论 [M]. 沈阳：辽宁大学出版社，2007.

　　[24] 吴忠豪. 小学语文课程与教学论 [M]. 北京：北京师范大学出版社，2008.

　　[25] 王本陆. 课程与教学论 [M]. 北京：高等教育出版社，2010.

　　[26] 汪霞. 小学课程与教学论 [M]. 上海：华东师范大学出版社，2011.

　　[27] 黄甫全，曾文婕. 小学教育学 [M]. 北京：高等教育出版社，2011.

　　[28] 徐丽华. 小学课堂观察 [M]. 北京：高等教育出版社，2013.

　　[29] 刘伟. 教学利益论 [M]. 福州：福建教育出版社，2015.

　　[30] 曾小平. 小学数学课程与教学论 [M]. 北京：人民教育出版社，2015.

　　[31] 赞科夫. 论小学教学 [M]. 孙为，译. 武汉：长江文艺出版社，2017.

　　[32] 蒋蓉，李金国. 小学课程与教学论 [M]. 北京：北京师范大学出版社，2018.

　　[33] 宋汪洋，冯素恒，张校铭. 语文课程与教学论 [M]. 沈阳：辽宁大学出版社，2020.

　　[34] TAYLOR P. H.，RICHARDS C. M. An Introduction to Curriculum Studies [M]. Swindon：NFER Publishing Company，1979.

　　[35] D. TANNER，L. N. TANNER. Curriculum Development：Theory into Practice [M]. 1980.

　　[36] GRIMMETT P. P，ERICKSON G. L. Reflection in Teacher Education [M]. Teacher College Press，Columbia University，1988.

　　二、论文类

　　[1] 罗刚健. 论主体与客体 [J]. 哲学研究，1983 (4)：32、34.

　　[2] [美] 柯伦. 教学中的美学 [J]. 教育研究，1985 (3)：28.

　　[3] 施良方. 试论北美教学理论的形成和发展 [J]. 教育研究，1993 (1)：53-60.

　　[4] 梁兵. 试论教学过程中师生人际关系及其影响 [J]. 新疆大学学报 (哲学社会科学版)，1993 (3)：13-18.

　　[5] 鲁洁. 论教育之适应与超越 [J]. 教育研究，1996 (2)：4.

[6] 伍宁. 课堂教学时空构成的社会学分析 [J]. 教育研究与实验, 1996 (2): 65.

[7] 刘复兴. 论教育价值的本质 [J]. 教育理论与实践, 1998 (3): 10.

[8] 张峰. 略谈教学时空观 [J]. 高等教育研究, 1998 (3): 42.

[9] 李瑾瑜. 关于师生关系本质的认识 [J]. 教育评论, 1998 (4): 34-36.

[10] 叶存铃. 课堂教学结尾的艺术 [J]. 小学教学参考, 1999 (10): 15.

[11] 殷红博. 语言发展关键期及其基础训练的意义 [J]. 现代特殊教育, 1999 (6): 29.

[12] 杨启亮. 转变教学观念的问题与思考 [J]. 教育科学, 2000 (2): 17-18.

[13] 黄甫全. 大课程论初探——兼论课程（论）与教学（论）的关系 [J]. 课程·教材·教法, 2000 (5): 3.

[14] 李培湘, 李佳孝, 等. 素质教育目标导学体系研究 [J]. 教育研究, 2000 (9): 77.

[15] 林崇德, 王耘, 姚计海. 师生关系与小学生自我概念的关系研究 [J]. 心理发展与教育, 2001 (4): 21.

[16] 熊川武. 论反思性教学 [J]. 教育研究, 2002 (7): 13.

[17] 马维娜. 教学时空的双重建构 [J]. 课程·教材·教法, 2004 (12): 17-18.

[18] 李子建, 尹弘脱. 反思课程与教学的关系：从理论到实践 [J]. 全球教育展望, 2005 (1): 51.

[19] 杨继平, 高玲. 小学生学习心理与师生关系的现状调查研究 [J]. 教育研究, 2005 (1): 68.

[20] 杨薇. "此处无声胜有声"——略论课堂教学中的非语言艺术 [J]. 烟台教育学院学报, 2005 (3): 89.

[21] 徐继存. 我们需要怎样的教学原则——教学原则研究的困惑与质疑 [J]. 教育学报, 2005 (3): 20.

[22] 石中英. 论教育实践的逻辑 [J]. 教育研究, 2006 (1): 7.

[23] 孙宏安. 教学的概念刍议 [J]. 大连教育学院学报, 2007 (1): 65.

[24] 王升, 赵双玉. 关于课堂教学管理艺术形成内容的思考 [J]. 石家庄学院学报, 2007 (4): 91.

[25] 曾庆芳. 我国中小学教师惩戒权探析 [D]. 四川师范大学硕士学位论

文，2008：13-14.

　　[26] 胡乐乐，肖川 . 再论课程的定义与内涵：从词源考古到现代释义 [J]. 教育学报，2009（1）：56.

　　[27] 黄桂林 . 开放教学时空　放飞学生个性——自主学习案例解读 [J]. 内蒙古教育，2009（5）：42.

　　[28] [加] 查尔斯泰勒 . 共同体与民主 [J]. 张容南，译 . 现代哲学，2009（6）：97.

　　[29] 成尚荣 . 教师教育应该从"被发展"走向自主发展 [N]. 中国教育报，2010-01-01（003）.

　　[30] 马桂萍 . 基于环境心理学分析教室环境反作用于中小学课堂教学 [J]. 基础教育研究，2010（2 月 B）：6.

　　[31] 李轶芳 . 交往教学视域中的教学客体新解 [J]. 湖南科技大学学报（社会科学版），2010（4）：135.

　　[32] 杨九俊 . 什么是美的规律 [J]. 江苏教育，2010（9）：16.

　　[33] 朱庆华 . 浅谈小学语文阅读教学评价的艺术化 [J]. 语文学刊，2010（10）：140.

　　[34] 齐军，李如密 . 基础教育课程改革中教学时空的变革与反思 [J]. 全球教育展望，2011（7）：28-32.

　　[35] 赵国金 . 当代美国小学课程的改革及特点研究 [J]. 中小学教师培训，2011（10）：63.

　　[36] 徐猛 . 小学师生关系研究综述 [J]. 天津市教科院学报，2012（3）：67-68.

　　[37] 刘伟 . 教学利益研究——基于师生主体性发展的追求 [D]. 西南大学博士学位论文，2012-02-27.

　　[38] 章建红 . 曲终收拨当心画　余音绕梁久不绝——浅谈科学课堂教学结尾的艺术 [J]. 小学教学参考，2014（36）：87-88.

　　[39] 余淑娥 . 小学数学教学中的教学准备与课堂组织 [J]. 福建教育学院学报，2016（11）：70.

　　[40] 徐启春 . 数学课堂教学结尾的艺术 [J]. 数学学习与研究，2016（22）：62.

　　[41] 迟艳杰 . 教学的概念考察与重塑 [J]. 教育研究，2017（10）：140.

　　[42] 蒲淑萍，宋乃庆，邝孔秀 .21 世纪小学数学教材的国际发展趋势研究——基于对 10 个国家 12 套小学教材的分析 [J]. 教育研究，2017（5）：144.

［43］刘大伟，杜京容．民族共识、民间仪式和集体记忆——陶行知纪念活动及其形象建构［J］．教育学术月刊，2018（8）：25．

［44］李晴．小学教师教材使用方式调查研究［D］．东北师范大学硕士学位论文，2018：44．

［45］余小芬，刘成龙．"下面的"梯形，是怎样的梯形——对人教版小学教材一道习题的思考及建议［J］．数学教学通讯，2019（1）：13．

［46］高德胜．"文化母乳"：基础教育教材的功能定位［J］．全球教育展望，2019（4）：92-94．

［47］赵占良．试论教材的功能定位［J］．课程·教材·教法，2021（12）：6．

后 记

　　这本书本来想定名为《品味教学》，纠结再三，最终还是因为其探讨的是严肃的教学理论问题而改成了现在的名字，但我仍然忍不住要分享一下品味教学的心路历程。

　　品味教学，顾名思义，是对教学活动的品味。我当了二十多年的教师，从起初的如履薄冰到今天讲台上的些许自信，一路上在教学中咂摸出了许多滋味，用一个词来形容，"五味杂陈"。

　　我记得我小学时在写作文"我的理想"时似乎写过长大后想成为一名光荣的人民教师，但在高中填报志愿时，我连一个师范学校和一个师范专业都不愿意选择，在平时和身边的人讨论今后的人生规划时，我经常说的一句话是："我肯定不会当老师！"

　　为什么会出现这种反转？这个问题直到今天我偶尔也会在心里问自己。我想至少有两个直接的原因：一是在我高中及之前的求学经历中，碰到令我满意的"好"老师不多，但"不好"甚至"坏"的老师却不少。二是我经历的老师，很多都曾在公开的场合，"语重心长"地提醒甚至告诫学生们今后不要选择当老师，因为老师太累，付出和收获严重不成正比。

　　在我经历的老师中，有几位教师给我留下了极深的印象。第一位是我在农村念初一时的历史老师。这人是个男老师，年龄大概二十七八的样子，脾气极其暴虐，最喜欢做的事情是抢起手中的历史教科书砸学生的头，哪怕只是因为学生回答不上来一个问题，哪怕他面对的是一个胆小怯懦的女生，此教师砸起人来仍然非常果决，毫不手软。正是因为他的暴虐，全班同学在上他的课时充满了恐惧。第二位是我高一的数学老师，也是一位男老师，年龄五十多了，但脾气也非常暴躁。他不打人，但喜欢骂人。他的口头禅是："你们别以为自己是县城里最好高中的学生，其实你们什么也不懂！"为证明我们的无能，他对我们进行了一次数学测试，结果全班只有一个同学考了六十分，其余的全部不及格。因此他在全班痛心疾首地宣布："看看，你们就是这个水平！"这个老师让许多学生失去了学习上的信心。第三位也是个五十多岁的男老师，教我们初二英语。他的特点是偏心，眼中只有成绩好的同学。举个例子，他在自习辅导学生作业时，如果有两位同学同时举手咨询问题，即使成绩好的同学离他很远，而成绩差的同学离他很近，他也会选择先辅导成绩好的同学。这个教师让许多同学对教育的公平产生了怀疑。正是这些老师的存在，我对教师职业的高尚产生了疑虑。

其实我也经历过一些好老师，譬如我初二、初三时的班主任，他担任我们班的生物课老师，课上得很好，不仅如此，他还是一个负责任的全科教师。他经常守着我们上早晚自习，除了英语，几乎其他学科他都能辅导我们，我们有许多同学有问题时根本不会去找科任老师，而是直接找班主任辅导。可惜这位老师后来得了癌症，五十出头就去世了，得知这个消息许多同学都很难过。

可能是上述的一些经历，在高中时，我对教师这个职业缺乏选择意愿，高考前夕填报志愿时，我避开了所有的师范院校和师范专业。但命运弄人，志愿上报的前一天，班主任审核我的志愿后，要求我在提前录取批填报一所部属师范院校，出于对班主任的信任，再加上当初农村少年对高考志愿填报的模糊认知，我答应了，于是在当年九月，我成了一名师范生，再过了四年，我成为一名教师。

其实在大学刚毕业时，我有其他的职业选择。但身边的人大多数都建议我当一名教师，最重要的依据是教师职业的稳定性。可能是基于农村人对"铁饭碗"的向往，也可能基于性格的保守，我虽然不是非常乐意，但仍然将教师作为了人生中最初选择的职业。我进入了一所地方普通高校，从事培养师范生的教育教学工作。我从不愿意当教师，到成为培养教师的教师，这种理想与现实的反差着实让我有些无奈。

刚当教师时，我完全不能感受到这个职业带给我的激情和乐趣，有的主要是压力和困惑。尤其是刚入职的前几年，我接手了多门课程的教学工作，在教学中有强烈的乏力感，面对学生缺乏自信，深觉知识的不足和能力的欠缺，在教学中疲于奔命，完全体会不到为人师的快乐。不过既然选择了从教，我就要对自己的职业负责，我更要对我教的学生负责，我不能选择放弃，我只能选择充实和提高自己。充实和提高自己的途径一方面是读书，从硕士到博士，我一直在学习教育理论，希望能得到科学理论的正确指引。另一方面是实践，即使是长时间地从事行政工作，我从来都没有中断过教学工作。另外，我保持与基础教育一线的密切联系，我甚至到地方教育行政部门挂职锻炼了两年，对教育有了更加深刻的认识。

可能是因为这种坚持，我慢慢地感受到了作为一名教师的乐趣。我关于教育的知识在学习和实践的过程中逐渐丰盈起来，我的教学活动逐渐熟稔进而应对自如起来，更重要的是，我在教学中看到了学生的成长和发展，看到了他们的信任和尊重，这些都让我体会到了教师这个职业的价值，哪怕是这种感受需要付出很长时间的艰苦努力才能获得。

品味教学，我在教学中慢慢咂摸出了味道，教学活动于我而言同样很有压力，但我却很享受这种压力，乐于把这种压力转化为探究教学的动力。眼前的教学活动似乎打开了一扇门，我急于走进新奇的教学时空，去发现其中潜藏的未知的教学意蕴。相较于刚毕业初成教师时的我，现在我的教学能力无疑得到了较大的提升，但对教学的困惑却似乎更多了，但这些困惑却不再使我受折磨，我饶有兴趣地端详它，享受着揭开它神秘面纱的过程。作为学校人才培养的重要形式，教学活动的复杂性毋庸置疑，但为实现教学目的所做的探索及创新却又让人欲罢不能，品味教学犹如品尝美食，好的教学活动就是饕餮盛宴。

品味教学是对教学的一种兴趣、热爱和践行，它并不等同于高明的教学能力，但它却担负着对教学的责任和使命。我从来也不认为我已经成为一名优秀的教学研究者和实践者，相反，我对教育理论和教育实践有太多的无知，但好在"无知者无畏"，这里的"无畏"是勇于探索教学并展示探索的过程和结果，它建立在对教学敬畏的基础之上。因为无知，我对教学活动充满了敬畏，因为敬畏，我不断尝试和发现，而且敢于把这些尝试和发现呈现在大众面前，哪怕这种尝试和发现在别人看来是浅显甚至粗鄙的。就如本书中的结构、内容和一些观点，或许会贻笑大方，但我乐于接受批评，并且期待在批评中进步，进而提升自己的教学素养。

人才培养是高尚且复杂的系统工程，教学是充满未知且极具创新性的活动，品味教学犹如品尝美食，我为能成为一名教师而感到骄傲。